25.4.99

Thomas Gordon: Das Gordon-Modell

Anleitungen für ein harmonisches Leben

Eine Einführung

Herausgegeben von Karlpeter Breuer
unter Mitarbeit von Diana Schaumlöffel

Originalausgabe

WILHELM HEYNE VERLAG
MÜNCHEN

HEYNE SACHBUCH
19/613

Besuchen Sie uns im Internet:
http://www.heyne.de

Umwelthinweis:
Dieses Buch wurde auf
chlor- und säurefreiem Papier gedruckt.

ISBN 3-453-14139-3

Inhalt

Anhang

Vorwort

Die Idee zu diesem Buch entstand bei einem Besuch von Thomas Gordon und seiner Ehefrau Linda Adams im Jahre 1997 in Deutschland.

Nach den langjährigen Erfolgen mit der Verbreitung des Gordon-Modells im deutschsprachigen Raum hatte ich beide eingeladen, um einer interessierten Öffentlichkeit die Möglichkeit zu geben, die Autoren der Bestseller »Familienkonferenz« und »Frauenkonferenz« persönlich kennenzulernen; zugleich sollten die vielen von mir weitergebildeten Kursleiterinnen und Kursleiter die Gelegenheit zu einem Treffen erhalten.

Im Verlauf dieser Treffen, aber auch in den Jahren zuvor, wurde immer wieder nach einer Kurzfassung des Gordon-Modells und nach weiterer vertiefender Literatur gefragt. Da ich selber mit dem Gesamtwerk von Thomas Gordon vertraut bin, konnte ich mir vorstellen, diesem Wunsch nach Veröffentlichung einiger bisher nicht publizierter Texte nachzukommen.

Der Heyne Verlag nahm diese Idee mit sehr viel Wohlwollen auf, und wir einigten uns auf acht Texte, die den Anwendungsbereich des Gordon-Modells am Arbeitsplatz, in Familie und Schule sowie im Rahmen der Persönlichkeitsentwicklung repräsentativ darstellen. Hinzugefügt wurde noch die erst 1994 erschienene Biographie von Thomas Gordon. Insbesondere mit dem letztgenannten Text kann der deutsche Leser einen umfassenden Eindruck von der Bedeutung seiner Persönlichkeit für die Psychologie und Pädagogik gewinnen.

Das Erscheinen dieses Buches markiert auch die 20jährige Zusammenarbeit, die ich mit dem Ehepaar Gordon und seiner Institution Gordon Training International habe.

Ich lernte Thomas Gordon 1978 im Rahmen meines Studiums der personenzentrierten Psychologie bei Carl Rogers am

Center for Studies of the Person in La Jolla, Kalifornien, kennen.

Mitarbeiter von Carl Rogers machten mich darauf aufmerksam, daß Thomas Gordon der wohl kompetenteste Vertreter in der Umsetzung des personenzentrierten Ansatzes in Form von Fertigkeitstrainings war. Rogers selbst wie auch einige seiner Mitarbeiter hegten gegenüber der Vorgehensweise von Gordon eher ambivalente Gefühle. Sie waren der Auffassung, daß der personenzentrierte Ansatz mit Hilfe von Fertigkeitstrainings nicht vermittelbar sei. Lernen durch Selbstentdeckung bzw. »Lernen in Freiheit« war und ist bis heute die bevorzugte Vorgehensweise jener Menschen, die sich der Philosophie von Carl Rogers verpflichtet fühlen.

Trotz dieser kritischen Anmerkungen im Center for Studies of the Person suchte ich den Kontakt zu Thomas Gordon, nicht zuletzt auch deshalb, weil mir seine Bücher seit den frühen siebziger Jahren bekannt waren und ich selbst viele Anregungen als Berater und Coach in Organisationen, Firmen, Schulen und im Rahmen der Elternarbeit aus seinem Werk entnommen habe.

Thomas Gordon schätzte offensichtlich meine Zusammenarbeit mit Carl Rogers und bot mir eine Kooperation zur Verbreitung seiner Fertigkeitstrainings an.

Ein Jahr später, im Jahre 1979, war ich Veranstalter des ersten Gordon-Seminars im deutschsprachigen Raum, zusammen mit Thomas Gordon und seinen Mitarbeitern aus den USA. Nach der erfolgreichen Durchführung dieses ersten Seminars und der sehr guten Resonanz durch Professionelle und Laien führe ich nunmehr seit 1980 Gordon-Seminare und KursleiterInnen-Weiterbildungen in verschiedenen Anwendungsbereichen des Gordon-Modells durch.

In den letzten 20 Jahren ist das Gordon-Modell in seiner Grundkonzeption nicht verändert worden. Jedoch wurden einige methodische Verbesserungen vorgenommen und das Modell im Hinblick auf unterschiedliche gesellschaftliche Fragestellungen modifiziert.

Im folgenden gebe ich eine kurze Zusammenstellung der wichtigsten Elemente des Konzepts.

Was ist das Gordon-Modell?

Das Gordon-Modell ist ein System von Kommunikations- und Konfliktlösungsfertigkeiten, die auf dem personenzentrierten Ansatz von Carl Rogers beruhen.

Ausgangspunkt des Ansatzes von Rogers ist eine ganzheitlich-personenbezogene Betrachtungsweise, die charakterisiert ist durch:

- Eigenverantwortlichkeit der Person
- Achtung und Akzeptanz unterschiedlicher Einstellungen und Wertvorstellungen
- Vertrauen in die selbstregulierenden Kräfte der Person, ihr Leben eigenverantwortlich zu gestalten
- Leben als Prozeß ständiger Veränderungen
- Persönliche Erfahrungen als Grundlage für Erkenntnisprozesse

Die Fertigkeiten des Gordon-Modells sind universell anwendbar und wirksam für Menschen aus unterschiedlichen gesellschaftlichen Schichten, Kulturen und Rassen.

Gordon hat aus dem Ansatz von Carl Rogers folgende Konzepte und Fertigkeiten herausgearbeitet:

1. Das Verhaltensfenster als Konzept zur Unterscheidung von annehmbaren und unannehmbaren Verhaltensweisen
2. Das Konzept des Problembesitzes als systemischer Zugang zu zwischenmenschlichen Beziehungen
3. Die zwölf Kommunikationssperren
4. Die Methode des Aktiven Zuhörens

5. Effektive Konfrontationsmethoden
6. Umgang mit Widerständen und deren Reduzierung
7. Der Wert klarer Selbstöffnung bzw. Offenheit
8. Umgang mit Angst
9. Macht und Einfluß in Beziehungen
   – Wie erreiche ich Macht und Einfluß?
   – Wann verliere ich Macht und Einfluß?
   – Welche Auswirkungen, insbesondere Schäden, zieht Machtanwendung nach sich?
   – Nachteile von Macht und Machtanwendung für den Anwender
10. Die Rolle von Belohnung und Bestrafung in Zwischenmenschlichen Beziehungen
11. Vier verschiedene Formen von Autorität
12. Das Konzept der effektiven Problemlösung
13. Die »niederlagelose« Methode der Konfliktlösung
14. Strategien zur Bewältigung von Wertkollisionen

Ähnlich wie der personenzentrierte Ansatz von Rogers seit Jahrzehnten empirisch-wissenschaftlich auf seine Wirksamkeit untersucht worden ist, wurden auch die daraus abgeleiteten Kommunikationsfertigkeiten des Gordon-Modells durch unabhängige Studien hinsichtlich der Entwicklung psychischer Gesundheit und des Wohlbefindens einer wissenschaflichen Analyse unterzogen (siehe kommentierte Auswahlbibliographie: Tausch 1998).

Im folgenden benenne ich einige Anwendungsgebiete des Gordon-Modells und beschreibe die Trends empirischer Untersuchungen hinsichtlich seiner Auswirkungen.

Anwendungsgebiete des Gordon-Modells

1. Im Bereich der Kindererziehung

Am bekanntesten wurde das Gordon-Modell durch die Verbreitung des Buches »Familienkonferenz« und des damit in Zusammenhang stehenden Effektiven Elterntrainings (in Deutschland: Familientraining). Kernpunkt dieses Anwendungsbereichs ist die Vermittlung von alternativen Methoden zu Belohnung und Bestrafung, die in fast allen Gesellschaften Eltern und andere an der Erziehung Beteiligte gegenüber Kindern praktizieren. Eltern wird vermittelt, wie sie auf ihre Kinder Einfluß nehmen, zugleich aber auf Machtausübung und Disziplinierung verzichten können. Sie lernen Problem- und Konfliktlösungsmethoden, die auf Sieg bzw. Niederlage verzichten.

Die Forschung zur Wirksamkeit diese Konzepts hat folgende Ergebnisse erbracht:

Für Eltern:
- Mehr Selbstvertrauen bei der Erziehung der Kinder
- Erziehung mit weniger Streß
- Verminderung der Eltern-Kind-Probleme
- Abnahme von psychosomatischen Symptomen
- Verbessertes Verstehen kindlichen Verhaltens einschließlich schulischer Probleme
- Effektive elterliche Führungsqualitäten

Für Kinder, deren Eltern die Fertigkeiten des Gordon-Modells anwenden:
- Vermehrtes Selbstwertgefühl
- Abnahme von unangemessenen und störenden Verhaltensweisen
- Verbesserte Schulleistungen, besonders bei Kindern, die dazu neigen, »schlechte SchülerInnen« zu sein

Für Schulen, Kindergärten, Heime:

- Weniger Verhaltensauffälligkeiten in den genannten Institutionen
- Verringerung von Schulschwänzen und Schulverweigerung
- Kooperative Eltern, die Probleme mit Lehrern und Verwaltung angemessener behandeln
- Verbesserung der Schulleistungen bei Schülern/Schülerinnen, deren Eltern das Gordon-Modell anwenden

2. Im Arbeitsleben

In Hunderten von Firmen, Organisationen und Institutionen wurden Führungskräfte und Mitarbeiter mit den Fertigkeiten des Gordon-Modells geschult. Im Vordergrund standen dabei die Fertigkeiten zur effektiven Führung, zu Problemlösungstechniken und Fertgkeiten zur Entscheidungsfindung sowie zum Erreichen partizipativer Teamarbeit. Die Wirksamkeit des Gordon-Modells in diesem Anwendungsbereich kann so zusammengefaßt werden:

- Bessere und klarere Definition von Arbeitszielen
- Bessere Kooperation in Teams
- Steigerung der Führungseffektivität gegenüber Mitarbeitern
- Geringere Angst, von Vorgesetzten kontrolliert zu werden (im Sinne von Belohnung und Bestrafung)
- Größere Entscheidungsfreiheit der Teams im Rahmen der durch die Institutionen gegebenen Führungsebenen
- Größere Leistungsbereitschaft
- Offenere und glaubwürdigere Kommunikation
- Geringere Fluktuation
- Weniger Arbeitsausfall
- Lösen von Interessenkonflikten und Wertkollisionen in einer Weise, bei der die Arbeitsbeziehungen produktiv erhalten bleiben

3. In Schule und Bildungswesen

Ähnlich wie in den Bereichen Kindererziehung und Arbeitsleben wurden auch Lehrer und Lehrerinnen aller Schultypen Fertigkeiten besserer kommunikativer Kompetenzen vermittelt. Insbesondere Fertigkeiten zur Motivierung der Schüler und Schülerinnen, zur Regelsetzung in Schulklassen, zur Bestimmung von Lernzielen und zur Reduktion von Belohnungs- und Bestrafungsmethoden stehen im Mittelpunkt. Seit neuestem wird das Gordon-Modell zur Vermittlung von Konflikten in Schulen (Mediation) eingesetzt.

Die folgenden positiven Effekte für Lehrer, Schüler und für die Schulverwaltung konnten durch die Vielzahl von Studien ermittelt werden:

Für Lehrer:
- Reduktion von Streß und »burn out«
- Respekt und Verständnis für den/die LehrerIn durch die SchülerInnen
- Produktivere Gespräche/Diskussionen innerhalb der Klasse
- Abnahme von Störungen und Konflikten in der Klasse
- Verbesserte LehrerInnen-Elterngespräche
- Wärmere, zufriedenstellendere Beziehungen zu den SchülerInnen und anderen Personen

Für SchülerInnen:
- Geringeres Fernbleiben vom Unterricht
- Verbesserte Schulleistungen
- Höhere Verantwortung und Selbstkontrolle
- Stärkeres Bedürfnis zusammenzuarbeiten und zu lernen
- Größere Fähigkeit, in Gruppen zusammenzuarbeiten

Für die Schulverwaltung:
- Verringertes Fernbleiben vom Unterricht

- Verminderung von Konflikten zwischen LehrerInnen, die in der Regel durch die Vorgesetzten gelöst werden müssen
- Abnahme der Beschwerden von seiten der Eltern
- Mehr Zeit für wichtige Verwaltungsaufgaben

4. In der Jugendarbeit

Das Gordon-Modell wurde zugeschnitten auf die Arbeit mit Jugendlichen und dient dazu, wichtige Lebenskompetenzen, die bei Jugendlichen noch nicht oder nur gering ausgeprägt sind, zu fördern. Es hilft, Jugendliche bei einer zufriedenstellenden und erfolgreichen Lebensführung zu unterstützen und ihre kommunikativen Fertigkeiten im Umgang mit Erwachsenen zu verbessern.

Es bietet außerdem Unterstützung für diejenigen, die Schwierigkeiten haben, für ihr Leben Eigenverantwortung zu übernehmen, sowie für jene, die sich oft in Problemsituationen mit Erwachsenen befinden, die Streitereien in der Schule ausgesetzt sind und in gespannten Verhältnissen leben. Das Modell ist präventiv und vermittelt den Jugendlichen insbesondere Fertigkeiten, mit Streitfragen, Problemen und Konflikten umzugehen, bevor sie sich überfordert fühlen oder gar selbstzerstörerische Verhaltensweisen entwickeln.

Jugendliche werden befähigt, eigene Bedürfnisse auf verantwortungsvolle Art zu befriedigen, und zwar unter Beachtung der in unserer Gesellschaft gültigen Wertvorstellungen. Im einzelnen vermittelt, werden vier Schwerpunkte im Leben Jugendlicher angesprochen:

1. Konstruktiver und effektiver Umgang mit Autoritäten
2. Einschätzung der persönlichen Stärken und Planung persönlicher Ziele
3. Entwickeln und Aufrechterhalten von Beziehungen mit Gleichaltrigen

4. Verbessern der Kommunikation und konstruktiveres Umgehen mit Konflikten zu Hause und im Alltag

Organisationen, die das Gordon-Modell in ihren Förderungsmaßnahmen einsetzen, haben dabei folgende Ziele:
- Förderung einer konstruktiveren Auseinandersetzung zwischen Jugendlichen und Erwachsenen (insbesondere Autoritätspersonen)
- Möglichkeiten für Jugendliche schaffen, damit sie ihre Beziehungen zu Gleichaltrigen und Erwachsenen erweitern und vertiefen
- Ein Förderungsprogramm für diejenigen Jugendlichen, die mit dem Gesetz in Konflikt gekommen sind
- Erfolgreiche Vorbereitung der Jugendlichen auf die Arbeitswelt bzw. für den Arbeitsmarkt
- Organisieren von Kursen für Jugendgruppen, die untereinander in Konflikt stehen
- Anbieten eines Programms zur Förderung der Lebenskompetenz in Hinblick auf Sucht- und Gewaltprävention sowie zur Vermeidung der Gefahr von Sektenabhängigkeiten

5. Im Bereich Persönlichkeitsentwicklung

Das Gordon-Modell geht von der These aus, daß persönliche Freiheit und Verantwortlichkeit die wichtigsten Grundlagen für eine effektive und erfüllte Persönlichkeit sind.

Es vermittelt Fertigkeiten, größere Einsicht in das eigene Leben zu gewinnen, eine psychisch-gesunde Lebensweise zu haben und höhere Effektivität im Arbeits- und Berufsleben zu erreichen.

Das Gordon-Modell zeigt auf, warum viele Menschen ein nicht-effektives Leben führen, und begründet dies darin, daß Menschen häufig das Gefühl entwickelt haben, ihr Leben liefe außerhalb ihrer Selbstbestimmung ab, oder daß es gar nicht in ihrer Macht stehe, ihr Leben selbstbestimmt zu gestalten. Das Konzept weist darauf hin, daß viele Menschen dahingehend erzogen wurden, sich für ihr Leben nicht selbst verantwortlich zu fühlen. Sie erlauben es anderen Menschen, Entscheidungen für sie zu fällen, und warten häufig darauf, daß Änderungen von außen ihr Leben in andere Bahnen lenken oder es verbessern.

Das Gordon-Modell will dieser fremdgelenkten Bestimmung entgegenwirken und betont die von innen gesteuerte Lebensführung ebenso wie die persönliche Verantwortung, die jede Person für sich selbst besitzt.

Durch die Einübung von neuen Verhaltensweisen kann die individuelle Freiheit einer Person so erweitert werden, daß sie sich in der Lage fühlt, die für sie wichtige Befriedigung ihrer Bedürfnisse in Arbeit und Privatleben selbst in die Hand zu nehmen.

Im einzelnen benennt das Gordon-Modell vier Hauptbereiche der Persönlichkeitsentwicklung:

1. Sich selbst besser verstehen:
   Eigenes Selbstbewußtsein entwickeln, die eigenen Bedürfnisse und Wünsche zur Kenntnis nehmen, sich der eigenen Stärken und Schwächen bewußt werden
2. Mit Verantwortlichkeit und Selbstbehauptung handeln:
   Ansichten und Lebensvorstellungen verteidigen können, mit Selbstbehauptung auf Forderungen von Mitmenschen reagieren, aktiv (und nicht nur passiv) selbstbehauptend vorgehen, mit Ängsten effektiv umgehen können
3. Zu Mitmenschen eine tragfähige Beziehung aufbauen:
   Unannehmbares Verhalten ansprechen, in angemessener Weise Konflikte lösen, anderen bei der Entdeckung und Erfüllung ihrer Bedürfnisse behilflich sein
4. Das eigene Leben planen und in die Hand nehmen
5. Persönliche Bedürfnisse und Wünsche erforschen, plan-

mäßig und wirkungsvoll lernen, die persönliche Effektivität angemessen einzuschätzen und zu erweitern

Personen, die das Gordon-Modell zur Entwicklung und Entfaltung ihrer Persönlichkeit, insbesondere auch im Arbeitsleben, anwenden, sind besser in der Lage:

- Über ihr Leben selbst zu bestimmen
- Ihre persönlichen Wertvorstellungen, Glaubensgrundsätze und Meinungen zu bestimmen, und nicht die von anderen Menschen aufgezwungenen Vorstellungen anzunehmen
- Persönliche Verantwortung für die eigene Bedürfnisbefriedigung zu übernehmen, und nicht in unangemessener Weise von anderen Menschen abhängig zu sein oder andere für sich verantwortlich zu machen
- Mit ihren Mitmenschen auf kongruente Weise zu kommunizieren, indem sie sich direkt und offen mit ihnen auseinandersetzen
- Sich angemessen selbst darstellen zu können und zu ihren Bedürfnissen zu stehen, wobei sie sowohl Aggressivität wie auch Unterwürfigkeit vermeiden
- Die Bedürfnisse ihrer Mitmenschen realitätsgetreu wahrzunehmen und mit Sensibilität und Anteilnahme entsprechend darauf einzugehen, ohne dabei die eigenen Bedürfnisse außer acht zu lassen
- Kurz-, mittel- und langfristige Lebenspläne realistisch entwickeln

Zur gegenwärtigen Verbreitung des Gordon-Modells

Das Gordon-Modell – 1962 aus dem Buch »Familienkonferenz« (Parent Effectivness Training) entstanden – ist in 43 Ländern der Erde verbreitet. Dazu haben unter anderem 4,5 Millionen verkaufter Buchexemplare, in 25 Sprachen übersetzt, beigetragen. Weltweit sind ca. 1,5 Millionen Menschen in den Fertigkeiten dieses Ansatzes geschult: Manager, Teams aus Firmen und Organisationen, Professionelle aus Medizin, Psychologie und Pädagogik sowie Eltern und Jugendliche. Sie wurden von ca. 40 000 nach dem Originalkonzept geschulten Kursleitern weitergebildet. In Deutschland haben ca. 30 000 Personen eine Fortbildung im Original-Gordon-Konzept absolviert. Zur Zeit gibt es ca. 200 aktive Kursleiter und Kursleiterinnen, die regelmäßig Gordon-Kurse durchführen.

Ab 1999 wird das Gordon-Modell in folgenden Bereichen erweitert:

- Im Gesundheitswesen zur Verbesserung der Kooperation in Medizin und Pflege
- In der Prävention von Konflikten in Ehen und Partnerschaften

Alle Seminarveranstaltungen werden geleitet von speziell im Gordon-Modell ausgebildeten Personen, deren Fortbildung weltweit durch Ausbildungsinstitutionen durchgeführt wird, die von Dr. Thomas Gordon bzw. seiner Institution Gordon Training International dazu legitimiert wurden (z. B. in Deutschland: Gordon-Deutschland in der Akademie für personenzentrierte Psychologie).

Resümee und Ausblick

Thomas Gordon feierte 1998 seinen achtzigsten Geburtstag. Aus diesem Anlaß führte ich ein Gespräch mit ihm, das ich hier in einigen markanten Punkten zusammenfasse.

Im Rückblick sieht er seine Eltern als die einflußreichsten Personen in seinem persönlichen Leben an. Das Elternhaus zeichnete sich durch eine »partizipative Familienatmosphäre«

aus. Seine Mutter war eine gute Zuhörerin und er hatte eine »warmherzige Beziehung« zu seinem Vater.

In seinem beruflichen Leben stellte Carl Rogers die wichtigste Person dar. Er war für ihn Vorbild eines »effektiven partizipativen Führers«, der genau das vorlebte, was er auch in seinem personenzentrierten Ansatz inhaltlich vertrat.

Thomas Gordon ist stolz darauf, daß sein Konzept eine solch starke Beachtung gefunden hat, und begründet dies damit, daß Menschen in Vergangenheit und Gegenwart sowie über alle Kulturen hinweg »sich egalitäre Beziehungen wünschen, also Beziehungen, die nicht auf der Basis von Machtanwendung über Belohnung und Bestrafung existieren«. Auch in Zukunft werden die Menschen daher für sein »demokratisches Beziehungskonzept« offen sein.

Ein weiterer Erfolg besteht für ihn darin, daß inzwischen sehr viele Menschen dieses Modell praktizieren: z. B. schaffen Eltern eine »therapeutische Familienatmosphäre«; sie leben das Modell vor, die Kinder erleben es hautnah und sind als Erwachsene dann wiederum Vorbild für die eigenen Kinder.

So wird dieses »therapeutische Modell« von Generation zu Generation weitergegeben. Auch Nachbarn, Freunde, Arbeitskollegen nehmen die günstigen Effekte einer solchen »demokratischen Atmosphäre« wahr und interessieren sich ebenso für die dem Konzept zugrundeliegenden Fertigkeiten.

Die Gefahr, daß dieses Modell einmal veraltet sein könnte, sieht Thomas Gordon nicht.

Er stellt jedoch fest, daß konservative Kreise in den USA immer wieder Konzepte entwickeln, die in modernem Gewande traditionelle Erziehungsratschläge anbieten; diese sind »oft mehr als tausend Jahre alt und berufen sich auf das Alte Testament«.

Solche »neuen« Konzepte dienen in Wirklichkeit nur dazu, zwischenmenschliche Beziehungen wieder auf die Basis der Über- und Unterordnung zu stellen, von der ausgehend dann

Machtanwendung legitimiert wird und moderne Formen der psychologischen Belohnung und Bestrafung praktiziert werden.

Thomas Gordon glaubt jedoch, daß Menschen »therapeutische Umwelten bevorzugen, in denen wechselseitige Bedürfnisbefriedigung, Akzeptanz, Zuhören und egalitäre Beziehungen im Mittelpunkt stehen«. Menschen, die sich psychisch gestärkt und gesund aus solchen »therapeutischen Umwelten« entwickeln, werden ein starkes Gegengewicht zu solchen konservativen Trends bilden.

So betrachtet wird dieses Konzept nie altmodisch, da es Werte vertritt wie z. B. Fairness, Gerechtigkeit, Integrität und sich an Grundsätzen orientiert, wie sie auch in den Zehn Geboten des christlichen Glaubens zu finden sind.

Bezüglich seiner persönlichen Zukunft betrachtet er sich als voll aktiv und konzipiert zur Zeit ein Buch, welches sich mit Fragen der Prävention psychischer Störungen beschäftigt. Er ist der Überzeugung, daß unsere Gesellschaft sich mehr mit der Bekämpfung der Ursachen psychischer Probleme beschäftigen muß und nicht erst warten soll, »bis es zu spät ist und dann hohe finanzielle und persönliche Aufwendungen für medizinische und psychologische Behandlungen erbracht werden müssen«.

Als ein Beispiel für ein ungelöstes gesellschaftliches Problem bezeichnet er die hohe Scheidungsrate von 71 Prozent in den USA und die dadurch verursachten psychischen Probleme.

Er ist der Meinung, daß, sowohl durch präventive Maßnahmen als auch durch Vermittlung von Konfliktlösungsmethoden, Einfluß auf dieses Problem genommen werden kann und die oft schwierigen Begleitumstände insbesondere bei Kindern vermieden werden können.

So möchte er auch in seinem neuen Buch die Bedeutsamkeit der Familie für psychische Gesundheit und Wohlergehen in den Mittelpunkt stellen.

Zum Abschluß meines Gespräches mit Thomas Gordon faßte er sein Lebenswerk mit folgendem Satz zusammen: »Ich habe auf viele Menschen Einfluß ausgeübt, damit wiederum diese Menschen Einfluß ausüben und nicht zu Machtanwendung greifen.«

Thomas Gordon ist es gelungen, ein weltweites Netzwerk von Ausbildungsinstituten, Kursleiterinnen und Kursleitern aufzubauen, die sich selbst dem Modell in hohem Maße verpflichtet fühlen und Menschen in den verschiedensten Kulturen helfen, »demokratische Umwelten« zu schaffen.

Ich wünsche mir, daß Thomas Gordon sich weiterhin so guter Gesundheit erfreut wie an seinem achtzigsten Geburtstag und mit der gleichen Energie, wie ich ihn in den letzten zwanzig Jahren erlebt habe, seine Vorhaben verwirklicht.

Dr. Karlpeter Breuer

Die Biographie von Thomas Gordon

I. Wie man Menschen lehrt, eine heilsame Atmosphäre zu schaffen

Carl Rogers[1] war für mich während der Zeit, die ich mit ihm verbrachte, zugleich zweiter Vater, enger Freund und Mentor und der Inbegriff eines warmherzigen und großzügigen Menschen. Außerdem war er mir ein exzellenter Lehrer und Therapeut – bevor er in seinen späten Lebensjahren einer meiner Kritiker wurde.

Als Rogers seine akademische Laufbahn 1940 in Ohio begann, hat er mich davon abgehalten, das Studium der Psychologie zugunsten der Medizin aufzugeben. Seine Lehrveranstaltungen bereicherten meine Vorstellungen von der Psychologie, die zuvor nur theoretisch und experimentell gewesen waren, mit einer humanistischen Komponente. Er half mir, ein Forschungsthema für meine erste akademische Abschlußarbeit, die Master's Thesis, zu finden. Die Rogers wurden für mich zum Prototyp eines idealen Ehepaars und einer perfekten Familie. Carls Frau Helen war eine reizende, großzügige Frau, und ihre Kinder David und Natalie entsprachen dem Ideal aller Eltern.

Während unserer Zeit in Chicago hatten meine Frau Martha Ann und ich das Glück, daß wir Carl und Helen häufig sehen durften und sich eine enge Freundschaft entwickelte. Das änderte sich weder, als ich die Graduate School besuchte, noch während der fünf Jahre, die ich als einer von Carls Fakultäts-Kollegen an der University of Chicago verbrachte. Damals machten wir gemeinsam Urlaub am Seneca Lake, spielten häufig Bridge oder malten zusammen. Wir grillten am Lake Michigan, angelten in Nord Wisconsin, aßen häufig zusammen, und Carl und Helen lehrten uns, wie man Mobiles bastelt. Auch auf den häufigen Partys der Psychologischen Fakultät begegneten wir uns regelmäßig. Keine Frage: Carl und Helen spielten in unserem Leben eine wichtige Rolle.

Als ich mich in den fünfziger Jahren für das Thema Führung von Gruppen zu interessieren begann, forderte Carl mich auf, ein Kapitel über gruppenorientierte Führung für sein Buch *Die klientenzentrierte Gesprächspsychotherapie*[2] zu schreiben. Ich brauche wohl nicht weiter darauf hinzuweisen, daß ich es als Privileg empfand, meine Ideen in einem seiner Bücher artikulieren zu dürfen, zumal in dem Werk, das dann sein wichtigstes wurde.

Später gehörte ich zu den Mitgliedern des Counseling Center, eines durch Mittel der Rockefeller Foundation finanzierten Beratungsgremiums, das für ein ausgedehntes psychotherapeutisches Forschungsprogramm verantwortlich war. Zwei meiner Schriften wurden schließlich in Rogers und Dymonds Buch *Psychotherapy and Personality Change*[3] publiziert.

Fünf Jahre lang war ich Mitglied der Belegschaft des Counseling Center. Ich veranstaltete das beratende Praktikum, konzipierte einen Kurs für Gruppentheorie und entwarf gemeinsam mit Carl, E. H. Porter und Arthur Schedlin ein schülerzentriertes Lernmodell, während wir zugleich ein Trainingsprogramm für Berater der Veterans Administration vorbereiteten. Hier versuchten wir zu lernen, wie man sich in einer demokratischen oder gruppenzentrierten Organisation verhalten sollte. Durch die Zusammenarbeit mit Carl lernte ich jeden Tag viel über demokratische Führung. Außerdem bemerkte ich, wie gut er – sowohl als Verwaltungsleiter wie auch als Mitglied der Fakultät – alles organisierte und wie kreativ er war. Während der Treffen der Fakultätsmitglieder scheute Carl sich nie, die Arbeit des Counseling Center zu verteidigen oder für eine größere Freiheit der Studenten einzutreten. Trotzdem waren seine Argumente nie polemisch oder tadelnd. Ich selbst versuchte, mir sein Feingefühl anzueignen, wenn auch nur mit bescheidenem Erfolg.

Als Carl ein Angebot erhielt, an den psychologischen und psychiatrischen Fakultäten der University of Wisconsin zu lehren, verließ er Chicago; kurz darauf zog ich nach Pasadena in Kalifornien. Etwa fünf Jahre lang sahen wir uns nur unregelmäßig, zumeist während der Treffen der American Psychological Association. Wir gingen dann stets zusammen essen. Auch als Carl zum Western Behavioral Science Institute in La Jolla in Kalifornien wechselte, verbrachten wir unsere Zeit nur selten gemeinsam.

Carl äußerte erstmals Krtik an meiner Theorie, kurz nachdem mein Parent Effectiveness Training (P.E.T.)[4] landesweite Anerkennung fand und ich in etlichen bekannten Radio- und Fernseh-Talkshows aufgetreten war. Freunde erzählten mir von Carls Kritik, und er selbst schrieb mir einen langen Brief. Er beanstandete, daß das Effektive Elterntraining zu »kommerziell« sei, weil es sich um ein reines Verhaltenstraining handle, das nicht wirkungsvoll sein könne. Des weiteren monierte er, daß ich es versäumt hätte, ihn in meinem P.E.T.-Buch zu zitieren oder anerkennend zu erwähnen. Außerdem beklagte er, daß ich meinen Verlag davon abgehalten hätte, die Taschenbuchrechte zu verkaufen, um durch die Bücher, die an die Teilnehmer der P.E.T.-Kurse geliefert werden würden, mehr Tantiemen einzustreichen.

In meinem Antwortbrief ging ich nur auf die letzten beiden Vorwürfe ein. Mein Verlag und ich hatten uns dahingehend verständigt, daß in dem Buch nicht auf andere Autoren verwiesen werden sollte. Was den zweiten Vorwurf angeht, kann ich nur darauf hinweisen, daß ich nichts an den Büchern verdiene, die an die Dozenten der P.E.T.-Seminare ausgeliefert werden. Carl hat nie auf meinen Brief reagiert, und ich muß wohl nicht eigens darauf hinweisen, daß ich zutiefst verletzt war. Ich konnte diese Vorwürfe einfach nicht mit dem ganz und gar positiven Eindruck in Einklang bringen, den ich von ihm gewonnen hatte.

Später las ich sein Buch *Freiheit und Engagement. Personenzentriertes Lehren und Lernen*[5], in dem er in aller Offenheit seine Vorbehalte gegenüber zwischenmenschlichem Kommunikationstraining artikulierte und die Vorliebe für seine Form der Gruppentherapie bekräftigte. Auf derselben Seite jedoch lobte er David Aspys und Flora Roebucks Studie über die positiven Aspekte ihres Fertigkeitstrainings als eines von zwei Büchern, die »Meilensteine auf dem Gebiet der Erziehungswissenschaft« seien. Carl widmete den bemerkenswert positiven Resultaten für Schüler und Lehrer 20 Seiten, und dennoch verspürte er offensichtlich ein Bedürfnis, das Verhaltenstraining zu kritisieren. Das war für mich sehr verwirrend.

Einige Jahre später besuchten Carl und Helen ein Symposion, auf dem ihr Sohn Dave, damals bereits ein landesweit bekannter Mediziner, und ich Vorträge über die notwendige Intensivierung von Präventionsmaßnahmen auf dem Gebiet der geistigen Gesundheit hielten. Danach haben sich unsere Wege nicht mehr gekreuzt.

Wie auch immer – als Carl in der Scripps Clinic im Sterben lag, eilte ich zu ihm, hielt seine Hand und dankte ihm schweigend dafür, daß er für mich ein so wichtiger und inspirierender Mensch gewesen war. Ich gestand ihm, wie sehr ich ihn geliebt hatte. Leider war er bewußtlos und konnte meine Worte nicht verstehen, aber ich war mir sicher, daß für ihn an meinen Gefühlen sowieso nie ein Zweifel bestanden hatte. Ein paar Stunden später starb er, aber in meinem Herzen – und oft auch in meinen Gedanken – lebt er weiter.

Die frühen Jahre

Ich wurde am 11. März 1918 in der Kleinstadt Paris in Illinois geboren, wo mein Vater Pfarrer der Glaubensgemeinschaft »Disciples of Christ« war. Noch vor meinem ersten Geburtstag trat er widerstrebend von seinem Amt zurück – später sprach er von »einer Auseinandersetzung zwischen Splittergruppen innerhalb der Gemeinde«. Er sollte entgegen seinen Hoffnungen nie wieder als Pfarrer arbeiten dürfen.

Meine Mutter übte ihren Beruf als Lehrerin an der Public School nicht mehr aus, nachdem sie meinen Vater geheiratet hatte. Durch die Heirat war sie zur Stiefmutter eines vierjährigen Sohns geworden, dessen leibliche Mutter während der Geburt gestorben war. Mein Stiefbruder John hatte während meiner gesamten Kindheit großen Einfluß auf mich. Ich war noch keine zwei Jahre alt, als unsere Familie nach Danville in Illinois umzog. Mein Vater nahm eine Stellung als leitender Angestellter der Handelskammer an und blieb diesem Beruf zehn Jahre lang treu. Die wenigen Erinnerungen, die ich an diese frühen Jahre in Danville noch habe, sind sehr positiv. Mein Vater liebte mich nahezu ohne Einschränkungen, und er bestrafte mich nie. Er spielte sehr viel mit John und mir, und in späteren Jahren, noch lange nach seinem Tod, stellte ich mir oft seine sanften Hände vor, die mich nie körperlich bestraft hatten.

Mein Vater scherzte gerne. Er witzelte mit uns, aber auch mit Freunden, Kellnerinnen, Friseuren oder Ladeninhabern. Das hat mich zwar manchmal verwirrt, doch seit der High-School entwickelte auch ich diese Eigenart. Humor wurde zu einem roten Faden in meinem Leben: Witze, Streiche und Wortspiele waren sowohl meine Stärke als auch meine Schwäche, brachten mir Vergnügen, aber auch Tadel.

Der Einfluß meiner Mutter auf meinen Charakter war ganz anders als der meines Vaters. Obwohl auch sie gelegentlich einen ausgeprägten Sinn für Humor erkennen ließ, war sie doch eher eine ernsthafte und intellektuelle Frau, die ein empfindliches Gespür für soziale Ungerechtigkeit besaß. Die Bindung zu meiner Mutter war enger, ihr Einfluß auf mich bedeutender als der meines Vaters. Wenn ich – was äußerst selten vorkam – einmal geschlagen wurde, dann von meiner Mutter. Sie benutzte dazu ihre Haarbürste aus Elfenbein oder einen kleinen Zweig von einem unserer beiden Kirschbäume. Ich werde mich immer daran erinnern, wie sie sich verzweifelt bemühte, einen widerspenstigen Zweig des Kirschbaums abzubrechen, mit dem sie uns »auspeitschen« wollte. Währenddessen beobachteten John und ich sie durchs Fenster und lachten laut, weil sie offensichtlich genervt war. Als sie uns dann ein paarmal auf die Beine schlug, fanden mein Bruder und ich das eher lustig als schmerzhaft.

Ich habe mir aber noch ein paar andere lebhafte Erinnerungen an diese frühen Jahre vor meiner Schulzeit bewahrt. Endlose Stunden verbrachte ich damals in einem kleinen öffentlichen Park, der sich fast direkt neben unserem Haus befand. Es gab Schaukeln und Rutschen, und ich pflückte wild wachsende Blumen für meine Mutter. Häufig baute ich Dämme in dem kleinen Bach, der sich durch den Park schlängelte. Im Rückblick sehe ich es so, daß der nahe Park und der angrenzende Wald für mich und meine Freunde eine Art »Freiheitszone« waren. In dem dichten Wald entfernten wir uns oft bis zu vier Kilometer von unserem Zuhause, um im Stoney Creek zu baden oder Flußkrebse zu fangen.

Kurz nach meinem vierten Geburtstag meldeten mich meine Eltern in Danvilles angesehenstem Kindergarten an. Ich konnte bereits ein bißchen lesen und erinnere mich, daß ich die Schrift auf den Litfaßsäulen zu entziffern versuchte, wenn die Familie am Sonntag die übliche Ausflugsfahrt mit dem Auto unternahm. Im Kindergarten machte ich meine erste Erfahrung mit einer warmherzigen und effektiven Lehrerin. Ich liebte Mrs. Snyder und erinnere mich an die Freude zu lernen und dafür ausgezeichnet zu werden.

Weil ich im September erst fünfeinhalb Jahre alt war, durfte ich nicht in die erste Klasse der Public School eintreten. Deshalb blieb ich ein weiteres Jahr im Kindergarten und begann dann gleich mit der zweiten Klasse. Damals konnte ich schon richtig lesen und einfache Rechenaufgaben besser als einige meiner Klassenkameraden lösen.

Unglücklicherweise mußte ich erneut eine Klasse überspringen und landete im vierten Schuljahr, wo ein Lehrer das Regiment führte, der das genaue Gegenteil von Mrs. Snyder war. Wie auch immer – im fünften Schuljahr hatte ich dann zum zweiten Mal einen exzellenten Lehrer und zeichnete mich weiter durch gute Leistungen aus.

Einen ersten Eindruck, wie extrem unterschiedlich menschliche Intelligenz sein kann, erhielt ich, als ich sah, daß mein Bruder ein schlechter Schüler war. Er war vier Jahre älter als ich, und meine Eltern taten alles nur Erdenkliche, um John bei seinen schulischen Leistungen zu helfen: Sie verpflichteten Hauslehrer, schickten ihn ein Jahr später in die Klasse, die seinem Alter entsprochen hätte, und meldeten ihn danach auf einer Militärschule an. Später gaben sie viel Geld aus, damit er die Lake Forest Academy in einem nördlichen Vorort von Chicago besuchen konnte.

Ich erinnere mich lebhaft daran, wie traurig ich jedesmal war, wenn wir John in einer dieser Schulen besuchten. Auf dem Rückweg weinte ich häufig und bedrängte meine Eltern, meinen Bruder nach Hause zurückzuholen. Irgendwie ahnte ich, daß es ein tragischer Fehler war, daß John diese Jahre, in denen er am meisten auf die Liebe und Zuwendung seiner Familie angewiesen war, in der Fremde verbringen mußte. Vielleicht war dies die erste leise Ahnung eines Phänomens, das ich erst viel später völlig verstehen sollte – daß Kinder nämlich am meisten auf eine heilsame Atmosphäre angewiesen sind, in der sie von ihren Eltern angenommen werden und Zuneigung und Liebe erfahren.

Mein Bruder war ein sehr guter Sportler, und ich begleitete ihn oft, wenn er in der Nachbarschaft Football oder Baseball spielte. Er mußte seine Freunde häufig überreden, damit ich, der kleine Bruder, auch mitmachen durfte. Aber es dauerte nicht lange, bis ich von den älteren Jungs akzeptiert wurde, denn zu ihrer (und meiner eigenen) Überraschung lernte ich rasch und entwickelte mich zu einem schnellen Läufer.

John brachte mir auch das Tennisspielen bei, aber schon nach kurzer Zeit schlug ich ihn und die anderen Jungs in unserer Nachbarschaft. Diese frühen Erfahrungen überzeugten mich von meinem sportlichen Talent. Der Sport als Quelle der Selbstachtung, der Wettstreit und das Bemühen, mich auszuzeichnen, bestimmten mein weiteres Leben.

Als ich elf war, nahm mein Vater einen neuen Job als Lobbyist bei der Illinois Manufacturers Association an, und wir zogen von Danville nach Springfield. Selbst heute noch habe ich eine bildliche Vorstellung davon, wie wir die Auffahrt hinunterfuhren und unser Zuhause verließen, um in eine andere Stadt zu ziehen. Ich heulte mir auf dem Rücksitz die Augen aus, während ich durch das offene Autofenster meinem besten Freund Jack Shane meine letzten Abschiedsgrüße zubrüllte. Jack lebte nur einen Block von unserem Haus entfernt, und wir hatten während der letzten neun Jahre den größten Teil unserer Zeit gemeinsam verbracht. Wir spielten zusammen, teilten in seinem oder unserem Haus Mittags- oder Abendessen, und sehr oft schliefen wir auch im Haus des Freundes.

Im Umgang mit Jack machte ich meine ersten Erfahrungen mit einer »Männerfreundschaft«, die auf gegenseitiger Zuneigung, gemeinsamen Interessen, Humor, Loyalität, Vertrauen und Selbstoffenbarung beruhte. Der Kontakt mit Jacks Eltern lehrte mich, auch mit anderen Erwachsenen als meinen Eltern unbefangen umzugehen. Jack war ein sanfter, gütiger und einfühlsamer Mensch, alles andere als ein Macho. Sicherlich lag in dieser Freundschaft meine Hoffnung begründet, daß alle anderen freundschaftlichen Beziehungen genauso verlaufen würden. Das war allerdings nicht der Fall, wie sich später in Springfield herausstellte.

Heute finde ich es interessant, daß Jack und ich einen Großteil unsere Zeit damit verbrachten, Geschäftsleute zu spielen.

Jacks Vater war ein erfolgreicher Geschäftsmann, und er brachte Jack ständig eine Menge alter Formulare mit: nicht gebrauchte Schecks, Warenrechnungen, Quittungen, Geschäftsbücher und so weiter. Damit zu spielen hat mir wirklich Spaß gemacht. Später verstärkte sich diese Neigung, als ich im Büro meines Vaters arbeitete (oder spielte). Vielleicht ist es kein Zufall, daß ich schließlich ein eigenes Unternehmen gründen sollte.

Ich vermißte Jack sehr, weil ich zuerst Schwierigkeiten hatte, in Springfield Freunde zu finden. Wenigstens ein Jahr lang – in der achten Klasse – wurde ich von vielen Mitschülern zurückgewiesen. Am schlimmsten an der neuen Schule war aber, daß ich meine ersten Erfahrungen mit brutalen Jungen machte. Wegen ihrer Neigung zur Gewalt und ihrer Handgreiflichkeiten gegenüber jüngeren Kindern ängstigten sie mich zu Tode. Unglücklicherweise war ich mit Abstand der jüngste und kleinste Junge in dieser Klasse. Ich hatte permanent Angst vor Verletzungen. Zugleich machte ich meine ersten Erfahrungen mit einem autoritären Schuldirektor.

Während dieses schwierigen Jahres in der Lawrence Elementary School litt ich häufig an einer so schmerzhaften Migräne, daß ich zwei oder drei Tage nicht in die Schule gehen konnte. Jahrelang vernahm ich dann von vielen Ärzten die Diagnose, daß meine Migräne auf »psychologische Faktoren« zurückzuführen sei. Dies war meine erste Berührung mit dem rätselhaften Bereich Psychologie.

Verständlicherweise war ich extrem erleichtert, der Gewalt und Angst den Rücken kehren zu können, als ich mich in der Springfield High-School anmeldete. Ich war dreizehn Jahre, immer noch der kleinste Junge in meiner Klasse und hatte auf unangenehme Weise erfahren müssen, daß nicht alle so Buben waren wie Jack Shane. Manche Kinder waren gemein und gewalttätig und machten ihre Kameraden »krank«. Ich konnte es nicht abwarten, auf die High-School zu kommen.

Die High-School-Jahre

Mein Vater war ein recht guter Tennisspieler, und wir spielten häufig auf dem Sandplatz in Danville gegeneinander. Ich erinnere mich allerdings an die Enttäuschung, die ich nach meinem ersten Sieg über ihn empfand – denn er erklärte, daß er seinen Schläger jetzt an den Nagel hängen wolle. Auf den Tennisplätzen in Springfield fand ich dann andere Gegner, von denen einer mein bester Freund werden sollte. Bob Good war ein stattlicher junger Mann, drei Jahre älter als ich und wohnte direkt in unserer Nachbarschaft. Wir lieferten uns harte, aber freundschaftliche Matches im Einzel; beim Doppel waren wir Partner. Bald gewannen wir das Springfield Junior Doubles Tournament. Ich schlug John im Einzel und gewann den Junior Singles Title mehrere Jahre nacheinander.

Allerdings war ich viel zu klein und leichtgewichtig, um für die Basketball- oder Football-Teams der High-School in Frage zu kommen, und auch auf dem College sollte sich daran nichts ändern. Erst in meinem letzten College-Jahr erreichte ich meine volle Körpergröße von gut einem Meter achtzig. Weil es auf der High-School mit hohem Ansehen verbunden war, in der Football- oder Basketball-Mannschaft zu spielen, wurde mein Pech, nicht zu den groß gewachsenen und gut gebauten *big kids* zu gehören, für mich zu einer Quelle tiefer Enttäuschung. Die Studenten und auch die Schuldirektoren hatten für Tennis nicht viel übrig – es hatte an dieser Schule nie eine Tennismannschaft gegeben. Als ich aber später beim Central-Illinois-Junior-Wettbewerb im Einzel und im Doppel gewann, erreichte mein Selbstwertgefühl einen neuen Höhepunkt.

Mein Selbstvertrauen wurde auch dadurch gestärkt, daß ich auf der High-School eine enge Beziehung mit einem sehr umworbenen Mädchen hatte. Ich »ging« mit Ruth, und wenn man als Paar gesehen wurde und sich mit anderen Pärchen anfreundete, öffnete sich die Tür zu einem angenehmen gesellschaftlichen Leben: Wir besuchten Partys, trafen uns mit anderen Paaren, besuchten Tanzveranstaltungen in Schulen und natürlich »Priddy's«, das örtliche Tanzlokal. Ruth brachte mir das Tanzen bei, und wir wurden zu einem der besten Tänzerpaare der Schule. Damals war es ein allgemein akzeptierter Brauch, andere Tänzerinnen aufzufordern, und mein Können verlieh mir genug Selbstvertrauen, mit Mädchen zu tanzen, die ich aus Schüchternheit zuvor nie angesprochen hätte.

Eine meiner anderen Methoden, in der High-School Aufmerksamkeit zu erregen und etwas darzustellen, stellte sich als nicht so wirkungsvoll heraus. Ich rebellierte hartnäckig und offen gegen die autoritären Schulleiter und jene Lehrer, die sich nur auf Kontrolle und Strafen als Disziplinarmaßnahmen verließen. Meine Mätzchen wurden zwar gewöhnlich durch das Lachen meiner Klassenkameraden und ihre Bewunderung für mein »Rückgrat« gefördert, aber ich wurde deshalb sehr häufig aus der Klasse verwiesen. Ich kann mich nicht erinnern, wie oft dies der Fall war – wohl zwischen dreiundzwanzig- und sechsundzwanzigmal. Zweimal wurde ich sogar ganz vom Unterricht suspendiert. Sicherlich ein Schulrekord.

Der stellvertretende Direktor und für Disziplinarmaßnahmen zuständige Lehrer, Lyman K. Davis, warnte mich damals, daß ich noch im Joliet-Gefängnis enden würde, genau wie ein straffällig gewordener Schüler, der ihm vor nicht allzulanger Zeit über den Weg gelaufen war. Im Rückblick erscheint mir seine Prognose als verständlich, dennoch war ich mir damals sicher, daß ich niemals im Gefängnis landen würde. Obwohl ich Ärger verursachte und ein disziplinarisches Problem darstellte, war ich doch fast einer der besten Schüler, was für meine Lehrer ein verwirrender Widerspruch gewesen sein mußte.

Ich erinnere mich, daß ich während dieser Zeit drei Jahre lang wertvolle Erfahrungen in einer Sonntagsschule sammelte, wo die Schüler von einer Frau Anfang Zwanzig unterrichtet wurden. Soweit ich weiß, hatte Grace Cox keine reguläre sozialpädagogische oder psychologische Ausbildung. Zehn Jahre später jedoch liefen wir uns bei einem Kongreß über den Weg und stellten fest, daß wir beide Psychologen geworden waren. In ihrer Rolle als Lehrerin einer kleinen Sonntagsschulklasse von etwa 20 Jugendlichen (später waren es dann 50 oder mehr) zeigte sich Grace als eine ganz neue Art von Lehrerin. Irgendwie schaffte sie es, eine besondere Atmosphäre herzustellen, in der wir Schüler uns wohl fühlten. Ich war mir der Qualität ihres Führungsstils sehr bewußt. Sie ließ die Kinder nach und nach an der Führung teilhaben und übertrug ihnen die Verantwortung, den Unterricht zu gestalten. Wir wählten unsere eigenen Sprecher, bildeten Arbeitsgruppen und trafen alle Entscheidungen über Themen und Projekte, die uns am Herzen lagen. Einige von uns wechselten sich jeden Sonntag als Diskussionsleiter oder Helfer ab. Es gab nichts, was nicht offen und aufrichtig diskutiert werden konnte. Zum ersten Mal in meinem Leben hatte ich das Gefühl, von einem Lehrer ganz und gar respektiert, geschätzt und akzeptiert zu werden. Ich machte die angenehme Erfahrung, Mitglied einer selbstbestimmten Gruppe zu sein, in der ich selbst über eine gewichtige Stimme verfügte. Diese bemerkenswerte Frau hatte sich irgendwie ein tiefes Verständnis dafür angeeignet, wie man andere an der Führung beteiligt, einen an den Schülern orientierten Unterricht und demokratische Führung miteinander vereinbaren kann. Für mich war sie ein Vorbild, und ihr Führungsstil wurde später zu meinem eigenen.

Die Zeit auf dem College

Nachdem ich die High-School im Sommer erfolgreich beendet hatte, war ich immer noch unentschlossen, für welchen Beruf ich mich entscheiden sollte. Mir schwebte vor, Arzt oder Geistlicher zu werden. Ich erhielt ein gut dotiertes Stipendium für vier Jahre an der DePauw University in Indiana. Weil meine

Noten im ersten Jahr im Durchschnitt recht schlecht ausfielen, wurde mein Stipendium auf ein Viertel zusammengestrichen. Das war das erste Mal in meinem Leben, daß ich wirklich »versagt« hatte. Dummerweise war ich am Wochenende häufig nach Hause gefahren, um meine Zeit mit Ruth zu verbringen, und der Druck meiner Studentenverbindung verführte mich zu vielen zeitaufwendigen Aktivitäten, so daß mir zu wenig Zeit für das Studium blieb. Ich war auch über die unerwartete Konkurrenz durch die vielen außergewöhnlich intelligenten Studenten in meinen Seminaren erstaunt – die Hälfte der männlichen Studenten, die sich jedes Jahr an der DePauw University immatrikulierten, hatten die High-School als Klassenbeste oder Anwärter auf die höchsten akademischen Auszeichnungen verlassen. Glücklicherweise wurde ich mir der Realität bald bewußt, und ab meinem zweiten Jahr auf dem College verbesserte sich mein Notendurchschnitt erheblich.

Ich hatte mich dafür entschieden, auf dem College einen Vorbereitungskurs für Medizin zu besuchen, aber während des ersten Jahrs wurde mir klar, daß die langen Nachmittagsstunden im Chemie- oder Biologielabor nicht das Richtige für mich waren. Ich verbrachte so viel Zeit im Chemielabor, daß ich im ersten Jahr auf mein Basketball-Training verzichten mußte, obwohl ich es geschafft hatte, im Team aufgenommen zu werden. Heute wünschte ich, ich hätte mich anders entschieden, aber ich blieb dem Medizin-Vorbereitungskurs in der Hoffnung treu, daß mich die folgenden Seminare mehr interessieren würden – Physiologie, Embryologie, Physik, Chemie und Anatomie. Wie auch immer, in meinen vier Jahren auf dem College vermochten mich nur zwei Seminare intellektuell zu stimulieren: das über abnorme psychische Zustände und das über synoptische Bibelstudien. Letzteres machte meine Hoffnung zunichte, Geistlicher werden zu können, das erstere brachte mich auf die Idee, Psychologe zu werden.

Während des Seminars über abnorme psychische Zustände

wurde meine Mutter für ein Jahr wegen einer Diagnose in ein Krankenhaus eingeliefert, die auf »permanente Melancholie« lautete. Die Veränderung ihrer Persönlichkeit, die ich wahrnahm, irritierte mich. Jetzt war ich mir sicher, daß ich die Graduate School besuchen und Psychologie studieren wollte. Don Grummon, ein Freund aus meiner Studentenverbindung, der für sich bereits dieselbe Entscheidung getroffen hatte, unterstützte meinen Entschluß.

Einer meiner Psychologieprofessoren war allerdings der Ansicht, daß ich es nicht bis zum »Ph. D.« schaffen würde. Er begründete seine pessimistische Prognose mit meinen Leistungen in seiner Klasse und der Punktzahl meines DePauw-Examens. (Über diese Punktzahl war ich bis zu dem Gespräch nicht informiert worden.) Ich brauche wohl nicht darauf hinzuweisen, daß der Befund »etwas über dem Durchschnitt liegende Punktzahl« (64 von 100) durch meine Leistungen in den folgenden Jahren widerlegt wurde, als ich wesentliche bessere Ergebnisse erzielte. Trotzdem haben mich die Testpunktzahl und die Einschätzung meines »Intelligenzquotienten« durch diesen Mann noch mehrere Jahre verfolgt, bevor ich dann auf der Graduate School überraschenderweise gänzlich entgegengesetzte Resultate erzielte. Unterdessen ignorierte ich den Ratschlag meines Professors und bewarb mich mit Erfolg an der Graduate School der Ohio State University. Die Psychologische Fakultät war zu dieser Zeit als eine der mit Abstand besten im ganzen Land angesehen.

Wenn ich auf die vier College-Jahre zurückblicke, erkenne ich, daß es sich um einen besonderen Abschnitt meines Lebens handelte, in dem ich mich in persönlicher und sozialer Hinsicht weiterentwickelte, auch wenn es, was die pädagogische Komponente anbetrifft, eine sehr enttäuschende Erfahrung war. Ich schloß einige tiefe und dauerhafte Freundschaften mit ein paar Mitgliedern meiner Studentenverbindung. Diese Freunde waren in psychologischer Hinsicht unkomplizierte Männer, die nicht provozierten oder gegen Autoritäten rebellierten, wie ich es in der High-School getan hatte. Sie studierten fleißig, hatten Sinn für Humor, waren die Erfolgreichen, die Idole auf dem Campus. Anderen gegenüber verhielten sie sich fair und freundlich – diese Männer waren intelligent und keine Machos. Ich sollte während meines ganzen Lebens solche Freundschaften schließen, aber die Freunde aus dieser Zeit setzten einen Standard. Sie wurden in jener frühen Lebensperiode meine männlichen Vorbilder.

Zudem hatte ich das Glück, eine enge, vier Jahre dauernde Beziehung mit einer jungen Frau einzugehen, die anderthalb Jahre älter war als ich und eine Klasse über mir studierte. Jane war eine sehr intelligente Frau mit breitem Interessenhorizont und ausgeprägtem sozialem Geschick. Sie entwickelte sich zu einer gütigen und verständnisvollen Freundin, die meine besten Charakterzüge zum Vorschein brachte und mir half, einige meiner schlechtesten abzulegen. Hätte ich nicht darauf bestanden, für eine lange Zeit die Graduate School zu besuchen, hätten wir zweifellos geheiratet. Doch kurz nach meinem ersten Jahr auf der Graduate School zerbrach diese enge Beziehung.

Das breitgefächerte schuleigene Sportangebot des DePauw College zog mich an: Ich spielte Fußball, Basketball, Baseball, Tischtennis, Volleyball und Bowling und erzielte in jeder dieser Sportarten Höchstleistungen. Ich wurde zum Leiter der Mannschaften meiner Studentenverbindung, und wir nahmen jedes Jahr einen hohen Rang unter den etwa zwölf verschiedenen Verbindungen ein. Obwohl Tennis nicht zu den »prestigeträchtigen« Sportarten gehörte, war ich auch drei Jahre lang Mitglied des DePauw-Tennisteams.

Man bedrängte mich auch, musikalischer Leiter der Studentenverbindung zu werden. Obwohl ich keine Ahnung von Musik hatte, verfügte ich über eine gute Stimme, Sinn für Harmonie und jene Führungsqualitäten, die die anderen motivierten, zu üben, nach Perfektion zu streben und Freude am Chorgesang zu finden. Nachdem sie zuvor immer sehr schlecht abgeschnitten hatte, belegte unsere Studentenverbindung beim jährlich stattfindenden Musikwettbewerb nun den dritten Platz.

Alle diese Erfahrungen verstärkten meine Selbstachtung und mein Selbstvertrauen und enthüllten mir meine neue Neigung, Führungsrollen einzunehmen. Andererseits sehe ich heute, daß sich auf dem College nichts an meiner Eigenart änderte, ein Hansdampf in allen Gassen, aber nirgendwo der »Meister« zu sein. Diese Komponente meiner Persönlichkeit blieb über die Hälfte meines Lebens lang konstant. Nach dem erfolgreichen Abschluß des Colleges suchte ich 25 Jahre lang nach einer (intellektuellen oder sportlichen) Aktivität, in der ich der Beste sein und einer der *big boys* werden könnte. Ich war zwar vielseitig, aber es hatte sich nichts an der Tatsache geändert, daß ich kein Mitglied der Phi-Beta-Kappa-Gesellschaft[6] und in keiner Sportart der Beste war. Ich tanzte auch nicht wie Fred Astaire und konnte nicht wie Bing Crosby singen. Und mein letztes »Versagen« bestand darin, daß ich nicht zum Präsidenten der Studentenverbindung gewählt wurde – trotz der Tatsache, daß mir selbst und allen anderen klar war, daß sich kein Mitglied stärker engagiert hatte als ich. Ein weiterer schlagender Beweis dafür, daß ich es nicht schaffte, irgendwo die Nummer eins zu werden. Ich wurde zum Vizepräsidenten gewählt. Präsident wurde ein Football- und Basketball-Star der Universität.

Die Ohio-State-Jahre

An der Ohio State University kannte ich weder Studenten noch eine der Fakultäten. Schon recht bald wurde ich jedoch irgendwie in eine Gruppe von Psychologiestudenten aus dem zweiten oder dritten Jahr (weitere *big boys*) eingeführt, die jeden Tag gemeinsam an einem Tisch zu Mittag aßen, den der Restaurantmanager für sie reservierte. Das war interessant für mich, denn alle diese Männer hatten sich auf dem College auf Psychologie spezialisiert, wohingegen ich nur zwei Kurse in Psychologie absolviert hatte. Wann immer bei diesen Mittagessen über psychologische Themen diskutiert wurde, fühlte ich mich wie ein Anfänger, der zu einem neuen Glauben konvertiert ist. Besonders ein unangenehmer Zwischenfall hat sich in meine Erinnerung eingegraben, als ich bei Tisch die Frage stellte: »Wer ist dieser Psychologe namens ›Gestalt‹, von dem in den theoretischen Lehrveranstaltungen so häufig die Rede ist?« Einer der *big boys* klärte mich einfühlsam und leise darüber auf, daß »Gestalt« kein Name, sondern ein deutsches Wort sei, nach dem eine damals berühmte Theorie benannt worden war. Dieser einfühlsame Mensch hieß Nick Hobbs. Mit ihm sollte ich eine weitere tiefe Männerfreundschaft schließen.

Nick, der später Präsident der American Psychological Association und Leiter der George Peabody University in Nashville wurde, war für mich ein eindrucksvolles Vorbild. Durch ihn wurde mir klar, wie hart man auf der Graduate School arbeiten mußte. Er war ein vornehmer und großzügiger Mensch, zurückhaltend, selbstbewußt und von außergewöhnlicher Intelligenz.

Zu meiner größten Überraschung wurde ich in den meisten meiner Kurse auf der Graduate School mit den besten Noten ausgezeichnet. Ich erinnere mich daran, wie erstaunt ich war, daß das Studium hier soviel einfacher zu sein schien. Es gab keine Verpflichtungen gegenüber einer Studentenverbindung, so daß ich den größten Teil meiner Zeit dem Studium widmen konnte. Was die Psychologie betraf, die in meinen Seminaren gelehrt wurde, stellte sich allerdings bald Desillusionierung ein. Hier ging es nur um die Geschichte der Psychologie, experimentelle Psychologie und Statistik – von Menschen, normalen oder anomalen, war fast nie die Rede. Bald war ich der Meinung, ich hätte mich doch lieber für die Medizin entscheiden sollen. Aber dann geschah etwas, das mich für den Rest meines Lebens gründlich beeinflussen sollte.

An der Fakultät unterrichtete ein neuer Professor, und die Nachricht verbreitete sich rasch, daß es sich um einen jungen Klinischen Psychologen handle, der viel Erfahrung auf dem Gebiet der Behandlung sozial schlecht angepaßter Kinder und Jugendlicher gesammelt habe. Tatsächlich handelte es sich bei Carl Rogers kurz zuvor veröffentlichtem Buch *The Clinical Treatment of the Problem Child* um eine der ersten Publikationen, die von einem Psychologen zu diesem Thema verfaßt worden war. Zu dieser Zeit war die »Behandlung« der Probleme von Kindern und Erwachsenen fast ausschließlich die Domäne von Psychiatern.

Carl Rogers' erste Lehrveranstaltung an der Ohio State University wurde von fast allen Psychologiestudenten, aber auch von vielen Studenten anderer Fakultäten besucht. Sogar die meisten meiner fortgeschritteneren Freunde kamen. Man sah Rogers als Pionier, der Beratung und Behandlung in die Klinische Psychologie einführte, die sich zuvor hauptsächlich auf Tests und Diagnose beschränkt hatte. Auf mich wirkte das wie ein frischer Wind, und ich verwarf schnell jeden Gedanken, die Psychologie aufzugeben und es mit der Medizin zu versuchen.

In Rogers' Lehrveranstaltungen entwickelte ich mich zu einem »Überflieger«. Ich erkannte, daß ich in ihm einen Mentor gefunden hatte, ahnte aber nicht, daß dieser intelligente junge Professor bald auch ein enger Freund und ein langjähriger Kollege werden würde. Doch Rogers' Seminare hielten noch eine andere große Überraschung für mich bereit: Trotz der Konkurrenz all der *big boys* schloß ich die letzte Prüfung mit der zweit- oder drittbesten Punktzahl ab.

Jetzt begann mich das Studium zum ersten Mal intellektuell zu stimulieren. Carl Rogers' Seminare waren gruppenzentriert. Jeder Teilnehmer entschied sich für sein eigenes, unverwechselbares Projekt und stellte den anderen seine Ergebnisse vor. Carl war der Förderer und Berater der Gruppe, darüber hinaus aber auch ein Studierender, der von den anderen lernte. In der High-

School und am College hatte ich nie eine so effektive und motivierende Atmosphäre erlebt. Gegenüber diesen Seminaren der Graduate School wirkten alle Vorlesungen am DePauw-College lächerlich altmodisch. In den aufregenden, wöchentlich stattfindenden Seminaren schufen die Teilnehmer die Grundlagen für eine »nicht-direktive« oder patientenzentrierte Beratungspraxis.

Selbst experimentell orientierte Studenten der Graduat School, die in Rogers' Vorlesungen und Seminare strömten, begannen bald mit Studien, die den Prozeß und das Ergebnis der Beratung bewerten sollten. Jetzt konnte man den komplexen Prozeß der Beratung von Kindern und Erwachsenen mit persönlichen Problemen studieren und bewerten. Dank einiger an empirischer Forschung interessierter Studenten wurden unsere Beratungsgespräche erstmals auf Tonband aufgenommen und dann Wort für Wort schriftlich übertragen. Die Studenten der Graduate School konnten so objektiv überprüfen, was sich im Gespräch zwischen dem Berater und dem Patienten ereignet und was eine positive Veränderung gefördert oder behindert hatte.

In meinem ersten Jahr auf der Graduate School war ich noch weit davon entfernt, mit einer Doktorarbeit zu beginnen, aber da Rogers mich betreute, schrieb ich eine kleine Studie, die sich zu meiner Master's Thesis entwickelte. Ich untersuchte darin eine große Anzahl von Aufsätzen, die High-School-Schüler im Englischunterricht geschrieben hatten, und versuchte zu entscheiden, ob die Themenwahl oder der Schreibstil Rückschlüsse auf die psychologische und emotionale Gesundheit der Verfasser zuließen. Bei der Untersuchung der Aufsätze fand ich eine Reihe von Indizien, durch die sich die gesunden von den kranken Schülern unterscheiden ließen.[7]

Carl und seine liebenswerte Frau Helen luden bestimmte Studenten der Graduate School häufig am Sonntag zum Abendessen ein, und bei diesen Zusammenkünften wurde nicht nur über psychologische Themen geredet. Dabei konnten sich die Studenten und ihre Gastgeber näher kennenlernen. Carl und

Helen waren sehr offen, und ihre Kinder David und Natalie gehörten rasch ebenfalls zur Gruppe. Bald mochte ich alle Familienmitglieder sehr, und später begriff ich, daß ich auch für sie ein spezieller Freund war. Carl und Helen Rogers waren wie liebevolle Eltern zu mir. Sie wurden für mich zu Vorbildern dafür, wie eine eheliche Verbindung und elterliche Fürsorge aussehen sollten. Meine Freundschaft zu ihnen hielt an und sollte sich in den nächsten Jahren noch intensivieren.

In meinem zweiten Jahr an der Graduate School verdiente ich mein erstes Gehalt (1500 Dollar im Jahr), weil ich jüngere Studenten in Anfangskursen für Psychologie unterrichtete. Zusätzlich wurde ich Forschungsassistent und sammelte Daten für Dr. Harold Edgerton, der an dem Thema arbeitete, wie man die Bewertungsmaßstäbe der Civil Aeronautics Authority (CAA) bei der Einschätzung der Flugtüchtigkeit ziviler Piloten objektiver gestalten könnte. Um mich für diese Aufgabe zu qualifizieren, mußte ich selbst am CAA-Pilotentraining teilnehmen und einen Flugschein erwerben.

In meinem zweiten Jahr auf der Graduate School an der Ohio State University verliebte ich mich in eine wunderschöne, junge Frau namens Martha Ann, die später meine Ehefrau werden sollte. Auch sie war eine hervorragende Tanzpartnerin, was seit meinen High-School-Jahren zu einem entscheidenden Kriterium hinsichtlich meiner weiblichen Bekanntschaften geworden war. Alles ins allem stellt sich die Zeit auf der Graduate School der Ohio State University im Rückblick als eine der glücklichsten Perioden in meinem Leben dar, weil ich viele intellektuelle Anregungen bekam und Vertrauen in meine akademischen Fähigkeiten gewann. Ich schloß viele neue Freundschaften mit Männern, spielte weiter Tennis und tanzte häufig.

An ein Ereignis erinnere ich mich besser als an alle anderen, weil es meinen vorherigen Glauben, daß ich nur über eine »etwas überdurchschnittliche Intelligenz« verfügte, völlig ins Wanken brachte. Ich hatte diese Meinung einst einem meiner Kommilitonen anvertraut, der aber nur gelacht und gemeint hatte, daß ich mich täuschte. Er hatte Zugang zu den Akten in der Abteilung für Statistik und versprach mir, sich die Punktzahl des Intelligenztests anzusehen, den alle Studenten vor ihrer Aufnahme in die Graduate School absolvieren mußten. Ungläubig nahm ich zur Kenntnis, daß mein Resultat 99 Punkte betrug. Erst da erinnerte ich mich daran, daß ich während der Aufnahmeprüfung für das DePauw College für eine Viertelstunde den Raum verlassen hatte, weil ich an einem Migräneanfall litt und mich übergeben mußte. Kein Wunder, daß ich damals nur 64 Punkte erreicht hatte.

Die Kriegsjahre

Weil ich bei der Einberufung sehr niedrig eingestuft wurde, bewarb ich mich, da ich ja bereits einen privaten Flugschein besaß, bei der Army-Air-Corps-Trainingseinheit. Nur wenige Monate, nachdem die Japaner Pearl Harbor angegriffen hatten, wurde ich eingezogen. In der zweiten von drei Trainingsphasen stellte ich überrascht fest, daß mir das Fliegen Spaß zu machen begann. Nachdem ich die dritte Ausbildungsphase beendet und mir meine Sporen verdient hatte, wurde ich für eine weitere Ausbildung ausgewählt, durch die ich mich zum Ausbilder für Piloten zweimotoriger Flugzeuge qualifizieren sollte. Das waren in der Tat gute Nachrichten für einen jungen Mann, der am nächsten Tag heiraten wollte: Martha und ich konnten so lange zusammenbleiben, wie sich meine militärischen Pflichten darauf beschränkten, als Ausbilder innerhalb der Vereinigten Staaten tätig zu sein.

Unmittelbar nachdem ich im Ausbildungs-Hauptquartier in Montgomery in Alabama eingetroffen war, blieb mir das Glück auch weiterhin wohlgesonnen. Während des Trainings mußte man einen Kurs mit dem Thema »Die Psychologie der Ausbildung« besuchen, der von einem Stabsarzt der Luftwaffe abgehalten wurde. Dieser Arzt verfügte über keine reguläre psychologische Ausbildung. Während des Kurses konnte ich aufgrund meiner Zeit auf der Graduate School so viele »Ergänzungen und Präzisierungen« beitragen, daß der Kursleiter mich fragte, ob ich die Veranstaltung nicht selbst konzipieren und als Lehrer fungieren wolle. Er eröffnete mir, daß er sich immer ziemlich inkompetent gefühlt habe. Diese überraschende Wendung wurde durch Chuck Warton, den befehlshabenden Offizier der Ausbildungsanstalt, abgesegnet. Später wurde er ein enger persönlicher Freund von mir.

Mit dieser Aufgabe begann meine lebenslange Tätigkeit, Trainingsprogramme zu entwerfen und zu leiten. Nach meiner Versetzung nach Randolph Field in Texas instruierte ich andere Ausbilder, die den von mir konzipierten Kurs lehren sollten. Unser primäres Ziel war, die Flugausbilder dahin zu bringen, die übliche autoritäre *Tough-guy*-Rolle aufzugeben, die für die Schüler gewöhnlich mit so viel Angst und Spannungen verbunden ist, so daß sie keine guten Leistungen erbringen. Wir wollten eine unnötig hohe Quote von Versagern vermeiden.

Bei diesem Job hatte ich zum ersten Mal eine Führungsposition inne. Ich war der Chef einer Gruppe von sechs Offizieren – und tappte in die Falle, die »volle Verantwortung zu übernehmen«. Die primären Ziele wurden von mir festgelegt – schließlich glaubte ich, erfahrener als die anderen zu sein. Ich bestimmte die Aufgaben und übernahm die alleinige Verantwortung dafür, die Fortschritte der Gruppe zu bewerten. Mit Sicherheit tat ich nur wenig, um die Annahme der anderen zu zerstreuen, daß ich der Boß sei und die Gruppenmitglieder meine Untergebenen waren. Zu meiner Überraschung und Verwirrung waren die Moral der Gruppe nach einigen Monaten schlecht, der Widerstand groß, die Produktivität gering. Die Kreativität war auf dem Nullpunkt, und zwischen den Gruppenmitgliedern und mir gab es keine offene und aufrichtige Kommunikation mehr.

Mein Versagen bestand darin, nicht die Methoden angewendet zu haben, die ich bei Grace Cox kennengelernt hatte! Ich hatte eine Atmosphäre geschaffen, in der die Gruppenmitglieder keines der Gefühle empfinden konnten, die die Schüler in Graces Sonntagsschulklasse gehabt hatten. Glücklicherweise erkannte ich durch die Aufrichtigkeit eines Offiziers, der zugleich auch ein enger Freund war, die destruktiven Auswirkungen meines autoritären Führungsstils rechtzeitig genug, um eine komplette Kehrtwende zu vollziehen. Ich begann, die Gruppenmitglieder zu stärkerer Anteilnahme zu motivieren, hörte zu, wenn sie über ihre Ideen und Gefühle sprachen, und übertrug die Verantwortung für die Führung auf die Gruppe. Dieser veränderte Führungsstil hatte überraschende und lang anhaltende Wirkungen: Die Kreativität blühte auf, die Kommunikation wurde offener, die Spannungen nahmen ab, und die Arbeit war so schließlich für alle angenehm und befriedigend. Aus einer Gruppe mit gestörten Beziehungen wurde eine intakte Gemeinschaft, und das Projekt machte allen Spaß.

Mein nächster Auftrag führte mich zum Office of Flying Safety in Winston-Salem in North-Carolina. Ich sollte herausfinden, warum so viele der neuen B-29-Bomber verunglückten. Die Unfallberichte gaben Aufschluß: Vielen B-29-Piloten mangelte es an technischem Wissen über das Flugzeug und seine verschiedenen Systeme. Um diesem Mißstand abzuhelfen, konzipierte ich einen ausführlichen schriftlichen Test, den von nun an alle B-29-Piloten und Kopiloten absolvieren mußten.

Im Verlauf dieser Projekte lernte ich viele bekannte Psychologen kennen, die am Aviation Psychology Programm mitarbeiteten. Dieses Forschungsprogramm, das sich mit den psychologischen Aspekten der Luftfahrt beschäftigte, wurde von Dr. John Flanagan geleitet. Ich wurde Direktor der Abteilung Luftfahrtforschung des American Institut for Research, das Dr. Flanagan kurz nach dem Krieg gegründet hatte.

Wenn ich auf diese vier Jahre beim Militär zurückblicke, erkenne ich die positiven und negativen Auswirkungen auf meine Entwicklung als Mensch und als Psychologe. Ich eignete mir wieder neue Fähigkeiten an und blieb noch stärker meiner persönlichen Art verpflichtet, ein Hansdampf in allen Gassen, aber nirgendwo ein »wahrer Meister« zu sein. Ich lernte, komplizierte Militärflugzeuge zu steuern. Norm Cross, mein engster Freund, brachte mir das Squashspielen bei, und ich war gut genug, um Random-Field-Squash-Champion zu werden. Ich begann mit Golf, und mit der Hilfe einiger Anweisungen durch einen Profi (und eine denkwürdige Unterrichtsstunde durch den berühmten Ben Hogan) wurde ich ein ziemlich tüchtiger Golfer. Aber immer noch keine Meisterschaft, keinerlei exzellente Begabung!

Martha Ann und ich schlossen viele enge Freundschaften, von denen einige bis lange nach dem Zweiten Weltkrieg anhielten, und wir machten beide unsere ersten Erfahrungen, wie es ist, mit wirklich reichen Leuten befreundet zu sein. Dies war in Winston-Salem der Fall, wo es mehr Millionäre gab als in jeder anderen Stadt der Vereinigten Staaten. Die meisten hatten frühzeitig bei der Reynolds Tobacco Company investiert. Unsere engsten Freunde waren Gordon Hanes und seine Frau Copey. Gordon war der Erbe der Hanes Hosiery Company, und er und Copey demonstrierten, daß reiche Menschen nicht nur überheblich und realitätsfern, sondern auch gütig sein können.

Mein Entschluß, wieder die Graduate School zu besuchen und den Doktorgrad zu erwerben, wurde durch zwei Jobangebote ernsthaft auf die Probe gestellt: Ein Angebot kam von Hanes Hosiery, das andere von der Personalabteilung einer kleinen und noch relativ jungen Firma namens IBM. In beiden Fällen lehnte ich ab. Ich war fest entschlossen zu promovieren.

Ich verließ die Armee als Captain. Mein Selbstvertrauen war gewachsen, und ich fühlte mich reifer. Meine Neigung, mit selbst-
destruktivem Benehmen gegen Autoritäten zu rebellieren, hatte
stark nachgelassen. Zudem war ich dankbar, daß sich meine Be-
fürchtungen nicht erfüllt hatten, womöglich im Krieg zu sterben. Ich hatte das Gefühl, daß mein Leben vielleicht aus einem
bestimmten Grund gerettet worden war, vielleicht aus einem
sehr wichtigen, über den ich mir aber noch nicht im klaren war.
Dieses Gefühl sollte ich später in meinem Leben noch häufiger
empfinden.

Weil Carl Rogers gerade eine Stelle an der Psychologischen
Fakultät der University of Chicago angenommen hatte, fiel mir
die Entscheidung nicht schwer, mich dort um Aufnahme zu
bewerben. Carl schlug vor, daß ich als graduierter Student in einer neuen, interdisziplinär arbeitenden Abteilung arbeiten sollte, dem Committee on Human Development, das von Robert
Havighurst geleitet wurde.

Das interdisziplinär konzipierte Curriculum bestand aus Veranstaltungen in Psychologie, Genetik, Physiologie, Soziologie
und Anthropologie. Hier erschlossen sich mir Bereiche des Wis-
sens, mit denen ich nie in Berührung gekommen wäre, wenn ich
mich für die Psychologische Fakultät entschlossen hätte. Ich
studierte bei einigen sehr berühmten Gelehrten: Soziologie bei
Allison Davis und Lloyd Warner, Anthropologie bei Robert
Redfield. Robert Havighurst dozierte über die Entwicklung von
Kindern, und Nathaniel Kleitman, durch seine bahnbrechenden
Forschungen zum Schlaf bekannt, unterrichtete Physiologie.

In Chicago machte ich meine ersten Erfahrungen mit einer
kooperativ arbeitenden Lerngruppe. Gemeinsam mit drei anderen graduierten Kommilitonen, die mit mir an der Human-
Development-Abteilung studierten, gründete ich eine Lerngruppe. Wir hatten Literaturlisten mit unverzichtbaren Titeln für die

verschiedenen Lehrveranstaltungen erhalten und verteilten sie. Jeder sollte einige Exzerpte verfassen und den anderen Kopien geben. Zwei- oder dreimal pro Woche trafen wir uns zu Diskussionen. Manchmal erklärte sich ein Mitglied unserer Gruppe bereit, einen kompletten Kurs zu besuchen und die Notizen weiterzugeben oder die anderen über den Inhalt der Lehrveranstaltung zu unterrichten. Das alles war möglich, weil an der University of Chicago kein Zwang bestand, an bestimmten Lehrveranstaltungen teilzunehmen. Wir konnten unser Wissen in umfassenden Vorprüfungen unter Beweis stellen, die »Prelims« genannt wurden. Wenn wir diese entscheidende Prüfung bestanden hatten, konnten wir mit der Dissertation beginnen.

Ein Mitglied der Fakultät erzählte mir später, daß die »Prelim«-Resultate unserer kooperativ ausgerichteten Arbeitsgruppe ziemlich ähnlich waren. Unsere Testpunktzahlen gehörten zur Spitzenklasse und lagen weit über dem damals üblichen Durchschnitt. Wir waren natürlich froh über unsere Entscheidung zur Zusammenarbeit. Heute weiß ich, daß auf dieser Erfahrung mein starker Glaube daran gründet, daß das gemeinsame Lernen dem traditionellen individuellen Wettbewerb, wie er allgemein in Schulen vorherrscht, überlegen ist.

Bald nachdem ich die »Prelim«-Prüfungen bestanden hatte, bot mir John Flanagan, der Chef des Aviation Psychology Programm bei der Air Force, einen Job als Direktor für Luftfahrtforschung in einer neuen Forschungsorganisation an, die er in Pittsburgh gegründet hatte. Ich nahm an, weil ich glaubte, daß mir die Zusammenarbeit mit John auf diesem Gebiet den Weg zu einer prestigeträchtigen Karriere eröffnen würde. Obwohl mir meine Arbeit beim Counseling Center gut gefiel, hatte die Beratungstätigkeit zu diesem Zeitpunkt noch nicht den Rang eines eigenständigen Berufs – nur sehr wenige Psychologen arbeiteten damals in ihrer eigenen privaten Praxis. Diese harte Realität unterstützte mich in meinem Entschluß, einen anderen

Weg einzuschlagen und auf eine mögliche Karriere auf dem Gebiet der Luftfahrtpsychologie hinzuarbeiten.

Eine Zeitlang lief alles gut, aber nach und nach wurde mir klar, daß diese Forschungsaufgaben nicht mein Fall waren. Durch die Zusammenarbeit mit John Flanagan erkannte ich, wie viele Kenntnisse mir auf dem Gebiet praktischer Forschung fehlten. Unterdessen erforderte das von mir geleitete Projekt häufige Aufenthalte in Washington D. C., wo ich mich mit Mitgliedern der Zivilflugaufsicht und der Abteilung für Luftfahrtpsychologie des National Research Council traf, die das Projekt finanziell unterstützten. Dabei freundete ich mich mit einigen wichtigen Persönlichkeiten an, die auf diesem Forschungsgebiet großes Renommee hatten: Neal Miller, J. P. Guilford, Dick Youtz, Phil Rulon, Neil Warren, Donald Lindsey, Paul Fitts und Morris Viteles. Die Psychologen in dieser Arbeitsgruppe waren nicht nur Koryphäen – in meinen Augen waren sie Giganten. Einige waren bereits berühmt, andere sollten später diverse Auszeichnungen der American Psychological Association erhalten.

Ein weiteres Mitglied innerhalb dieser prominenten Gruppe von an empirischer Forschung orientierten Psychologen war Dr. James Miller, den ich bewunderte, weil er in Harvard gleichzeitig zum Doktor der Philosophie und zum Doktor der Medizin promoviert hatte. Einige Monate später, nachdem er zum Vorsitzenden der Psychologischen Fakultät der University of Chicago ernannt worden war, überraschte er mich, indem er mir die Stelle eines Assistenzprofessors anbot.

James Miller verknüpfte sein Angebot mit einer Bedingung: Ich sollte mein Studium an der Graduate School beenden und den Doktorgrad erwerben. Es war nicht einfach, ein Thema für die Dissertation zu finden, aber das Glück stand mir bei, weil John Flanagan mich davon überzeugte, daß das Forschungsprojekt, das ich bereits abgeschlossen hatte, von der für die Erwerbung des Doktortitels zuständigen Prüfungskommission akzeptiert werden würde. Es kostete mich kaum Zeit, mich schriftlich zur Doktorprüfung anzumelden und nach Chicago zu fliegen, um meine Prüfer auszuwählen. Sie akzeptierten das von mir vorgeschlagene Thema, und innerhalb einiger weniger Wochen hatte ich die Resultate meiner Forschungsarbeit abgetippt und bei den Prüfern eingereicht – ich hatte meine Dissertation fertiggestellt. Was für ein Glück! Der Titel lautete: »Die Entwicklung einer objektiven Methode zur Evaluation der Flugtauglichkeit von Piloten von Fluggesellschaften«. Jetzt galt es nur noch, die mündliche Abschlußprüfung zu bestehen.

Die meisten Fakultätsmitglieder, die bei der mündlichen Prüfung anwesend waren, hielten meine Dissertation für eine spannende und interessante Arbeit. Durch ihre Fragen wollten sie eher ihre Neugier befriedigen, als meine Forschungskompetenz bewerten. Weil ich wußte, wie hart die meisten mündlichen Prüfungen sein konnten, hatte ich erneut das Gefühl, daß die Glücksgöttin auf meiner Seite stand. Meine Arbeit war bereits von dem hervorragenden Forscher John Flanagan sorgfältig unter die Lupe genommen und perfektioniert worden, bevor ich sie bei den Geldgebern des Projekts eingereicht hatte. So entdeckten die Mitglieder der Prüfungskommission keinerlei Mängel.

Kurz danach absolvierte ich erfolgreich mein Deutschexamen, und 1949 erhielt ich den Titel eines Doktors der Philosophie. Ich kündigte beim American Institute for Research und kehrte als Assistenzprofessor an die Psychologische Fakultät und als Mitglied des Counseling Center an die University of Chicago zurück. Die Luftfahrtforschung kam bei meiner fortwährenden Suche nach exzeptionellen Fähigkeiten nicht mehr in Frage. Würde ich es als Fakultätsmitglied an einer renommierten Universität zu etwas bringen? Ich war zuversichtlich.

Die Zeit als akademischer Lehrer

Bald nachdem ich nach Chicago zurückgekehrt war, erhielt ich eine Einladung, an einem Sommerkurs der National Training Laboratories (NTL) in Bethel, Maine, als wissenschaftlicher Forschungsassistent von Dr. Herbert Thelen teilzunehmen. Diese Sommerwochen waren für mich sehr inspirierend. Ich war für die sogenannten T-Gruppen zuständig und führte später Gespräche mit den Mitgliedern einer dieser Gruppen. Die Interviews enthüllten, daß die Mitglieder dieser Gruppe sich in sehr positiver Weise – vergleichbar den Menschen in der Individualtherapie - verändert hatten: Sie verloren ihre Schüchternheit, ihre Selbstachtung stieg, sie waren weniger feindselig gegenüber anderen und vertrauten ihnen mehr. Obwohl ich dem Führungsstil in Bethel gegenüber kritisch eingestellt war, beeindruckte mich das therapeutische Potential der Lerngruppen mit gleichberechtigten Mitgliedern. Ich beschloß, im nächsten Sommer in Chicago einen Workshop für Führungstraining zu organisieren.

Die Erfahrungen, die ich in diesem Workshop machen sollte, regten mich dazu an, mein erstes Buch zu schreiben: *Group-Centered Leadership: A Way of Releasing the Creative Potential of Groups*.[8] Darin versuchte ich, ein Modell für die Führung von Gruppen zu konzipieren, das sich von dem der NTL stark unterschied. Mein Konzept war demokratischer und gruppenzentrierter. Ich stellte fest, was für eine Einstellung und welche Fähigkeiten der demokratische Leiter einer Gruppe braucht, die eigenverantwortlich arbeitet, selbständig Probleme erkennt, Lösungsmechanismen entwickelt und anwendet und bei der sich alle Mitglieder einbringen. Zugleich stellte ich einige Forschungsergebnisse vor, die die erstaunlichen therapeutischen Wirkungen demokratischer Führung bei einzelnen Gruppen belegten. Ich ahnte bereits, was später zu meiner festen Überzeugung werden sollte: Demokratie ist Therapie. Anders ausgedrückt: Demokratische Verhältnisse beim Zusammenleben und -arbeiten heilen Menschen, während eine autoritäre Atmosphäre sie krank macht.

Mein Buch verkaufte sich so schlecht, daß der Verlag keine zweite Auflage publizierte. Noch schlimmer war, daß auch Jim Miller, der Chef der Abteilung, nicht viel davon hielt. Das trug dazu bei, daß er meiner Beförderung zum außerordentlichen Professor mit lebenslanger Anstellung nicht zustimmte.

Ich war zwar enttäuscht, hatte aber erkannt, daß mir eine akademische Laufbahn nicht zusagte. Meine fünf Jahre an der Fakultät waren damit ausgefüllt, graduierte Studenten in Individual- und Gruppentherapie zu unterrichten und Beratungen zu geben. Außerdem war ich bei einer breit angelegten Forschungsstudie über nicht-direktive (gruppenzentrierte) Beratung stark eingebunden, die die Rockefeller Foundation finanzierte. Zudem hatte ich einen Teilzeitjob am Industrial Relations Center, wo mir Virginia Axline die Praxis der Spieltheorie beibrachte. Sie schrieb damals an ihrem Buch *Play Therapy,* das zu einem Klassiker auf diesem Gebiet werden sollte.

Obwohl ich das Gefühl hatte, ein guter Lehrer zu sein, fand ich die Erfahrung nicht sonderlich befriedigend. Ich war ein produktives Mitglied des Forschungsteams, das sich mit dem Prozeß und den Ergebnissen der klientenzentrierten Therapie befaßte, stieß aber erneut an meine Grenzen als Forscher. Zögernd akzeptierte ich, daß Forschung und Lehre nicht meine Lebensaufgabe waren – aber das sollte nicht das Ende meines Strebens nach Höherem sein.

Weil ich im Counseling Center aktiv mitarbeitete, hatte ich kaum Lehrverpflichtungen. Ich veranstaltete Kurse in Psychotherapie und leitete ein Praktikum für Studenten, die die klientenzentrierte Psychotherapie erlernen wollten. Zudem organisierte ich mit S. I. Hayakawa ein Seminar, dessen Titel ungefähr so lautete: »Der Einsatz der klientenzentrierten Therapie außerhalb des Krankenhauses«. Jeder Teilnehmer suchte sich ein Gebiet aus, wo die Theorie eventuell angewendet werden konnte, wie Lehre, Management, Gesetzgebung oder Rechtswissenschaft. Ein Ergebnis des Seminars war ein gemeinsam erarbeitetes Thesenpapier mit möglichen Lösungsvorschlägen für den Kalten Krieg mit der Sowjetunion.

Was mein Privatleben betrifft, so war meine Ehe mit Martha Ann glücklich. Wir schlossen viele enge Freundschaften, meist mit Ehepaaren, die an der Psychologischen Fakultät beschäftigt waren. Am meisten wurde unsere Ehe aber dadurch bereichert, daß wir ein zehn Tage altes Baby adoptierten, dem wir den Namen Judy gaben. Ich war schon immer kinderlieb, und jetzt hatten wir eine eigene Tochter! Seit dem ersten Tag, den Judy in unserem Haus verbrachte, empfand ich eine tiefe Liebe zu ihr, die alles mir bis dahin an Gefühlen Bekannte übertraf.

Nach den in Illinois geltenden Gesetzen mußten wir sechs Monate warten, bevor wir die Adoption beantragen konnten. Eine Woche vor dem Ablauf der Wartezeit rief unser Anwalt an und teilte uns mit, daß die leibliche Mutter ihre Ansicht geändert habe – sie wollte ihr Kind zurückhaben. Wir konnten es nicht glauben. Judy war nicht ihr Kind, sie gehörte uns! Wir waren am Boden zerstört, wütend und verängstigt.

Martha Ann und ich beschlossen, um das Kind zu kämpfen. Wir baten unseren Anwalt, alles zu tun, um die Mutter zu einer Änderung ihres Entschlusses zu bewegen. Glücklicherweise war er in der Lage, verschiedene Wege zu finden, die Frist für unsere Betreuung des Babys zu verlängern, aber wir fürchteten ständig den Tag, wo man uns vor Gericht zerren und uns zwingen würde, von Judy Abschied zu nehmen.

Unterdessen verbrachten wir unseren Sommerurlaub in Chicago und unternahmen Angeltouren mit unseren engsten Freunden, Don und Mary Grummon. Mit anderen Mitgliedern der Fakultät spielte ich häufig Tennis und gewann drei Jahre hintereinander die Faculty-Club-Trophäe im Einzel. Einer meiner Gegner war Enrico Fermi, der auf einem Squashfeld der University of Chicago die erste Spaltung des Atomkerns beaufsichtigt hatte. In diesen fünf arbeitsreichen Jahren verband Martha Ann und mich eine ganz spezielle Freundschaft mit Carl und Helen Rogers: Wir aßen gemeinsam, spielten Bridge, malten und veranstalteten Picknicks. Eine Woche verbrachten wir gemeinsam mit den Rogers in ihrem Sommerhaus am Seneca Lake in New York.

In meinem letzten Jahr beim Team des Industrial Relations Center kam ein junger Manager aus der Industrie zu mir. Sein Name war James Richard. Er suchte am Beratungszentrum nach einem Berater für seine Firma in Davenport, Iowa. Ich nahm den Job an und fuhr einmal pro Woche mit dem Zug nach Davenport, wo ich einen ganzen Tag lang als Unternehmensberater tätig war. Kurz nachdem ich diese Beschäftigung angenommen hatte, wurde Jim zum Direktor der Fabrik befördert. Nun sah er eine Chance, die Abläufe in der ganzen Fabrik durch Anwendung meines gruppenzentrierten Führungsmodells zu demokratisieren. Er lernte, wie man aktiv zuhört und produktive Treffen mit Mitarbeitern leitet, und er förderte das Mitspracherecht von Angestellten bei der Entscheidungsfindung engagiert. Die Kooperation wurde besser, die Arbeitsmoral hob sich sichtlich, und die Vorarbeiter waren zufriedener – sie arbeiteten mehr und kreativer. Die Produktivität stieg. Ich bat Jim, ein Kapitel für mein Buch *Group-Centered Leadership* zu verfassen, in dem er detailliert beschreiben sollte, wie er das Arbeitsleben in seiner Fabrik demokratisiert hatte. Mein Vertrauen in mein demokratisch ausgerichtetes Führungsmodell war stärker denn je, und ich beschloß, mich ganz der Tätigkeit eines Unternehmensberaters zu widmen.

Es war eine glückliche Fügung, daß Carl Rogers von der University of California, wo er als Gastprofessor tätig gewesen war, nach Chicago zurückkehrte. Er hatte Dr. Edward Glaser kennengelernt, den Gründer einer erfolgreichen Unternehmensberatung in Pasadena in Kalifornien. Glaser hatte Carl gefragt, ob er nicht einen jungen Mann kenne, der Interesse habe, in sein Unternehmen einzusteigen, und Carl hatte ihm meinen Namen genannt.

Wenige Wochen später saß ich im Flugzeug nach Los Angeles, um mit Glaser und vier seiner Teilhaber ein Einstellungsgespräch zu führen. Sie boten mir die Stelle an, und ich sagte erfreut zu, zumal ich dadurch auch noch in Kalifornien leben konnte.

Kurz nachdem ich von dieser Reise zurückgekehrt war, berichtet unser Anwalt Martha Ann und mir, daß wir Judy jetzt eventuell ihrer leiblichen Mutter zurückgeben müßten. Er sagte, daß wir in ein paar Tagen eine entsprechende Aufforderung des Gerichts erhalten würden.

Wir trafen eine kritische und schwerwiegende Entscheidung, die jedoch von unserem Anwalt unterstützt wurde: Wir würden unsere Siebensachen zusammenpacken, die Stadt verlassen und umgehend nach Kalifornien ziehen – natürlich mit Judy. Wir unterrichteten Ed Glaser telefonisch von unserer Ankunft, und ich fragte ihn, ob ich meinen Job drei Monate früher als geplant antreten könnte. Er willigte ein. Am nächsten Morgen fuhren wir mit unserem völlig überladenen Auto los, in der Hoffnung, daß wir nie wieder etwas von der Mutter oder ihrem Anwalt hören würden – und so kam es dann auch.

Meine Zeit in einer Unternehmensberatung

Während der nächsten drei Jahre arbeitete ich als psychologischer Berater für die Mitarbeiter verschiedener Unternehmen. Edward Glaser and Associates (EGA) bevorzugten eine spezielle Methode, wenn es darum ging, die Beziehung zu einem neuen Unternehmen zu beginnen. Zunächst wurde immer eine psychologische Bewertung der Top-Führungskräfte vorgenommen: Der Berater führte ein intensives Interview, dann folgten ein kurzer Intelligenztest und eine weitere Prüfung, bei dem Sätze vervollständigt werden mußten. Dann faßte der Berater die Ergebnisse zu einer Bewertung zusammen, die in der Regel zwei oder drei Seiten lang war. Diese schriftliche Diagnose wurde den Führungskräften bei einer Feedback-Konferenz übergeben, während der sich dann eine Beziehung zu dem Berater entwickeln sollte.

Es dauerte nicht lange, bis ich diese Bewertungen von Menschen zu verabscheuen begann. Der Intelligenztest war nicht stichhaltig, der Satzergänzungstest schwer auszuwerten und die abschließende Beurteilung nicht leicht zu verfassen. Ich haßte es, bei den Feedback-Gesprächen die Führungskräfte mit Bewertungen konfrontieren zu müssen, die oftmals Widerstand oder eine defensive Haltung provozierten, und war mir sicher, daß dies keine guten Voraussetzungen für eine Beratertätigkeit waren.

Doch Glaser gestattete es mir nicht, eine andere Methode anzuwenden, um eine solche Beziehung in die Wege zu leiten. So mußte ich weiterhin diese Bewertungen vornehmen. Dazu kam, daß mein demokratisches Führungsmodell für Glaser tabu war. Es widersprach nicht nur seinem Führungsstil, er verlangte sogar, daß ich in das Vorwort meines Buchs den folgenden Satz aufnahm: »Der Leser sollte daraus nicht schließen, daß die in diesem Buch vorgestellten Ideen von anderen Mitgliedern dieser Firma geteilt werden.« Schon bald war es eine ausgemachte Sache, daß ich die EGA verlassen und meine eigene Beratungspraxis eröffnen würde. Ich wollte frei sein, um Managern zu helfen, ein neues Führungsmodell zu erlernen, das eine größere Einbeziehung der Mitarbeiter gestattete.

Trotz des starken Widerstands gegen die Idee einer demokratischen Führung fand ich ein paar Unternehmenschefs, die es auf einen Versuch ankommen lassen wollten. Heutzutage erkennen viele führende Geschäftsleute, die früher selbst Erfahrungen als Untergebene gesammelt haben, an, daß die Ausübung von

Macht auf lange Sicht Antipathien auslöst und die Produktivität behindert. Damals war die Vorstellung einer demokratischen Führungsrolle eine noch neue und unbewiesene Idee. Dreißig Jahre später durfte ich miterleben, daß die zunehmende Akzeptanz der Vorstellung einer gruppenzentrierten Führungsrolle fühlbare und konkrete Resultate mit sich brachte: sinkende Kosten, verbesserte Produktionsmethoden, bessere Entscheidungen, höhere Arbeitsmoral, gesteigerte Produktqualität usw.

Nach drei Jahren verließ ich die EGA zufrieden und zog in meine neuen Büros ein, die nur wenige Häuserblöcke entfernt lagen. Ich war sehr erleichtert – nun konnte ich das lehren, woran ich glaubte.

Die Jahre als Berater und Therapeut

Aus Sorge, mit der Unternehmensberatung nicht genug Geld zu verdienen, entschloß ich mich, zugleich als Psychotherapeut zu arbeiten. Ich richtete ein Zimmer für Spieltherapie ein, so daß ich mich auch mit sehr kleinen Kindern beschäftigen konnte.

Schon bald überwiesen verschiedene Ärzte Patienten an mich, mit denen ich Beratungsgespräche führen sollte. Einer dieser Ärzte war Dr. Walter Rogers, Carls jüngerer Bruder. Ich konzipierte auch einen Führungstrainingskurs für Supervisoren und Manager, den ich im Rahmen des Fernstudiums der University of California in Los Angeles durchführte. Psychologen aus dem Team des UCLA Industrial Relations Center luden mich als Ausbilder zu ihren einwöchigen Konferenzen ein, die am Lake Arrowhead stattfanden. Ich war überrascht, als mein Konzept einer demokratischen Führung bei der UCLA-Gruppe auf einigen Widerstand stieß. Wohl aus diesem Grund wurde ich danach nicht mehr eingeladen.

Bald war klar, daß ich für meine Form des Führungstrainings eigene Seminare abhalten mußte. Gemeinsam mit Dr.

Richard Farson begründete ich eine Partnerschaft namens Gordon and Farson Associates. Ich organisierte zwei einwöchige Seminare, die in dem wunderschönen Hotel Ojai Valley Inn stattfanden. Beim ersten Seminar luden wir Carl Rogers ein, um eine Einführung zu halten, beim zweiten den Wissenschaftler Hans Selye, der aufgrund seiner Forschungen zum Thema Streß weltbekannt ist. Dick Farson und ich übernahmen das eigentliche Führungstraining, wobei jeder seine eigene Gruppe leitete.

Am Ende dieser Ojai-Valley-Seminare machte ich eine leidvolle Erfahrung. Mein Partner hatte sich in dem Seminar mit einem wohlhabenden Teilnehmer angefreundet und ohne mein Wissen ein Forschungsinstitut mit ihm gegründet. Dieser Mann spendete einen großen Geldbetrag, damit das Institut die Arbeit aufnehmen konnte. Mich hatte man nicht zur Mitarbeit eingeladen. Zum ersten Mal hatte ich das Gefühl, von einem Freund betrogen worden zu sein. (Auch wenn ich es damals noch nicht wußte, stellte sich das Ganze dann als positiv heraus, weil ich in einem forschungsorientierten Institut nicht glücklich geworden wäre.)

In den nächsten sechs Jahren (von 1957 bis 1962) konnte ich gleichzeitig in zwei Berufen arbeiten: als Psychotherapeut in meiner Privatpraxis und als Berater für die unterschiedlichsten Organisationen, wie Unternehmen, Kirchen, Krankenhäuser und verschiedene Regierungsstellen. Aber auch diese Jahre waren nicht ganz ungetrübt. Meine Mutter und mein Vater starben, Martha Ann und ich trennten uns. Das Scheitern unserer Ehe war eine traumatische Erfahrung. Ich fühlte mich wie ein Versager. Ich, der versuchte, anderen Menschen beizubringen, wie man befriedigende und dauerhafte Beziehungen aufbaut, war selbst nicht in der Lage, eine harmonische Ehe zu führen! Am stärksten empfand ich ein Schuldgefühl gegenüber meiner Tochter, weil ich nun nicht mehr jeden Abend bei ihr sein konnte, aber ich verbrachte fast jedes Wochenende mit ihr.

Bald nach der Trennung ergab sich eine neue Beziehung zu

einer jungen Frau. Schon nach einem Jahr schmiedeten wir Heiratspläne. Doch dann wurde Ann ein professionelles Model und zog nach New York. Dort lernte sie einen anderen Mann kennen und beendete unsere Beziehung. Dies war zweifellos der schwerste Verlust und die schlimmste Zurückweisung, die ich jemals erfahren hatte. Es dauerte Monate, bis ich mich von diesem emotionalen Schock erholt hatte. Ich kehrte zu meiner täglichen Routine zurück, nachdem ich begriffen hatte, daß mein Selbstwertgefühl von der Liebe dieser Frau abhängig gewesen war. Sie war eine Hauptquelle meiner Selbstachtung gewesen, und deshalb hatte ich sie gebraucht.

Nach vier Jahren, in denen ich allein lebte, mich aber gelegentlich mit Frauen traf, heiratete ich Elaine, eine dynamische, professionelle Frau, die als Beschäftigungstherapeutin bei Goodwill Industries arbeitete. Kurz darauf übernahmen wir die Betreuung von Judy, nachdem Nachbarn mich informiert hatten, daß meine Adoptivtochter in ihrer häuslichen Umgebung ernsthaft vernachlässigt und emotional mißbraucht werde. Zudem hatte Martha Ann ein schwerwiegendes Alkoholproblem. Judy lebte auch während ihrer High-School-Zeit bei Elaine und mir. Danach besuchte sie vier Jahre lang erfolgreich das College an der University of California in Davis.

In diesen Jahren begann ich mich stark in der American Psychological Association und der California Psychology Association zu engagieren. Ich war in verschiedenen Ausschüssen beider Organisationen aktiv und wurde zum Präsidenten letzterer gewählt. Der Sieg bei dieser Wahl war eine große Überraschung für mich. Nachdem ich es nicht geschafft hatte, zum Präsidenten meiner Studentenverbindung gewählt zu werden, hatte ich mir eigentlich geschworen, mich nie mehr um irgendein Amt zu bewerben, dann aber dem Druck nachgegeben und mich, ohne mir Chancen auszurechnen, für das Amt nominieren lassen. Das Ganze paßte überhaupt nicht zu den Vorstellungen, die ich damals von mir selbst hatte.

Die frühen P.E.T.-Jahre

In den späten fünfziger Jahren begann ich, mit Kindern zu arbeiten, die entweder von ihren Eltern zu mir gebracht oder von den Schulen an mich überwiesen worden waren. Sowohl die Eltern als auch die Lehrer bezeichneten diese Kinder als »emotional gestört«, »neurotisch« und »schlecht angepaßt«. Sie befürchteten, daß die Kinder straffällig werden könnten, und glaubten, daß sie auf Beratung und Psychotherapie, also auf irgendeine Art von »Behandlung« angewiesen waren, die ihre »Krankheit« heilen sollte.

Ich hatte nicht damit gerechnet, daß diese jungen Menschen normal und gesund sein könnten, aber sie erschienen mir keinesfalls psychisch gestört. Tatsächlich waren sich die meisten von ihnen sicher, daß ihre *Eltern* oder *Lehrer* Probleme hatten und meine Beratung brauchten. Diese Kinder sprachen offen über ihre familiären Streitigkeiten und Konflikte und beschrieben Zwischenfälle, bei denen sie sich ungerecht behandelt gefühlt hatten. Sie beschwerten sich, daß ihre Eltern und Lehrer ihnen nur selten zuhörten oder sie kaum verstünden, und berichteten, daß sie ungerechterweise bestraft würden. Außerdem beschrieben sie Ereignisse, bei denen ihre Eltern oder Lehrer keinerlei Respekt für ihre Bedürfnisse gezeigt hatten. Diese Kinder fühlten sich von autokratischen Erwachsenen beherrscht, die Gehorsam verlangten, und hatten den Eindruck, als Bürger zweiter Klasse behandelt zu werden.

Sie gestanden mir auch, mit welchen Verhaltensweisen sie reagierten, um mit der elterlichen Autorität fertig zu werden. Die Liste war lang: Lügen, Negativismus, Tratsch, Aggression, Betrug, destruktives Verhalten, Schulschwänzerei, Ungehorsam, schlechte schulische Leistungen, sexuelle Promiskuität, Einschüchterung anderer Kinder, Alkohol- und Drogenkonsum, übermäßige Schüchternheit, übertriebene Anpassung, Eßsucht, Depressionen, Krankheiten, sogar Selbstmordgedanken.

Bei meinen späteren Gesprächen mit den Eltern stellte sich heraus, daß auch diese nicht glaubten, auf eine Therapie oder Behandlung angewiesen zu sein. Tatsächlich schienen die meisten von ihnen ziemlich gut mit ihrem Leben zurechtzukommen. Da stand ich nun: Ich war ausgebildet worden, um »neurotische« Menschen zu therapieren, aber weder diese Kinder noch ihre Eltern wollten eine Therapie machen oder schienen sie zu benötigen.

Dann vollzog sich eine plötzliche Wende in meinem Denken. Ich begriff, daß diese Schwierigkeiten zwischen Eltern und Kindern eher *zwischenmenschliche* Probleme waren als solche der Psychopathologie. Es war offenkundig, daß diese Familien einfach Probleme hatten, harmonisch zusammenzuleben. Nur wenige verfügten über die grundlegenden Fähigkeiten, die bei zwischenmenschlichen Beziehungen unverzichtbar sind: Sie wußten nicht, wie man offen und ehrlich miteinander kommuniziert, zuhört, Konflikte freundschaftlich löst, zu Hause bestimmte Gesetze und Regeln einführt, Respekt für die Bedürfnisse des anderen zeigt oder Beziehungen aufbaut, die sowohl den Eltern als auch den Kindern recht und billig erscheinen.

Ich werde mich immer an jene Nacht erinnern, als ich Elaine anvertraute, wie unzufrieden ich mit meiner Arbeit als Therapeut war. Es war nicht meine »Bestimmung«. Nach vielen Tränen – obwohl wir auch lachten – war ich am Ende überzeugt, daß ich etwas gegen dieses destruktive und oppositionelle Verhalten von Kindern unternehmen mußte.

Innerhalb einiger Wochen entwickelte ich eine Idee, die mein Leben radikal verändern sollte. Sie schien so »richtig« und vielversprechend zu sein, daß ich mich entschloß, niemandem außer meiner Frau etwas davon zu erzählen. Ich hatte Angst, daß irgend jemand mir zuvorkommen könnte.

Diese Idee bestand darin, ein Führungstrainings-Programm für Eltern zu konzipieren und verbreiten. Das Verhältnis zwischen Eltern und Kind schien mit dem zwischen Boß und Untergebenem nahezu identisch zu sein. Mit meinen Lehrerfahrungen und meinem überarbeiteten Führungsprogramm war es für mich leicht, einen Kurs für Eltern zu entwickeln. Ich konzipierte ihn absichtlich so, daß er sich gänzlich von dem medizinischen Behandlungsmodell unterschied, das mit einer speziellen Sprache verbunden ist (»Therapie«, »Arzt«, »Patient«, »Behandlung«, »Rechnungen«). Statt dessen lag es in meiner Absicht, daß die Eltern das Programm als eine pädagogische Erfahrung ansahen. Deshalb verwendete ich Ausdrücke aus dem Bereich der Erziehung (»Kurs«, »Training«, »Schüler«, »Lehrer«, »Lehrbuch«, »Hausarbeiten«, »Unterricht«) und wählte mit Bedacht einen Namen, der zu diesem Erziehungsmodell paßte: Parent Effectiveness Training (P.E.T.) – Effektives Elterntraining.

Mir war wichtig, auch Eltern anzusprechen, die bis jetzt noch keine ernsthaften Probleme in ihrer Familie kennengelernt hatten. Ich hoffte, daß man das Effektive Elterntraining als ein präventives Programm ansehen würde. Es meldeten sich viele Eltern, die noch keine Probleme hatten. Im Laufe der Zeit veränderte das Effektive Elterntraining meine berufliche Rolle auf dramatische Weise: Ich wurde vom Therapeuten zum Erzieher, vom Spezialisten für Behandlung zum Spezialisten für Prävention.

Die P.E.T.-Idee erregte sofort das Aufsehen der Medien. Die Vorstellung, daß »Eltern wieder zur Schule gehen«, war neu. Ich mußte Bewerber abweisen, weil ich mich für ein Limit von 30 Teilnehmern pro Klasse entschlossen hatte. Bald schon baten andere Psychologen, daß ich sie ausbildete und es ihnen gestattete, in ihren Gemeinden im Großraum Los Angeles P.E.T.-Kurse zu veranstalten. So begann ich Workshops für künftige Ausbilder abzuhalten. Die in diesen Workshops instruierten Ausbilder starteten Kurse in Los Angeles County, Orange County und San Diego County. Später meldeten sich auch Kollegen aus San Francisco, die gleichfalls ausgebildet werden und den Kurs abhalten wollten.

Bei der jährlichen Zusammenkunft der Mitglieder der American Psychological Association veranstaltete ich dann ein Symposion, woraufhin sich noch mehr Kandidaten für die Ausbildung meldeten. Bald darauf veröffentlichten wir in Fachzeitschriften für Sozialarbeiter, Schulpsychologen, Schulberater, Direktoren von Kindergärten und Geistliche Anzeigen, in denen auf unsere Workshops hingewiesen wurde, die im gesamten Bundesstaat stattfanden. Innerhalb von vier Jahren gab es in ganz Kalifornien P.E.T.-Veranstaltungen, zusätzlich in größeren Städten in Oregon, Minnesota, Arizona, Washington, Hawai und Ohio.

Zu Beginn des Jahres 1969 rief mich ein New Yorker Verleger an und fragte, ob er nach Kalifornien kommen könne, um mit mir über ein Buchprojekt zu sprechen. Seine Frau hatte ihm vom Effektiven Elterntraining erzählt. Das Resultat dieses Besuchs war ein Vertrag, in dem ich mich zur Abfassung eines Manuskripts verpflichtete, das beim Verlag Peter H. Wyden, Inc. als Buch publiziert werden sollte. Weil ich keine Erfahrung damit hatte, für ein Laienpublikum zu schreiben, war ich sehr auf das Lektorat von Peter angewiesen, der meinen steifen, wissenschaftlich geprägten Stil auflockerte. Zu Beginn des Jahres 1970 war das Buch in den Regalen der Geschäfte. Man bat mich zu vielen bekannten Fernseh- und Radio-Talkshows, und ich wurde landesweit ständig zu Vorträgen eingeladen.

Durch diese Publicity stieg die Zahl der Eltern in unseren Kursen sprunghaft an. Dasselbe galt für die Zahl der Bewerber für unsere Ausbilder-Workshops, von denen bald fast 50 pro Jahr stattfanden. 1975 gab es in jedem Bundesstaat P.E.T.-Lehrer. Zu dieser Zeit hatte ich ein Unternehmen namens Effectiveness Training, Inc. (ETI) gegründet und beschäftigte neun oder zehn Angestellte. Das Unternehmen verkaufte anerkannten Lehrern ein Arbeitsbuch und das P.E.T.-Buch. Die Lehrer unterrichteten anhand eines detaillierten Leitfadens, wobei sie dazu angehalten wurden, den Anweisungen möglichst genau zu folgen. Ansonsten stand es ihnen frei, das Schulgeld für ihre P.E.T.-Klassen selbst zu bestimmen.

Im Jahr 1974 waren Auslandslizenzen für mein Buch über Effektives Elterntraining nach Kanada, Deutschland, Frankreich, Schweden, Norwegen, Finnland und Dänemark verkauft worden. Daher folgten bald Anfragen, ob nicht auch dort P.E.T.-Lehrer ausgebildet werden könnten. Meine Besuche in diesen Ländern waren ohne Ausnahme in vielerlei Hinsicht sehr lohnend. Ich schloß viele Freundschaften, von denen einige mehrere Jahre Bestand hatten, und erfuhr ein Maß an professioneller Anerkennung und Zustimmung, von dem ich nie auch nur geträumt hatte. Jetzt fühlte ich mich nicht mehr wie einst als ein »zweitklassiger Psychologe aus Pasadena«.

Während sich die P.E.T.-Theorie verbreitete, gab ich meine Arbeit als Therapeut und auch die meisten Verpflichtungen als Unternehmensberater auf. Der zwölfjährigen Beratungstätigkeit für Forest Lawn Memorial Park blieb ich allerdings aus praktischen und sentimentalen Gründen treu. Der Präsident des Unternehmens, Fred Llewelyn, war ein enger Freund und treuer Förderer meiner Arbeit. In seinem Unternehmen hatte ich mein Modell demokratischer Führung getestet und verfeinert, neue Methoden für die verstärkte Beteiligung von Mitarbeitern entwickelt und alle Manager für ihre Führungsaufgaben qualifiziert. Dort hatte ich auch für die herkömmliche, bei Managern und denen, die sie auswerten mußten, wenig geschätzte Leistungsüberprüfung eine radikale Ersatzlösung und neue Methoden des Verkaufstrainings entwickelt. Die meisten dieser innovativen Methoden fanden in einen neuen Kurs Eingang, den wir Leader Effectiveness Training[9] (L.E.T.), Effektives Führungstraining, nannten.

Mitte der siebziger Jahre begannen wir, das Konzept dieses Führungstrainings ernsthaft zu vermarkten. Heute stehen auf der Liste der Firmen, die unsere L.E.T.-Methode anwenden, mehrere hundert Unternehmensnamen, darunter so bekannte wie Coca-Cola, Honeywell, General Dynamics, Chrysler, Blue Cross-Blue Shield, Mercke, Toyota, Subaru, IBM und Jockey. L.E.T.-Lehrveranstaltungen werden auch in Australien, Deutschland, der Schweiz, Kanada und Irland abgehalten.

Nicht lange, nachdem der P.E.T.-Kurs in der Region San Francisco eingeführt worden war, wurden dort in mehreren Schulbezirken Stimmen laut, die nach einem ähnlichen Trainingsprogramm für Lehrer verlangten. Daraufhin entwickelten wir ein Effektivitätstraining für Lehrer, das Teacher Effectiveness Training (T.E.T.), und bildeten autorisierte Lehrer aus, die die Kurse leiten sollten. 1974 bat ich Noel Burch, einen P.E.T.-Lehrer, der zuvor Schuldirektor gewesen war, mit mir gemeinsam ein Lehrbuch für den Lehrer-Kurs zu verfassen[10], das erneut bei Peter Wyden erschien, der mittlerweile ein enger Freund geworden war. Es kam in die Liste der Bücher des Monats und wurde – wie das P.E.T.-Buch – bald in vielen anderen Ländern publiziert.

Obwohl mein Unternehmen für Effectives Training in den frühen siebziger Jahren expandierte und sehr erfolgreich war, mußte ich persönlich eine turbulente und schwere Zeit durchleben. Meine Ehe mit Elaine wurde immer problematischer, außerdem war die Blutzirkulation in meinen Beinen gestört. Ich unterzog mich einer Operation, bei dem ein Kunststoffröhrchen in meine Hauptarterie eingesetzt wurde.

Nachdem wir uns zuvor schon zweimal zeitweilig getrennt hatten, dann aber wieder zusammengekommen waren, biß ich in den sauren Apfel und bat um Scheidung. Wenngleich es Elaine und mir nicht gelungen war, unsere Ehe zu retten, unterhielten wir nach der Scheidung doch eine freundschaftliche Beziehung. Sie zog in die Bay Area und wurde Direktorin der Goodwill Industries of San Francisco.

Die Solana-Beach-Jahre

Schon seit Jahren hatte ich vorgehabt, nach Süden in die Gegend von San Diego umzuziehen. Jetzt, da ich meine Privatpraxis und Tätigkeit als Unternehmensberater aufgegeben hatte, war ich in wirtschaftlicher Hinsicht ungebunden und konnte den smogverseuchten und übervölkerten Großraum von Los Angeles verlassen. Aber wie sollte ich die ETI-Mitarbeiter dazu bewegen, mit mir in Richtung Süden zu ziehen? Es dauerte ein Jahr lang, die Entscheidung zu treffen und den Umzug durchzuführen. Wir verloren dadurch nur ein paar Angestellte aus dem Sekretariat.

Weitaus schwieriger war es, meine neue Freundin Linda Adams zum Umzug zu bewegen. Wir kamen schließlich zu der Lösung, daß ich ein Ferienhaus in der Gegend von San Diego kaufen sollte, wo wir die Wochenenden verbringen wollten, um später zu entscheiden, ob uns die Gegend gefiel. Glücklicherweise fanden wir ein Haus an der Steilküste über dem Meer und verbrachten dort die meisten Wochenenden. Dann kauften wir ein altes Haus in Solana Beach, bauten es zu einem Bürogebäude aus, und im Frühling des Jahres 1975 zog unsere Firma samt Belegschaft um und begann in einer neuen Umgebung ein neues Leben.

Und was für ein erfreuliches neues Leben das für mich war! Die Beziehung zwischen Linda und mir wurde reifer und tiefer. Unsere Erfahrung bei Problemlösungen und der »niederlagelosen« Konfliktbewältigung wuchs, und es gab viele Dinge, die uns beiden Spaß machten: Wir trafen uns mit Freunden zum Bridge, spielten Tennis und reisten. Meine zweite Erfahrung als Vater war gleichfalls sehr erfreulich. Im Laufe der Jahre entwickelte sich zwischen Lindas Tochter Michelle und mir eine enge Freundschaft, und wir empfanden eine ganz besondere Zuneigung füreinander. Zugleich schätzten wir beide die lustigen Seiten des Lebens. Die P.E.T.-Techniken waren zweifellos von entscheidender Bedeutung für die Bereicherung unserer Beziehung. Linda und ich entschlossen uns schließlich, unsere Verbindung als Familie zu legalisieren. 1976 heirateten wir, und das ermöglichte es mir, Michelle zu adoptieren.

Unterdessen hatte meine erste Adoptivtochter Judy ihren Abschluß an der University of California in Davis gemacht. Danach heiratete sie John Sands, einen Personaldirektor. Kurz nach unserem Umzug ließen sich auch Judy und John in der Nähe nieder. Als sie eine Tochter namens Erin zur Welt brachte, wurde ich zum ersten Mal Großvater.

Judy trat gleichfalls unserem ETI-Unternehmen bei und arbeitete an dem Buch *Familienkonferenz in der Praxis*[11] als Koautorin mit. Linda wiederum verbrachte ihre Zeit damit, einen Kurs zu entwickeln, der Frauen helfen sollte, die Verantwortung für ihr Leben in die eigenen Hände zu nehmen und ihre Interessen in positiver Weise wahrzunehmen, ohne andere an der Erfüllung ihrer Bedürfnisse zu hindern. Aus diesem Kurs entwickelte sich das Effectiveness Training for Women, die Frauenkonfrenz[12], ein Effektivitätstraining für Frauen das von vielen unserer P.E.T.-Lehrer ins Programm aufgenommen wurde.

Innerhalb der nächsten paar Jahre erreichte unser Unternehmen einen Höchststand von fünfunddreißig Angestellten. Wir entwickelten einen neuen Kurs für Jugendliche, den wir Youth Effectiveness Training nannten. Zudem baten wir Sidney Wool, unseren Repräsentanten in St. Louis, nach Solana Beach umzuziehen, wo er sich ganztägig um die Vermarktung des Effektiven Führungstrainings kümmern konnte. Für Verkäufer konzipierten wir einen neuen Kurs namens SalesTech, der später überarbeitet und in Synergistic Selling umbenannt wurde. Zusätzlich entwarfen wir ein Seminar für Geistliche und eines für Vertreter der Schulbehörden. Ich schrieb ein neues Buch mit dem Titel *Managerkonferenz. Effektives Führungstraining*[13], das zum Lehrbuch und von vier Buchclubs ins Programm aufgenommen wurde.

Das P.E.T.-Buch hatte sich mittlerweile zu einem absoluten Bestseller entwickelt, von dem 600 000 gebundene Ausgaben verkauft wurden. Es wurde schließlich in allen westeuropäischen Ländern veröffentlicht, zudem in Island, Mexiko, Südafrika, Japan, Südkorea, Taiwan, Indonesien, Ungarn, Polen, Madagaskar, Neuseeland, Australien, Indien, Pakistan, Trinidad und Kanada. Die Gesamtzahl der verkauften P.E.T.-Bücher lag 1993 bei über drei Millionen.

Die *Lehrer-Schüler-Konferenz,* das Buch, an dem Noel Burch als Koautor mitarbeitete, wurde in vielen Universitäten benutzt und in über einem Dutzend Länder veröffentlicht. Ken Miller, der mehrere Jahre lang im ETI-Team in Solana Beach mitgearbeitet hatte, zog nach Florida und fand eine Methode, diesen Kurs direkt zu vermarkten, indem er den Lehrern einen Nachlaß einräumte. Nach ein paar Jahren erhielt seine Organisation die Exklusivrechte, das Konzept des Effektivitätstrainings für Lehrer in allen Bundesstaaten (außer Illinois) zu vermarkten. Schließlich wurde das Lehrer-Programm in vierzehn Bundesstaaten angeboten.

Ich selbst wurde in unserer ETI-Organisation nach und nach zu einem Entwickler von Kursen und zum Buchautor. Linda übernahm die administrativen Aufgaben und wurde Präsidentin der Gesellschaft. Michelle machte ihren Abschluß an der Humboldt University und begann ebenfalls, bei uns zu arbeiten, ging aber schließlich in die Fernseh- und Video-Industrie.

Linda und ich erhielten weiterhin Angebote aus dem Ausland, wo wir durch Reden sowie Radio- und Fernsehauftritte für unsere Kurse werben konnten. Dadurch hatten wir die Möglichkeit, viel zu reisen und Freundschaften mit unseren Lehrern und Repräsentanten im Ausland zu schließen. Immer werden wir uns an unsere Reisen erinnern: Wir besuchten die Bermuda-Inseln, Island, Irland, die Niederlande, Frankreich, Deutschland, Schweden, Finnland, die Schweiz, Taiwan, Japan und Australien. Kürzlich waren wir auf einer Konferenz in Ungarn, an der alle unsere europäischen Repräsentanten teilnahmen. In Ungarn haben wir jetzt 150 neue Lehrer ausgebildet. Andere Länder, in denen wir unsere Kurse eingeführt haben, sind Griechenland, Italien, Südkorea und Indonesien.

Im Jahr 1989 wurde mein letztes Buch veröffentlicht: *Die neue Familienkonferenz. Kinder erziehen ohne zu strafen.*[14] Ich hatte mich entschlossen, dieses Buch zu schreiben, nachdem ich etwa ein Dutzend Publikationen gelesen hatte, die nachdrücklich für Disziplin und Bestrafung bei der Kindeserziehung plädierten. Ich nenne diese Veröffentlichungen »Disziplin«- oder »Alle-Macht-den-Eltern«-Bücher.

Von all meinen Büchern war dieses am schwersten zu schreiben – das Projekt dauerte vier Jahre. Ich studierte alle Forschungsberichte, die die Auswirkungen einer autoritären, nachgiebigen oder demokratischen Erziehungsmethode durch die Eltern bewerteten, und suchte in der wissenschaftlichen Literatur nach Beweisen für die Wirkungen jener Disziplinierung, die sich an Belohnung und Strafe orientiert.

In der ersten Hälfte des Buches wird die Belohnungs- und Bestrafungsmethode der Disziplinierung bewertet. Eine Vielzahl von Resultaten der Forschung bestätigt, daß die mit Bestrafung verbundene Disziplinierung nicht nur ein schlechtes Abschreckungsmittel ist, sondern ernsthafte, nachteilige Auswirkungen auf die Kinder hat. Im zweiten Teil werden Alternativen zu einer mit Strafe verbundenen Disziplinierung angeboten, nämlich Methoden, die die Selbstdisziplinierung und das Wohlbefinden der Kinder fördern. Ich vertrete in dem Buch die These, daß in unserer Gesellschaft die falschen Strategien angewendet werden, um selbstdestruktives und gesellschaftlich inakzeptables Verhalten junger Menschen zu reduzieren. Die Hoffnung, Alkohol- und Drogenmißbrauch, Straffälligkeit, Schulabbruch und Bandenkriegen vorzubeugen, besteht darin, eine präventive Strategie anzuwenden und die Kinder und Jugendlichen nicht erst dann zu behandeln, wenn sie bereits Schaden genommen haben.

Unser weltweites Training für friedliche Konflikt-lösungen

Unser letztes ETI-Projekt war ein Versuch, einen Beitrag zur Förderung des Weltfriedens zu leisten. Mit Carl Rogers Anstrengungen vertraut, in verschiedenen Krisengebieten auf der ganzen Welt Frieden zu schaffen, begann ich zu überlegen, was ich tun könnte, um den Frieden auf unserem Planeten zu fördern. Unsere Kurse hatten gezeigt, daß unsere »niederlagelose« Methode der Konfliktbewältigung lehr- und lernbar ist. Also beschloß ich, ein eintägiges Training zur Konfliktbewältigung zu konzipieren und es als unseren Beitrag zum Weltfrieden kostenlos zur Verfügung zu stellen. Ich unterbreitete diese Idee unseren Lehrern auf der ganzen Welt und fragte sie, ob sie sich als Freiwillige zur Verfügung stellen würden, um für Publicity zu sorgen und das Training zu veranstalten. Wir entschlossen uns, einen Tag festzulegen, an dem das Training auf der ganzen Welt stattfinden sollte.

Am 28. April 1990 begann das Training in Sydney in Australien um halb neun Uhr morgens. Eine Stunde später fingen in der nächsten Zeitzone die Kurse in Südkorea und Japan an, wo Lehrer in 130 verschiedenen Städten unterrichteten. Eine weitere Stunde danach folgte Singapur, dann kamen Madagaskar, Estland, Finnland, Ungarn, die Schweiz, Frankreich, Belgien, die Niederlande und Irland. In Südafrika begannen 19 Kurse. Die Welle unserer weltumspannenden Friedensbemühungen schwappte über den Atlantik: Island, die Bermudas, Kanada, die Karibischen Inseln, Mexiko und die Vereinigten Staaten waren die nächsten Stationen. Der Tag endete mit einem Kurs auf Hawaii, 24 Stunden, nachdem die Veranstaltung in Sydney begonnen hatte. 21 Länder und 15 000 Teilnehmer waren dabei – und das alles im Verlauf eines Tages!

Wer weiß, was für friedensschaffende Aktivitäten von diesem Ereignis ausgehen werden? In Europa hat das eintägige

Training bereits ein aufregendes Projekt inspiriert, das zwei unserer dortigen Repräsentanten konzipiert haben und das »Jugend für den Frieden« heißt. Diese Organisation bietet jedes Jahr einen zweiwöchigen Camping- und Ausbildungskurs für junge Leute aus allen europäischen Ländern an. Sie erlernen die »niederlagelose« Konfliktbewältigung, unsere Kommunikationstechniken, wie man auf demokratische Weise eine Gruppe führt und vor Publikum spricht. An dem ersten Training, das im Sommer 1990 stattfand, nahmen Jugendliche aus sieben europäischen Ländern teil.

Epilog

Obwohl ich 1994 76 Jahre »alt« wurde, bin ich weiterhin sehr aktiv, vielleicht fleißiger und stärker gefordert als je zuvor. Ich arbeite an einigen wichtigen Projekten: Zunächst habe ich als Koautor mit dem renommierten Chirurgen Dr. W. Sterling Edwards, dem früheren Chefarzt für Chirurgie der University of New Mexico Medical School, ein Buch geschrieben. Das Ziel von *Patientenkonferenz. Ärzte und Patienten als Partner*[15] ist, Beschäftigte im Gesundheitswesen (Ärzte, Krankenschwestern, Physiotherapeuten, medizinisch geschulte Sozialarbeiter, Hospiz-Angestellte und andere) mit unserem bewährten System zur Lösung zwischenmenschlicher Konflikte vertraut zu machen. Auf diese Weise sollen sie ein besseres Verhältnis zu den Patienten entwickeln können. Danach wird ein Trainingsprogramm für Beschäftigte im Gesundheitswesen folgen. Gemeinsam mit Carl Zaiss, einem versierten Lehrer der Kurse für Verkaufen im Synergetischen Paradigma des ETI, habe ich ein Buch verfaßt, das zum Lehrbuch für die Kurse wurde und den Titel *Das Verkäuferseminar. Psychologie des effektiven Verkaufens*[16] trägt.

Mehr als ein Jahr lang habe ich einen Großteil meiner Zeit der Konzeption eines P.E.T.-Selbstlernkurses auf Video gewidmet, durch den wir auch Eltern in Gegenden erreichen können, wo wir nicht über eigene Lehrer verfügen. Zugleich arbeitete ich an einigen Konzepten für das Jahr 1994, das die Vereinten Nationen zum Jahr der Familie erklärt haben. Linda hat einen Kurs für High-School-Schüler entwickelt, die als Vermittler in Konflikten zwischen Schülern auftreten sollen.

Ich habe nicht die Absicht, meine Arbeit aufzugeben, weil ich sie viel zu sehr genieße. Wir müssen mehr tun, um die zwischenmenschlichen Beziehungen auf dieser Welt zu verbessern, und ich bin dankbar, daß nach meinem Tod eine Gruppe von mehreren tausend Lehrern zurückbleiben wird, die mein Lebenswerk weiterführen und vielleicht sogar Wege finden werden, es auszubauen und zu verbessern. Ich bevorzugte immer die Arbeit mit Partnern – jetzt habe ich mehrere tausend Partner!

Ich war stolz, als einige meiner Berufskollegen sagten, daß ich der »Vater des Elterntrainings in den Vereinigten Staaten« sei. Das P.E.T.-Programm ist heute in 37 Ländern beheimatet, in denen eine Viertelmillion Eltern ausgebildet worden sind (dazu kommt noch eine Million in den Vereinigten Staaten). Wegen der enttäuschenden Erfahrung, daß mein erstes Buch *Group Centered Leadership* so wenig Leser gefunden hatte, fällt es mir schwer zu glauben, daß von den P.E.T.-Büchern dreieinhalb Millionen Exemplare gedruckt wurden.

In den sechziger Jahren machte ich viele frustrierende Erfahrungen, als ich nach Unternehmen suchte, die den Ideen eines partizipativen Managements und einer »Demokratie am Arbeitsplatz« aufgeschlossen gegenüberstanden. Heute kann der Direktor unseres Programms für Effektives Führungstraining Hunderte bekannter Unternehmen aufzählen, in denen wir unser Führungsprogramm gelehrt haben. Aktives Zuhören, Ich-Botschaften, Akzeptanz, Problemlösungsfähigkeit und die »niederlagelose« Konfliktbewältigung – all diese Themen werden heute in den meisten interpersonellen Trainingsprogrammen behandelt. Die Zielgruppen sind Eltern, Lehrer, Manager, Paare, Vermittler, Ärzte, Krankenschwestern und Berater. Weltweit sind von meinen Büchern über fünf Millionen Exemplare verkauft worden. Die Tatsache, daß über 60 wissenschaftliche Studien die Resultate des Effektivitätstrainings für Eltern und für Lehrer analysiert haben, ist ein weiterer Grund für mich, zufrieden zu sein.

Wie konnte dies geschehen? Mehrere Faktoren trugen dazu bei. Die Kurse für Eltern und Führungskräfte kamen zur richtigen Zeit: Viele Eltern hatten Angst, daß ihre Kinder Hippies oder drogenabhängig würden, und die verschiedenen Zweige der nordamerikanischen Industrie wurden durch höherwertige Produkte japanischer Unternehmen bedroht, die ein demokratischeres, partnerschaftlicheres Führungsmodell entwickelt hatten. Zweitens kam dazu, daß es sich beim Elterntraining um ein Präventivprogramm handelte – »Training, bevor es Ärger gibt« –, das alle Eltern anwenden konnten.

Heute bin ich davon überzeugt, daß der dritte Faktor den stärksten Einfluß hatte. Carl Rogers hatte eine stärker partizipativ orientierte und leichter zu erlernende Form der Psychotherapie eingeführt. Das öffnete die Tür für Psychologen, Psychotherapeuten zu werden, und zog die Aufmerksamkeit von Vertretern verschiedener Berufszweige auf sich: Sozialarbeiter, Personalberater, Schulberater, Ehe- und Familientherapeuten, Krankenschwestern und andere.

Während ich zu der Gruppe von Psychologen gehörte, die in ihrer privaten Praxis oder für verschiedene Dienststellen arbeiteten, interessierte es mich immer mehr, die Prinzipien der klientenzentrierten Therapie auf andere Beziehungen anzuwenden. Heute ist klar, daß dieses Interesse dazu führte, Carls zugrundeliegenden Konzepten einige neue Komponenten hinzuzufügen.

Zunächst verwandelte ich Carls ziemlich abstrakte Voraussetzungen für eine Veränderung (Übereinstimmung, Akzeptanz und einfühlsames Verständnis) in konkrete und praktikable Verhaltenstechniken, die einfacher lehrbar waren. Danach entwickelte ich eine weitere Methode, weil normale zwischen-menschliche Beziehungen – im Gegensatz zum Verhältnis zwischen dem Therapeuten und seinem Klienten[17] – fast immer Konflikte hervorrufen. Deshalb konzipierte ich eine sechsstufige Vorgehensweise, wie man Konflikte auf freundschaftliche Weise lösen kann, die ich die »niederlagelose« Konfliktlösungsmethode nannte.

Und schließlich: Weil Eltern von ihren Töchtern und Söhnen im Teenageralter »gefeuert« wurden, da die Eltern versuchten, Druck auf ihre Kinder auszuüben, um ihre Werte zu ändern, dachte ich mir ein System für Eltern aus, die »effektive Berater« sein sollten, wenn sie mit ihren Kindern über Wertfragen in Streit gerieten.

Es waren diese lehrbaren und wirkungsvollen Verhaltensweisen und Methoden, die unsere Kurse für Eltern, Lehrer und Manager so hilfreich machten. Die Tatsache, daß ich die abstrakten Konzepte der klientenzentrierten Therapie in spezifische Verhaltensweisen und Methoden verwandelte, trug maßgeblich zur Wirksamkeit unserer Kurse und ihrer Verbreitung im In- und Ausland bei. Allerdings muß ich die Hypothese aufstellen, daß Carls felsenfeste Überzeugung, daß Menschen nur durch Therapie oder »Basisgruppen« – im Gegensatz zum Verhaltenstraining – lernen können, gute Beziehungen aufzubauen und zu erhalten, die Verbreitung der personenzentrierten Methode stark eingeschränkt hat.

Carls bedeutender Beitrag bestand natürlich darin, daß er die notwendigen Bedingungen für die psychische Gesundheit von Personen und Beziehungen benannt hat. Deshalb fühle ich mich ihm verpflichtet und bin dankbar, auf sein Werk aufbauen zu können und es im größeren Rahmen bekannt zu machen.

Für mich persönlich ist allerdings noch wichtiger, daß mich meine Bekanntschaft mit diesem großen Mann in die Lage versetzte, das zu entdecken, wonach ich während eines großen

Teils meines Lebens gesucht hatte: Ich fand einen Beruf, der mir Selbstachtung und das Gefühl von Kompetenz vermittelte. Deshalb war es nicht überraschend, daß all die *big boys* auf einmal nicht mehr so imposant auf mich wirkten.

II. Was alle Eltern wissen sollten

Jeder zeigt mit dem anklagend erhobenen Finger auf die Eltern, wenn junge Menschen Schwierigkeiten haben. Aber wie große Anstrengungen werden unternommen, ihnen beizustehen, ihre Kinder besser zu erziehen? *Eltern werden beschuldigt, aber nicht geschult.* Millionen frisch gebackener Mütter und Väter werden mit der schwierigsten und forderndsten Aufgabe konfrontiert, aber sie haben fast keine Vorstellung davon, wie man eine gute und dauerhafte Beziehung zu Kindern und Jugendlichen entwickelt.

Dieser Aufsatz ist ein Versuch, die Philosophie der Kindererziehung in Kürze zusammenzufassen, die ich in meinem Buch *Familienkonferenz* dargelegt habe und die auch dem P.E.T.-Kurs zugrunde liegt.

Aufgrund meiner Erfahrungen habe ich 15 Prinzipien aufgestellt, die vielleicht Eltern dienen können, die sich effektivere Methoden zu eigen machen wollen, um gesunde und verantwortungsbewußte Kinder zu erziehen. Viele dieser Prinzipien werden Eltern helfen, die Sackgasse der Machtanwendung und der Bestrafung gegenüber ihren Kindern zu vermeiden, die sie doch so lieben. Es gibt Alternativen zu Machtausübung und Druck, und durch diese Methoden können labile Beziehungen gestärkt und psychische Schäden bei Kindern verhindert werden.

Kinder benehmen sich nicht daneben

David, ein neugieriger und aktiver Zweijähriger, entleert die Frisierkommode seiner Mutter und verstreut den gesamten Inhalt über den Boden des Schlafzimmers. Nachdem die Mutter die Bescherung entdeckt hat, schlägt sie ihren Sohn wütend auf den Rücken. David fängt natürlich an zu weinen und wirkt verwirrt.

Als Davids Vater an diesem Abend nach Hause kommt, wird er von der Mutter an der Tür mit folgenden Worten empfangen: »David hat sich heute schlecht benommen, ich mußte ihn schlagen.« Wie nicht anders zu erwarten, fragt ihr Ehemann: »Was hat er denn angestellt?« Seine Frage ist verständlich, weil die Botschaft »David hat sich schlecht benommen« nichts darüber mitteilt, was David tatsächlich angestellt hat, sondern nur eine Bewertung seiner Mutter darstellt: David hat sich »schlecht benommen«.

Wenn Eltern nur wüßten, wieviel Schwierigkeiten diese Vorstellung in Familien verursacht! Wenn man in solchen Begriffen denkt, bringt das nicht nur Ärger für die Kleinen, sondern auch unnötige Probleme für die Eltern mit sich.

Aber warum? Was stimmt nicht, wenn man denkt und sagt, daß sich das Kind schlecht benimmt? Alle Eltern tun das, genau wie ihre eigenen Eltern es einst mit ihnen taten. Tatsächlich liegt der Ursprung der Vorstellung kindlichen Mißverhaltens so weit in der Vergangenheit begründet, daß es zweifelhaft ist, ob irgend jemand noch weiß, wann oder warum das Ganze angefangen hat. Es handelt sich um einen so alltäglich gebrauchten Ausdruck, daß dessen Verwendung in Familien nur selten angezweifelt wird.

Aber es ist merkwürdig genug, daß der Ausdruck »schlechtes Benehmen« fast ausschließlich auf Kinder angewendet wird und fast nie auf Erwachsene, Freunde oder Ehepartner. Wie oft haben Sie jemanden sagen hören:

- »Mein Ehemann hat sich gestern schlecht benommen.«
- »Ich habe meine Freundin zum Essen eingeladen und wurde wütend, weil sie sich schlecht benahm.«

- »Meine Angestellten haben sich schlecht benommen.«
- »Mein Chef hat sich schlecht benommen.«

Augenscheinlich benehmen sich nur Kinder schlecht – niemand sonst. Der Ausdruck »schlechtes Benehmen« gehört in den Bereich der *Elternsprache,* und er ist irgendwie mit der traditionellen Art verbunden, in der Eltern ihre Nachfahren sehen. Eltern behaupten, daß sich Kinder schlecht benehmen, wenn ihre Taten (oder ihr Verhalten) sich zu den Wünschen der Erziehenden konträr verhalten. Genauer: Schlechtes Benehmen entspricht irgendeinem Verhalten, das für die Eltern mit negativen Folgen verbunden ist.

Schlechtes Benehmen =
Verhalten mit nachteiligen Folgen für die Eltern

Andererseits attestiert man einem Kind »gutes Benehmen«, wenn es sich so verhält, daß keine nachteiligen Konsequenzen für die Eltern entstehen.

- »Heute war Debbie artig.«
- »Ralph hat sich im Geschäft gut benommen.«
- »Wir versuchen, unseren Kindern gutes Benehmen beizubringen.«

Die Erziehungsarbeit von Eltern wäre weitaus effektiver und das häusliche Zusammenleben für alle angenehmer, wenn sie beginnen würden, das Verhalten ihrer Kinder anders zu betrachten. Versuchen Sie zunächst, immer im Gedächtnis zu behalten, daß alle Aktionen eines Kindes Verhaltensweisen sind. Alles, was ein Kind tut oder sagt, entspricht einem spezifischen Verhalten. Wenn man die Dinge so sieht, verhält sich das Kind den ganzen Tag lang auf eine bestimmte Weise. Und aus dem gleichen Grund verhalten sich auch alle anderen Wesen auf eine bestimmte Weise – sie versuchen, ihre Bedürfnisse zu befriedigen.

Ein Säugling schreit, weil er hungrig ist, friert oder Schmerz empfindet. Irgend etwas stimmt nicht – sein Körper braucht etwas. Das Schreien entspricht seiner Bitte um Hilfe. Man sollte ein solches Verhalten als gerechtfertigt (»gut«) ansehen, weil das Schreien eine angemessene Methode ist, damit dem Säugling die nötige Hilfe zuteil wird. Wenn der Körper des Kleinkinds angemessen reagiert, um ein Bedürfnis befriedigen zu können, kann man mit Sicherheit nicht sagen, daß sich das Baby *schlecht* benimmt!

Und wenn der zweijährige David den Inhalt der Frisierkommode seiner Mutter erforschte und ausräumte, hätte seine Mutter dies nicht als schlechtes Benehmen bezeichnet, wenn ihr klar gewesen wäre, daß er sein Bedürfnis befriedigte, neue Formen und Farben kennen- und mit Gegenständen umzugehen zu lernen.

Das Familienleben wäre unendlich weniger ärgerlich für die Eltern und zugleich angenehmer für die Kinder, wenn die Erziehenden diese einfachen Prinzipien beherzigen würden:

Prinzip I: Wie alle anderen Menschen haben auch Kinder Bedürfnisse; und sie handeln oder verhalten sich so, daß sie ihre Interessen wahrnehmen können.

Prinzip II: Kinder benehmen sich nicht daneben; sie verhalten sich einfach im Sinne der Befriedigung ihrer Bedürfnisse.

Dies bedeutet allerdings nicht, daß Eltern alle Verhaltensweisen ihrer Kinder gefallen werden. Das sollte man auch nicht von ihnen erwarten, weil Kinder sicher Dinge tun werden, die inakzeptable Folgen für ihre Eltern mit sich bringen. Kinder können laut und zerstörerisch sein, die Eltern aufhalten, wenn sie in Eile sind, sie belästigen, wenn sie Ruhe brauchen, zusätzliche Arbeit verursachen, das Haus in Unordnung bringen, ihre Gespräche stören und wertvolle Gegenstände kaputt machen.

Sie sollten solche Vorfälle wie folgt einordnen: Kinder verhalten sich so, um ihre Interessen wahrzunehmen. Wenn sie damit zur gleichen Zeit Ihr Wohlbefinden stören, bedeutet dies nicht, daß sich das Kind schlecht benimmt, sondern eher, daß seine spezielle Verhaltensweise für Sie inakzeptabel ist. Interpretieren Sie es nicht in dem Sinne, daß das Kind *Ihnen etwas antun will* – es versucht nur, etwas *für sich zu tun*. Deshalb ist es aber noch lange kein böses oder sich schlecht benehmendes Kind.

Wenn Eltern den Ausdruck *schlechtes Benehmen* aus ihrem Vokabular strichen, würden sie sich kaum als Richter fühlen oder wütend werden. Folglich würden sie auch nicht mit Strafmaßnahmen reagieren wie Davids Mutter. Alle Eltern müssen effektive Methoden erlernen, um mit Verhaltensweisen umzugehen, die ihre Interessen beeinträchtigen, aber die Stigmatisierung eines Kindes, das sich schlecht benimmt, gehört nicht dazu. Dasselbe gilt für jegliche Form der Bestrafung.

Auch Eltern sind Menschen

Wenn aus Menschen Eltern werden, geschieht etwas, das die Betroffenen vergessen läßt, daß sie Menschen sind. Sie beginnen, die *Elternrolle* zu spielen. Olive und Tom haben plötzlich das Gefühl, daß sie sich in Mutter und Vater verwandeln müssen. Unglücklicherweise führt diese Transformation dazu, daß sie vergessen, daß sie nach wie vor Menschen sind – mit all ihren Fehlern, persönlichen Unzulänglichkeiten, Gefühlen, Unbeständigkeiten und vor allem eigenen Rechten.

Der erste ernsthafte Fehler am Beginn einer Elternschaft besteht darin, die eigene Menschlichkeit zu vergessen. Eltern bürden sich eine schwere Verantwortung auf, entwickeln Schuldgefühle und haben den Eindruck, ihrer Aufgabe nicht gewachsen zu sein. Sie geben sich zuviel Mühe und verlieren den Sinn für die Realität. Aber auch ihre Kinder leiden, weil sie es zutiefst anerkennen, wenn sich ihre Eltern realistisch und menschlich verhalten. Wie oft haben Sie Kinder sagen hören: »Meine Mutter ist ein netter Mensch«, »Mein Vater ist ein echt starker Typ« oder »Meine Eltern sind wirklich toll«?

Wie können Eltern ihren Kindern gegenüber als Menschen auftreten? Man muß nur ein paar einfache Prinzipien zwischenmenschlicher Beziehungen verstehen – einige Wahrheiten, die für alle Eltern-Kind-Beziehungen gleichermaßen relevant sind.

Es ist unausweichlich, daß Kinder Dinge anstellen, die ihre Eltern ärgern, irritieren oder frustrieren. Sie sind wütend, enttäuscht oder fühlen sich schlichtweg in den Wahnsinn getrieben. Kinder unterscheiden sich nicht von Ihrem Ehepartner, Ihren Verwandten, Freunden oder Kollegen, die alle von Zeit zu Zeit ähnliche Gefühle bei Ihnen hervorrufen können. Stellen Sie sich vor, daß Sie alle Verhaltensweisen Ihres Kindes – alles, was es tut oder sagt – durch ein Fenster betrachten. Dieses Fenster ist zweigeteilt. Machen Sie sich das Gesetz zu eigen, alle inakzeptablen Verhaltensweisen Ihres Kindes durch die untere Fensterhälfte zu betrachten, und alle akzeptablen Verhaltensweisen durch die obere, wie im folgenden Schaubild:

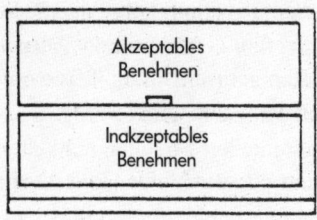

Wenn Jimmy im Hof herumrennt und lärmend spielt, würden Sie dieses Verhalten wahrscheinlich durch die obere Hälfte des Fensters betrachten – Sie finden sein Benehmen akzeptabel. Wenn Jimmy sich allerdings in Ihrem Wohnzimmer genauso verhalten würde, würden Sie sein Benehmen zweifellos durch die untere Fensterhälfte betrachten, weil Sie es nicht akzeptabel finden.

Alle Eltern blicken durch zweigeteilte Fenster, und weil Eltern Menschen und keine Götter sind, werden einige Verhaltensweisen Ihrer Kinder für Sie nicht akzeptabel sein. Direkter ausgedrückt: Es wird Ihnen nicht alles passen, was Ihre Kinder gelegentlich anstellen, und folglich werden Sie sie dann auch nicht *wirklich* mögen.

Wenn Ihnen diese Feststellung nicht gefallen sollte, erinnern Sie sich doch einfach daran, daß Ihnen zuweilen das Verhalten Ihres Ehepartners, Ihrer Freunde oder Verwandten auch nicht paßt. In diesen Beziehungen zu anderen Menschen hat deren inakzeptables Verhalten gewöhnlich nicht dieselbe starke Wirkung auf Sie als Mensch wie das Benehmen Ihrer Kinder. Wenn ein Freund etwas tut, was Ihnen nicht gefällt, sind Sie geneigt, das als persönliche Eigenart zu entschuldigen: »Jean ist nun einmal vergeßlich.« Sie werden sich auch nicht persönlich für das Verhalten Ihres Freundes verantwortlich fühlen – und auch nicht unzulänglich oder als Versager.

Aber wenn Ihre Kinder sich so benehmen, daß Ihre Interessen beeinträchtigt werden, haben Sie dann nicht oft das Gefühl, daß Sie irgendwie dafür verantwortlich sind? Sie empfinden das Gefühl elterlicher Verantwortung für das Verhalten Ihrer Kinder. Was haben Sie falsch gemacht? Sie müssen eine schlechte Mutter oder ein schlechter Vater sein!

Prinzip III: Eltern müssen nicht jedes Verhalten ihrer Kinder akzeptieren.

Sie fühlen sich ausgeruht und tatkräftig und sind mit sich und der Welt im reinen. Lita, Ihre zwölfjährige Tochter, spielt mit beträchtlichem Wohlgefallen auf ihrer Gitarre. Das stört Sie überhaupt nicht – im Gegenteil, Sie freuen sich, daß ihr das Üben soviel Spaß macht. Sie betrachten Litas Verhalten durch den oberen Teil des Fensters und finden es annehmbar.

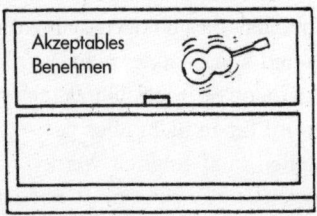

Zwei Tage später fühlen Sie sich erschöpft und versuchen, eine halbe Stunde zu schlafen. Lita beginnt erneut, laut auf der Gitarre zu spielen, und Sie können nicht einschlafen, weil Ihnen die verdammte Gitarre in den Ohren dröhnt. Jetzt finden Sie das Verhalten Ihrer Tochter unannehmbar und betrachten es durch die untere Hälfte des Fensters.

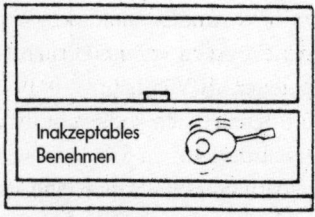

Haben Sie sich inkonsequent verhalten? Natürlich – aber aus einem sehr guten Grund. Sie sind heute ein anderer Mensch als vor zwei Tagen, und weil Sie ein Mensch sind, wechselt Ihr Gefühlszustand. Aber Sie waren vor zwei Tagen genau wie heute ehrlich. Hätten Sie an beiden Tagen identisch reagiert, wären

Sie bei einer Gelegenheit nicht ehrlich gewesen – Sie hätten »geschwindelt«, wenn Sie so wollen.

Wenn Sie sich in Ihren Reaktionen auf das Benehmen Ihres Kindes inkonsequent verhalten, zeigt das, daß Sie sich wie ein wirklicher Mensch verhalten. Diese Inkonsequenz ist unvermeidbar. Trotz der Ratschläge zahlloser Pädagogikexperten dürfen und können sich Eltern inkonsequent verhalten. Und ich würde sogar sagen, daß sie sich inkonsequent verhalten *sollten*.

Prinzip IV: Eltern müssen bei der Kindeserziehung nicht konsequent sein.

Und wie ist es um die Auswirkungen auf das Kind bestellt? Zunächst ist darauf hinzuweisen, daß junge Menschen verstehen, daß ihre Eltern gute und schlechte Tage haben und daß sich eine Situation von der anderen unterscheiden kann. Sie erleben es ja schließlich! Zweitens lernen Kinder, ihre Eltern zu respektieren, wenn diese ihre Gefühle aufrichtig zeigen, und mißtrauen ihnen, wenn das nicht der Fall ist.

Die traditionelle Annahme, daß Eltern immer konsequent sein müssen, beeinflußt Mütter und Väter zu glauben, daß sie auf das Verhalten ihres Kindes immer konsequent und einheitlich reagieren müssen. Auch das ist Unsinn. Man redet Eltern ein, daß sie sich gegenseitig unterstützen sollen, so daß das Kind glaubt, daß beide Elternteile über ein bestimmtes unannehmbares Benehmen gleich denken.

An dieser tief verwurzelten Vorstellung ist etwas faul, weil sie von einem Elternteil verlangt, nicht zu seinen wirklichen Gefühlen zu stehen. Sie verlangt von dem Betroffenen, eine Rolle zu spielen und als Schwindler zu agieren. Aber Kinder sind in der Lage, solche Falschspielerei zu durchschauen, und sie mögen sie nicht. Eine Jugendliche bestätigte mir dies:

»Ich habe keine Achtung vor meinem Vater – ich hasse seine Schwäche. Wie immer auch meine Mutter über meine Taten denken mag – er stellt sich auf ihre Seite, obwohl ich weiß, daß er anders empfindet.«

Eltern können ihre wahren Gefühle nicht verbergen und sollten es auch nicht versuchen. Statt dessen sollten sie die Tatsache akzeptieren, daß ein Elternteil ein bestimmtes Verhalten annehmbar findet und der andere nicht. Effektive Eltern begreifen, daß man unvermeidlicherweise ein identisches Verhalten an verschiedenen Tagen unterschiedlich empfindet. Eltern sind Menschen, keine Gottheiten. Sie müssen nicht bedingungslos jedes Verhalten akzeptieren und auch nicht konsequent darauf reagieren. Und sie sollten keinesfalls vorgeben, daß sie etwas akzeptieren, um eine »geeinte Front« bilden zu können.

Prinzip V: Eltern brauchen keine »geeinte Front« zu bilden.

Alle Kinder würden es zweifellos vorziehen, ständig von ihren Eltern angenommen zu werden, aber sie können konstruktiv mit den negativen Gefühlen ihrer Eltern umgehen, wenn diese aufrichtige Botschaften aussenden, die ihren wahren Gefühlen entsprechen. Dadurch wird es für die Kinder nicht nur leichter, die Angemessenheit verschiedener Verhaltensweisen zu beurteilen, es hilft ihnen auch, zu lernen, ihre Eltern als wirkliche Menschen zu sehen, die aufrichtig und human sind – Menschen, mit denen man eine Beziehung unterhalten will.

Sie können unannehmbare Verhaltensweisen Ihres Kindes ändern, ohne es zu bestrafen

Wenn das Verhalten von Kindern mit den Interessen ihrer Eltern kollidiert, was unvermeidlich ist, versuchen Eltern natürlich, solche Verhaltensweisen zu ändern. Schließlich haben auch sie

Bedürfnisse. Sie müssen ihr eigenes Leben leben und haben das Recht, es auf befriedigende und genußreiche Weise zu führen. Aber Eltern machen zwei schwerwiegende Fehler.

Erstens: Zu ihrem eigenen Bedauern ignorieren viele Eltern ein unannehmbares Verhalten ihrer Kinder. Diese verhalten sich den Interessen ihrer Eltern gegenüber oft rücksichtslos oder nehmen sie nicht einmal zur Kenntnis. Wenn Eltern das zulassen, werden sie aggressive Gefühle entwickeln und diese *undankbaren* und *selbstsüchtigen* Kinder bald nicht mehr mögen.

Zweitens: Die meisten Eltern greifen zuerst zu Strafmaßnahmen, wenn sie ein unannehmbares Verhalten ihrer Kinder ändern wollen. Wenn Eltern Verhaltensweisen, die ihnen nicht gefallen, freiwillig ignorieren, werden sie leiden. Greifen sie jedoch auf Bestrafung zurück, leiden ihre Kinder. Die Beziehung nimmt in beiden Fällen Schaden. Was können Eltern tun, damit ihre Kinder lernen, ihre Bedürfnisse und Rechte zu respektieren? Es gibt wirkungsvolle Methoden, um Säuglingen, Kleinkindern und älteren Heranwachsenden dies verständlich zu machen.

Säuglinge und Kleinkinder, die noch nicht sprechen können

Sehr junge Kinder stellen für Eltern ein Problem dar, weil sie vielleicht nicht in der Lage sind, verbale Botschaften zu verstehen. Dennoch ist es einfach, unannehmbares Verhalten von Säuglingen und Kleinkindern, die noch nicht sprechen können, zu beeinflussen, wenn man die richtige Methode anwendet. Eltern können zwischen vier verschiedenen Methoden wählen:

1. Das Ratespiel

Bei Säuglingen und Kleinkindern müssen Eltern lernen, treffende Vermutungen anzustellen, weil diese Kinder nicht viel darüber mitteilen können, was in ihrem Inneren vorgeht.

Die sechs Monate alte Barbara beginnt mitten in der Nacht, laut zu schreien. Die Eltern wachen aus ihrem dringend benötigten Schlaf auf und finden dieses Verhalten natürlich unannehmbar. Aber wie können sie Barbara dazu bringen, nicht mehr zu schreien?

Ganz einfach, sie stellen Vermutungen an. Den Grund des Rätsels zu finden, damit man dem Problem Abhilfe schaffen kann, gleicht einem Puzzle:

»Vielleicht ist sie naß und friert. Das werden wir zuerst überprüfen. Nein, sie ist immer noch trocken. Nun, könnte es sein, daß sie Magenprobleme hat, weil sie nicht aufstoßen kann? Wir sollten sie auf den Arm nehmen und versuchen, ihr Erleichterung zu verschaffen.« Aber die Hypothese ist wieder falsch – Barbara will nicht aufstoßen. »Vielleicht ist sie hungrig? In ihrem Fläschchen ist immer noch etwas Milch, aber es liegt am Fußende des Kinderbetts. Wir werden es mit dieser Hypothese versuchen.« Treffer! Barbara saugt ein paar Minuten an ihrem Fläschchen und wird dann schläfrig. Die Eltern legen sie zärtlich wieder in ihr Bettchen, und das kleine Mädchen schläft ein. Die Eltern können jetzt wieder ins Bett gehen und ihr eigenes Ruhebedürfnis befriedigen.

Dies ist ein Beispiel für das Ratespiel, eine Methode, die Eltern bei Säuglingen sehr häufig anwenden müssen, die ohne Unterbrechung weinen, ruhelos sind, nicht einschlafen können oder ihre Nahrung auf den Fußboden werfen. Das Ratespiel ist effektiv, weil es einen Grund gibt, wenn Säuglinge oder Kleinkinder Dinge tun, die für ihre Eltern ein unannehmbares Verhalten darstellen – und zwar in der Regel einen sehr logischen Grund. Wenn Eltern auf das Ratespiel zurückgreifen, werden sie nicht mehr zu Strafen Zuflucht nehmen.

Prinzip VI: Wenn sich Säuglinge oder Kleinkinder inakzeptabel benehmen, gibt es dafür einen guten Grund, den Sie herausfinden müssen.

Das Ratespiel wird Eltern manchmal leicht fallen, bei anderen Gelegenheiten eher schwierig sein. Die Binsenweisheit, »wenn es nicht sofort klappt, versuchen Sie es wieder und wieder«, ist der vernünftigste Ratschlag, den man Ihnen erteilen kann. Tatsächlich können Sie das Spiel bald sehr gut beherrschen, weil Sie Ihr Kind immer besser kennenlernen. Manche Eltern erzählten mir, daß sie schließlich an den Schreien ihres Kindes unterscheiden konnten, ob es naß war, Hunger hatte oder nicht aufstoßen konnte.

2. Wir machen einen Handel

Eine weitere wirkungsvolle Methode, unannehmbares Verhalten von Säuglingen und Kleinkindern zu ändern, besteht darin, einen Handel abzuschließen, wobei inakzeptables Benehmen durch ein Verhalten ersetzt wird, das für die Eltern akzeptabel ist:

Laura, Ihre neugierige einjährige Tochter, hat ein Paar neue Damenstrümpfe gefunden und genießt es, sie zu berühren und daran zu zerren. Sie finden dieses Verhalten unannehmbar, weil Sie Sorge haben, daß sie die Strümpfe mit Laufmaschen verzieren oder zerstören wird. Sie gehen zur Frisierkommode, ziehen ein altes, kaputtes und nicht mehr tragbares Paar Strümpfe hervor, geben es Ihrer Tochter und nehmen ihr behutsam das neue weg. Laura, die den Unterschied nicht kennt, spielt mit den beschädigten Strümpfen genauso gerne. Lauras Bedürfnisse sind befriedigt, aber Ihre ebenso.

David springt auf dem Sofa auf und ab, und seine Mutter befürchtet, daß er die Lampe vom Beistelltisch stoßen wird. Die Mutter zieht David zärtlich, aber bestimmt vom Sofa hinab, und springt mit ihm gemeinsam auf den Kissen auf und ab, die sie von der Couch entfernt und auf den Boden gelegt hat.

Die eineinhalb Jahre alte Shirley klettert genau an jenem

Abend auf den Schoß ihres Vaters, an dem dieser seinen frisch gereinigten hellen Anzug trägt. Der Vater bemerkt, daß Shirleys Hände mit Marmelade und Erdnußbutter verschmiert sind. Er schiebt Shirley behutsam zur Seite, geht dann aber sofort mit ihr ins Badezimmer und säubert mit einem feuchten Waschlappen ihre Hände. Dann hebt er seine Tochter hoch und setzt sie auf seinen Schoß.

Erneut gilt: Wenn Eltern mit ihren Kindern einen Handel abschließen, bestrafen sie nicht mehr.

Prinzip VII: Wenn Sie ein bestimmtes Verhalten unannehmbar finden, ersetzen Sie es durch ein anderes, das für Sie akzeptabel ist.

3. Die nonverbale Ich-Botschaft

Ältere Kinder ändern oft ihr Benehmen, wenn ihre Eltern ihnen eine aufrichtige Botschaft zukommen lassen, die ihnen vermittelt, inwiefern die Eltern durch das Verhalten des Kindes betroffen sind:

- »Bei dem Geschrei kann ich nicht telefonieren.«
- »Ich werde zu spät kommen, wenn du so lange zum Anziehen brauchst.«
- »Ich liebe diesen kleinen Teller und wäre traurig, wenn er zerbrechen würde.«

Aber Kinder, die noch zu jung sind, um sprachliche Mitteilungen zu verstehen, kann man durch solche Botschaften nicht beeinflussen, die Ich-Botschaften heißen, weil sie dem Kind signalisieren: »Ich will dir sagen, wie ich mich fühle.« Folglich muß die Ich-Botschaft in nichtsprachliche Form gebracht werden, was in den folgenden Beispielen verdeutlicht wird.

Während der Vater seinen kleinen Sohn Tony in den Supermarkt trägt, beginnt dieser, ihn lachend in den Magen zu treten. Sofort setzt der Vater seinen Sohn ab und geht weiter. (*Botschaft:* »Du tust mir weh, wenn du mir in den Magen trittst, und deshalb habe ich keine Lust, dich zu tragen.«)

Während ihre Mutter in fürchterlicher Eile ist, weigert sich Judy, ins Auto einzusteigen. Die Mutter legt ihre Hand auf den Körper der Tochter und dirigiert sie sanft, aber bestimmt auf den Vordersitz. *(Botschaft:* »Du mußt jetzt einsteigen, weil ich es eilig habe.«)

Prinzip VIII: Teilen Sie Ihren Kindern Ihre Gefühle auch dann mit, wenn Sie keine Worte benutzen können.

Der Schlüssel zur Anwendung dieser Methode – des Versuchs, unannehmbares Verhalten zu verändern – liegt darin, dem Kind jegliche Art von Bestrafung und schmerzhaften Erfahrungen zu ersparen. Schließlich wollen Sie ihm nur Ihre Gefühle mitteilen. Ohrfeigen, Schläge, Knuffen, Stoßen, Zerren, Schreien, Kneifen – alle diese Verhaltensweisen werden dem Kind unvermeidlicherweise das Gefühl vermitteln, daß es böse ist, unrecht hat und daß seine Bedürfnisse nicht zählen. Es wird glauben, etwas Verbrecherisches angestellt zu haben und die Strafe zu verdienen.

4. Veränderung der Umwelt

Viele Eltern erkennen intuitiv, daß es eine effektive Methode gibt, den verschiedenen Spielarten unannehmbaren Verhaltens Einhalt zu gebieten, indem man nicht das Kind direkt, sondern dessen Umwelt verändert. Welche Eltern haben noch nicht die Erfahrung gemacht, daß sich ein heulendes, nervendes und gelangweiltes Kind gänzlich (und still) in seine Beschäftigung vertieft, wenn man ihm etwas gibt, das sein Interesse erregt: Knetmasse, Fingerfarben, Puzzles, Bilderbücher oder bunte alte

Stoffetzen. Auf diese Weise kann man die Umwelt des Kindes bereichern – das Kind ablenken.

Bei anderen Gelegenheiten werden genau entgegengesetzte Schritte notwendig sein. Vor dem Schlafengehen sind die Kinder aufgedreht und hyperaktiv. Erfahrene Eltern wissen, wie man die Umwelt »reizarm« macht. Überstimulierte Kinder werden sich häufig beruhigen, wenn man ihnen ein Märchen vorliest, eine wahre oder erfundene Geschichte erzählt oder in Ruhe die Ereignisse des Tages Revue passieren läßt. Ein Großteil der Aufregung und des Stresses könnte vermieden werden, wenn Eltern sich mehr Mühe gäben, die Umwelt des Kindes reizarm zu machen.

Extrem unannehmbares (und destruktives) Verhalten von Kleinkindern kann verhindert werden, wenn Eltern sich bemühen, die Umwelt kindersicher zu gestalten:

- Kaufen Sie unzerbrechliche Tassen und Gläser.
- Bewahren Sie Streichhölzer, Messer und Rasierklingen so auf, daß sie für Kinder unerreichbar sind.
- Verschließen Sie Arzneimittel und scharfkantige Werkzeuge.
- Halten Sie die Kellertür verschlossen.
- Räumen Sie rutschige Teppichbrücken weg.

Prinzip IX: Es ist oft wirkungsvoller, die Umwelt zu ändern als das Kind.

Kinder, die alt genug sind, um sprechen zu können

Wenn man unannehmbare Verhaltensweisen von Kindern ändern will, die bereits sprechen und sprachliche Botschaften verstehen können, muß man Klartext reden, damit sie einem zuhören. Dann werden sie Ihre Interessen in Betracht ziehen und selbständig beschließen, ihr Benehmen zu ändern.

Die mit Abstand effektivste Methode besteht darin, eine sprachliche Ich-Botschaft zu senden. Wie ich schon erklärt habe, vermittelt die Ich-Botschaft dem Kind nur, was als Konsequenz seines Verhaltens mit Ihnen geschieht, wie etwa in den folgenden Beispielen:

- »Ich kann mich nicht mit deiner Mutter unterhalten, wenn der Fernseher so laut ist.«
- »Wenn man auf den Blumen herumtrampelt, die ich gepflanzt habe, werde ich keine Freude daran haben.«

Die Technik scheint unkompliziert zu sein, aber es ist gar nicht so einfach, Ich-Botschaften zu senden, in erster Linie deshalb, weil Eltern sich so daran gewöhnt haben, Du-Botschaften zu verwenden, wenn sie mit unannehmbarem Verhalten konfrontiert werden. Diese enthalten oft eine massive Komponente von Tadel, Verurteilung, Bewertung, Drohung, Machtausübung und Unterwerfung. Dies sind die verbreitetsten Varianten von Du-Botschaften:

- DU räumst diese Unordnung auf. (BEFEHL)
- Wenn DU nicht damit aufhörst, gehst du auf dein Zimmer. (WARNUNG)
- DU solltest nicht zu Tisch kommen, ohne dir vorher die Hände gewaschen zu haben. (PREDIGT)
- DU könntest nach draußen gehen und spielen. (RATSCHLAG)
- DU solltest es besser wissen. (MORALISIEREN)
- DU benimmst dich wie ein Baby. (BEWERTUNG)
- DU gibst an. (PSYCHOANALYTISCHE EINSCHÄTZUNG)
- DU mußt noch einiges über Höflichkeit lernen. (BELEHRUNG)
- DU bringst mich noch vorzeitig ins Grab. (EINIMPFUNG VON SCHULDGEFÜHLEN)

- Sieh DIR nur die vielen grauen Haare an, die ich alle DIR verdanke. (TADEL)

Du-Botschaften bewirken bei Kindern keine Verhaltensänderungen, sondern verleiten sie zu einer defensiven und von Widerstand geprägten Einstellung, die einen Wandel verhindert und mit der Zeit ernsthaft ihre Selbstachtung unterminiert. Schlimmer aber ist, daß sie junge Menschen provozieren, mit eigenen Du-Botschaften zurückzuschlagen, durch die die Situation eskaliert. Die Folgen sind dann oft mit Tränen verbundene Wortgefechte, verletzte Gefühle, zugeknallte Türen, Strafandrohung und eine zerbrochene Beziehung.

Ich-Botschaften dagegen provozieren sehr viel weniger Widerstand hinsichtlich einer Verhaltensänderung. Wenn Kinder hören, wie sich ihre Eltern gegenseitig verletzen, kommt ihr natürliches Hilfsbedürfnis zum Vorschein. Wenn man Kinder nicht allein läßt oder sie wegen ihrer Interessen tadelt, werden sie sehr viel eher bereit sein, auch über die Interessen ihrer Eltern nachzudenken.

Prinzip X: Sprechen Sie über sich selbst, nicht über das Kind,wenn Sie unannehmbares Verhalten ändern wollen.

Die größte Belohnung für Eltern, die mit Ich-Botschaften umzugehen lernen, besteht wahrscheinlich darin, daß die Kinder schließlich ihrem Beispiel folgen werden. Wenn Sie Ihre Gefühle Ihrem Kind gegenüber aufrichtig artikulieren, offenbaren Sie dadurch Ihre eigene Menschlichkeit, und das Kind lernt, daß Sie sich verletzt, erschöpft, enttäuscht, gequält, verunsichert und ängstlich fühlen können. Solche Aufrichtigkeit Ihrerseits wird eine Vorbildfunktion haben, und Sie werden sehen, daß auch Ihre Kinder beginnen werden, offen und ehrlich miteinander umzugehen. Dann leben nicht mehr – wie in so vielen Familien – Fremde unter einem Dach, sondern zwischen Eltern und Kindern entwickelt sich eine echte und offene Beziehung. Eltern machen die Erfahrung, aufrichtige Kinder zu haben, und diese spüren, daß ihre Eltern wirkliche Menschen sind.

Die verheerenden Gefahren von Bestrafung

»Soll man Kinder bestrafen?« Wenn man hundert Elternpaaren diese Frage stellt, werden 99 Prozent ohne Zögern antworten: »Natürlich.« Dieser Gedanke ist so sehr Allgemeingut (und wird energisch verteidigt), daß es wie eine Form von Häresie oder Dummheit aussehen mag, wenn man seinen Sinn in Frage stellt. Und trotzdem meine ich, daß nichts mehr Ärger für die Erziehenden mit sich bringt als die Ansicht, disziplinarische Strafmaßnahmen seien notwendig. Aufgrund meiner Erfahrungen, die auf die Zusammenarbeit mit Tausenden von Elternpaaren in den Kursen für Effektives Elterntraining zurückgehen, bin ich zu der Überzeugung gelangt, daß es sich hier um einen wirklich sehr gefährlichen Glauben handelt. Strafen führen zu einer Entfremdung zwischen Eltern und Kindern und beschädigen das Verhältnis schwer.

Interessanterweise sind die meisten Eltern, die ihre Kinder bestrafen, von den besten Absichten motiviert. Sie wünschen sich verantwortungsvolle, verläßliche, nachdenkliche, höfliche und leistungsfähige Kinder. Die Erziehenden kennen einfach keine andere Methode, um ihre guten Absichten zu verwirklichen, und deshalb greifen sie zu Strafmaßnahmen. Wenn sie dann herausfinden, daß dieses Rezept nicht funktioniert, beschließen sie gewöhnlich, auf noch rigidere Strafmaßnahmen zurückzugreifen. Und so geht es dann weiter – bis die Jugendlichen rebellieren, sich rächen oder ausziehen.

Doch worum handelt es sich bei dieser Vorstellung von Disziplinierung, die Eltern für so notwendig halten? Wofür steht dieses Wort? Der *Webster,* ein renommiertes amerikanisches

Wörterbuch, definiert den Terminus *discipline* folgendermaßen: »Bestrafung durch eine Autorität, besonders im Hinblick auf eine Verhaltensänderung oder pädagogische Zwecke«. Dieser Vorstellung von Disziplinierung liegt eine Idee von Macht und Autorität zugrunde – eine Macht, mit der man Gehorsam erzwingt oder Befehle durchsetzt, indem man auf das Mittel der *Bestrafung* zurückgreift.

Offiziere bestrafen ihre Soldaten, Tiertrainer ihre Hunde, Lehrer ihre Schüler, Eltern ihre Kinder. Aber woher stammt die Macht dieser Menschen?

Man gewinnt Macht, wenn man über etwas verfügt, was ein anderer dringend benötigt und schließlich auch bekommt – das nennt man dann *Belohnung*. Lehrer verteilen Noten, und der Hundetrainer hält für das hungrige Tier Nahrung bereit. Machtanhäufung findet aber auch dort statt, wo ein Mensch über die Mittel verfügt, anderen Schmerz zuzufügen oder ihn sich unbehaglich fühlen zu lassen – das nennt man *Bestrafung*. Ein Lehrer kann Schüler nachsitzen lassen oder sie ins Büro des Direktors schicken. Der Hundetrainer kann an der Leine reißen und den Hals des Tieres verletzen. Durch Belohnungen und Bestrafungen verfügen Menschen über Macht; sie bildet die Basis ihrer Autorität.

Wenn Eltern sagen, daß sie ihrer Autorität Ausdruck verleihen, indem sie ihre Kinder disziplinieren, meinen sie damit, daß sie auf Belohnungen und Strafen zurückgreifen. Sie geben (oder versprechen) ihren Kindern Belohnungen, um das von ihnen gewünschte Verhalten zu erzwingen, oder sie reagieren mit Strafen (oder Strafandrohung), um für sie inakzeptables Benehmen auszuschalten. Hört sich doch alles ganz einfach an, oder?

In der Praxis ist es allerdings nicht annähernd so einfach, Kinder durch Belohnungen und Strafen zu disziplinieren. Auf die Eltern warten Fallen, die zum Teil sehr gefährlich sind und sich destruktiv auf die Eltern-Kind-Beziehung auswirken.

Zunächst einmal ist es unvermeidlich, daß Eltern ihre Macht

verlieren. Bei sehr jungen Kindern verfügen sie über eine enorme Machtfülle. Ihnen stehen viele Methoden der Belohnung zur Verfügung, die ziemlich gut funktionieren, und solche der Bestrafung, die strikten Gehorsam erzwingen. Wenn diese Kinder allerdings älter werden, verfügen die Eltern bald nicht mehr über wirkungsvolle Belohnungen, und für die Strafen gilt dasselbe. Belohnungen, die einst im Sinne der Eltern funktionierten, werden jetzt nur noch mit Desinteresse betrachtet. Kinder, die bestraft werden, beginnen Widerstand zu leisten oder zu rebellieren. Wenn die jungen Menschen das Teenageralter erreichen, stehen die Eltern mit leeren Händen da. Ein Vater hat es in einem unserer Kurse für Effektives Elterntraining so ausgedrückt:

> »Mein Sohn ist fünfzehneinhalb Jahre alt, und das einzige mir verbliebene Machtmittel sind die Autoschlüssel. Und in sechs Monaten wird auch das nicht mehr der Fall sein, weil er dann seinen eigenen Wagen haben wird.«

Die Mutter eines vierzehnjährigen Mädchens gestand:

> »Shirley ignoriert die meisten meiner Versuche einfach, sie dadurch zu kontrollieren, daß ich ihr Geschenke verspreche oder ihr einen Gefallen tue. ›Wen interessiert's?‹ sagt sie dann und macht weiterhin, was ihr gefällt.«

Wenn Eltern sich, als ihre Nachkömmlinge noch sehr klein waren, stark auf disziplinarische Maßnahmen verlassen haben, entdecken sie zu ihrer Bestürzung, daß sie ihre Macht verloren haben, wenn ihre Kinder in die Pubertät kommen. Dann müssen sie feststellen, daß ihnen keine andere Methode zur Verfügung steht, Einfluß auf ihre Kinder zu nehmen. Deshalb verlaufen die Jahre, wenn die Jugendlichen in der Pubertät sind, in den meisten Familien auf frustrierende, streßbelastete und stürmische Weise.

Prinzip XI: Eltern, die sich auf ihre Macht verlassen, werden sie unweigerlich verlieren, wenn ihre Kinder älter werden.

Wenn man von der unvermeidlichen Machtlosigkeit absieht, die aus früher Machtanwendung folgt, gibt es auch noch andere Konsequenzen der Disziplinierung von Kindern, die sowohl auf diese als auch auf die Beziehungen zu ihren Eltern zerstörerische Auswirkungen haben. Viele Erziehende sind sich oft nicht der Tatsache bewußt, daß Kinder, deren Eltern sich auf Machtausübung durch Belohnungen und Strafen verlassen, Behauptungsmechanismen entwickeln. Dabei handelt es sich um erlernte Reaktionen (die oft zu habituellen Angewohnheiten werden), die den Kindern helfen, auf die Versuche ihrer Eltern, sie zu kontrollieren oder zu formen, zu reagieren, sich darauf einzustellen oder dagegen anzukämpfen.

In unseren Kursen bitten wir die Eltern, sich an ihre eigene Jugend zu erinnern, als sie noch der Machtausübung ihrer Eltern (und Lehrer) ausgesetzt waren. Dann sollen sie alle Behauptungsmechanismen auflisten, die sie sich als Reaktion auf die disziplinarischen Maßnahmen ihrer Eltern zu eigen machten. In jedem Kursus enthält die komplette Liste praktisch jeden einzelnen der folgenden Behauptungsmechanismen:

1. Widerstand, Trotz, Rebellion, Negativismus
2. Ärger, Zorn, Feindseligkeit
3. Aggression, Vergeltungsmaßnahmen, zurückschlagen
4. Lügen, Empfindungen verbergen
5. andere beschuldigen, klatschen
6. andere herumkommandieren, tyrannisieren
7. siegen müssen, betrügen, ungern unterliegen
8. sich gegen die Eltern organisieren, Bündnisse schließen
9. Unterwerfung, Gehorsam, Angst
10. einschmeicheln, um Gunst buhlen
11. Anpassung, Mangel an Kreativität, Sicherheitsbedürfnis, Passivität
12. Rückzug, Flucht, Phantasien

Wenn Eltern begreifen, daß ihre Kinder mit identischen Behauptungsmechanismen auf ihre Autorität und Disziplinarmaßnahmen reagieren, beginnen sie sich zu fragen, warum sie überhaupt auf Macht- und Autoritätsausübung zurückgreifen sollen. Tatsächlich entspricht es meiner Erfahrung, daß die meisten Eltern keinen Gefallen daran finden, ihre Kinder zu bestrafen oder sich diktatorisch aufzuführen. Eigentlich wollen sie ihre Kinder nicht *zwingen,* sondern *beeinflussen.*

Prinzip XII: Kinder lernen, sich mit der Macht der Eltern zu messen, indem sie mit nicht wünschenswerten und ungesunden Verhaltensweisen darauf reagieren.

Eltern sähen es natürlich gerne, wenn sich ihre Nachkömmlinge zu verantwortungsbewußten, kooperativen, glücklichen und gesunden Menschen entwickeln würden, die sich auch um andere bemühen. Aber die meisten Eltern kennen keinen anderen Weg zur Förderung dieser Charakterzüge als disziplinarische Maßnahmen. Und dennoch kann durch diese Methode, da sie auf dem Einsatz elterlicher Macht beruht, nie *Einfluß* ausgeübt werden – sie zwingt Kinder nur dazu, sich auf die vorgeschriebene Art und Weise zu verhalten. Disziplinarmaßnahmen erzwingen oder verhindern ein bestimmtes Verhalten, doch in der Regel ist ein nicht überzeugtes und unmotiviertes Kind das Resultat. Tatsächlich kehren Kinder im allgemeinen zu ihrem früheren Verhalten zurück, sobald auf die elterliche Machtanwendung verzichtet wird, weil ihre *Bedürfnisse* und *Sehnsüchte* auch dann bestehen bleiben, wenn Druck auf sie ausgeübt wird.

Prinzip XIII: Disziplinarische Strafmaßnahmen mögen Zwang oder Druck ausüben, aber nur selten Einfluß.

Die meisten Eltern zögern, ihre mit der Bestrafung verbundene Macht aufzugeben, weil sie dann nur die Alternative sehen, ihren Kindern alles zu verzeihen. Wenige wünschen sich rücksichtslose, nicht beherrschbare oder verantwortungslose Kinder, was das Resultat ist, wenn man ihnen alles durchgehen läßt. Ich habe schon zuvor darauf hingewiesen, daß Eltern ihre eigenen Rechte schützen müssen, und einige effektive Methoden vorgeschlagen, wie man unannehmbare Verhaltensweisen ändern kann: durch Strategien, die nicht auf Machtausübung beruhen. Aber was ist, wenn sie nicht funktionieren? Was können Eltern bei Konflikten tun?

Wie man Konflikte lösen kann, ohne daß einer der Beteiligten verliert

In allen Beziehungen zwischen zwei oder mehr Menschen ergeben sich Konflikte, in einigen häufiger. Gesunde und befriedigende Beziehungen können mehr Konflikte aushalten, weil nicht deren Häufigkeit die Beziehungen zwischen Menschen belastet, sondern die Art und Weise, wie sie ausgetragen werden.

Dies ist nirgendwo offensichtlicher als in der Eltern-Kind-Beziehung. Die meisten Eltern verlassen sich auf zwei Methoden, die auf lange Sicht destruktive Auswirkungen auf die Beziehungen zu ihren Kindern haben werden. Sie könnten aber die Anwendung einer dritten Methode erlernen, die die Beziehungen beständig verbessern würde.

Die beiden Konfliktlösungsmethoden, auf die sich die meisten Eltern verlassen, sind Methoden, bei denen einer der Beteiligten gewinnt und der andere verliert. Methode I: Die Eltern entscheiden, wie der Konflikt beigelegt werden soll, und dann setzen sie ihre Macht ein, um ein Einverständnis herzustellen; das Kind muß die Lösung herbeiführen.

Der Vater gewinnt, das Kind verliert. Das Kind nimmt es seinem Vater übel.

Sofort nachdem ihr Papa von der Arbeit nach Hause zurückgekehrt ist, will die vierjährige Jean mit ihm spielen. Der Vater ist allerdings von der Autofahrt müde und braucht eine Erholungspause. Wenn er nach Hause kommt, hat er Lust, die Zeitung zu lesen und einen Drink zu nehmen. Normalerweise kriecht Jean dann auf seinen Schoß, bringt die Zeitung durcheinander, verschüttet zufällig seinen Drink und stört seine Lektüre.

METHODE I: Der Vater rät Jean, draußen zu spielen und droht mit Strafe, wenn sie seiner Anweisung nicht folgt. Er hat einfach keine Lust, sich mit seiner Tochter zu beschäftigen, und ist fest entschlossen, sich auszuruhen. Jean schmollt, weint und nimmt es ihrem Vater übel. Dieser fühlt sich schuldig. Die Tochter verliert – ihre Bedürfnisse werden nicht befriedigt. Der Vater gewinnt – seine Interessen sind gewahrt.

Das Kind gewinnt, der Vater verliert. Der Vater nimmt es seiner Tochter übel.

METHODE II: Der Vater gibt dem Druck seiner Tochter nach und stimmt widerstrebend zu, mit ihr zu spielen, obwohl er müde und nicht mit dem Herzen bei der Sache ist. Er fühlt sich ausgenutzt, grollt und verhält sich wie ein Märtyrer. Jean registriert dies und entwickelt ein Schuldgefühl. Sie gewinnt – ihre Bedürfnisse werden befriedigt. Der Vater verliert – seine Interessen sind nicht gewahrt.

Wenn Eltern sich der ersten Methode bedienen, um die Konflikte mit ihren Kindern zu lösen, führen sie sich wie Diktatoren auf, bei der zweiten sind sie nur Fußabstreifer. Bei der mit Machtausübung verbundenen Methode I lernen Kinder, darauf mit einem oder mehreren der Behauptungsmechanismen zu reagieren, die weiter oben beschrieben worden sind. Kinder reagieren auf Methode II, indem sie selbstsüchtig und rücksichtslos werden und die Interessen anderer für unwichtig halten. Die Resultate des Nachgebens wirken sich auf das Eltern-Kind-Verhältnis vielleicht genauso destruktiv aus wie die der autoritären Methode der Konfliktbewältigung.

Prinzip XIV: Wenn sich Eltern wie Diktatoren aufführen oder sich als Fußabstreifer behandeln lassen, verliert jemand.

Eltern haben eine Alternative, bei der sie sich weder streng noch nachgiebig, weder autoritär noch zu lax verhalten müssen. Es gibt eine Methode, wie man Machtkämpfe in familiären Konflikten vermeiden kann. Die meisten Eltern müssen sie erst erlernen, weil ihre eigenen Eltern sie wohl nur selten bei ihnen angewendet haben dürften.

Bei Methode III geht es darum, Konflikte auf eine Art und Weise zu lösen, bei der sowohl die Eltern als auch das Kind mögliche Vorschläge zur Konfliktlösung anbieten und sich dann auf einen Weg einigen, der für *beide Seiten akzeptabel* ist. Dies ist eine Lösung, bei der sowohl die Bedürfnisse der Eltern als auch die des Kindes befriedigt werden.

Beide Seiten gewinnen – keiner verliert:
Folglich gibt es keinerlei Verstimmungen.

METHODE III: Der Vater erklärt Jean das Problem: »Du willst mit mir spielen, wenn ich nach Hause komme, aber ich habe keine Lust, jetzt sofort mit dir zu spielen, weil ich von der Heimfahrt so erschöpft bin.« Dann macht der Vater den Vorschlag, daß sie beide über Lösungen nachdenken sollen, die sie vielleicht beide zufriedenstellen können. Nach ein paar Minuten einigen sie sich auf eine Lösung, die für beide Seiten annehmbar ist. Wenn Jean wartet, bis ihr Vater die Zeitung gelesen und seinen Drink geleert hat, wird er sein Versprechen einlösen, mit ihr zu spielen. Der Vater kann sich ausruhen, und danach wird er sich seiner Tochter widmen.

Bei dieser dritten Methode der »niederlagelosen« Konfliktbewältigung werden die Machtkämpfe ausgeschaltet, die für die Methoden I und II charakteristisch sind. Ein weiterer Pluspunkt besteht darin, daß das Kind in einem hohen Maße motiviert ist, eine Entscheidung zu treffen, aber es ist eine *gemeinsame* Entscheidung, weil beide Seiten bei der Konfliktlösung kooperieren. Eltern, die die »niederlagelose« Methode der Konfliktlösung permanent anwenden, berichten häufig, daß die Beziehungen in ihrer Familie dadurch enger, wärmer und liebevoller wurden. Die Kinder respektieren die Bedürfnisse ihrer Eltern, wenn diese die Bedürfnisse der Kinder beachten.

Prinip XV: Wenn man Konflikte so löst, daß niemand verliert, intensiviert sich eine Beziehung.

Eltern berichten zugleich von auffallenden Veränderungen, die sie nach der Anwendung der »niederlagelosen« Methode der Konfliktbewältigung bei ihren Kindern festgestellt haben: bessere Zensuren in der Schule, weniger Tränen und Stimmungsschwankungen, bessere Beziehungen zu ihren Freunden, größeres Verantwortungsbewußtsein für Schularbeiten und Hausarbeit, gestärktes Selbstvertrauen, ein glücklicheres Allgemeinbefinden, weniger Aggression, Hyperaktivität und Krankheiten.

Die der »niederlagelosen« Methode der Konfliktbewältigung und allen anderen von mir hier formulierten Prinzipien zugrundeliegende Philosophie für Eltern kann in einem Credo zusammengefaßt werden. Ich habe den Text vor einigen Jahren geschrieben, um kurz und bündig zu resümieren, was in den Kursen für Effektives Elterntraining gelehrt wird. Ich hoffe, daß der Text für alle Eltern eine Herausforderung und eine Hoffnung darstellt.

Ein Credo

Über meine Beziehung zu dir

Du und ich, wir stehen in einer Beziehung zueinander, die ich schätze und fortführen möchte. Wir sind jedoch zwei verschiedene Menschen mit besonderen Interessen und dem Recht, diese Interessen zu befriedigen. Ich werde aufrichtig versuchen, dein Verhalten zu akzeptieren, wenn du versuchst, deine Interessen wahrzunehmen oder wenn du Probleme hast, deine Bedürfnisse zu befriedigen.

Wenn du Probleme hast, deine Bedürfnisse zu befriedigen, will ich versuchen, dir zuzuhören und dich wirklich zu akzeptieren, um es dir leichter zu machen, deine Lösungen selbst zu finden, statt dich von meinen abhängig zu machen. Sollte mein Verhalten der Wahrnehmung deiner Interessen zuwiderlaufen, ermutige ich dich, offen und aufrichtig mit mir über deine Gefühle zu reden. Ich werde dir dann zuhören und versuchen, mein Verhalten zu ändern, wenn mir dies möglich ist.

Wenn sich aber dein Verhalten nicht mit den Dingen verträgt, die ich tun muß, um meine Bedürfnisse zu befriedigen, will ich dir das offen und ehrlich mitteilen, weil ich die Hoffnung habe, daß du meine Interessen genug respektierst, um mir zuzuhören und dann zu versuchen, dein Verhalten zu ändern.

Stellen wir fest, daß keiner von uns sich verändern kann, um den Bedürfnissen des anderen zu genügen, wollen wir uns eingestehen, daß wir einen Konflikt haben. Wir wollen uns dazu verpflichten, jeden dieser Konflikte zu lösen, ohne daß einer von uns Zuflucht zu Macht oder Autorität nimmt, um zu gewinnen, was der andere verliert. Ich respektiere deine Bedürfnisse, aber ich muß auch meine eigenen achten. Deshalb wollen wir uns stets bemühen, nach einer Lösung zu suchen, die wir beide akzeptieren können. Dann werden deine Bedürfnisse ebenso wie meine befriedigt sein – keiner verliert, beide gewinnen.

Auf diese Weise kannst du auch weiterhin deine Bedürfnisse befriedigen und dich als Mensch entwickeln. Mir geht es nicht anders. So können wir eine gesunde Beziehung unterhalten, in der jeder von uns beiden die Chance hat, das zu werden, was er sein kann. Und unser Verhältnis wird weiterhin auf gegenseitiger Achtung, Liebe und Frieden beruhen.

III. Eine Theorie gesunder zwischenmenschlicher Beziehungen und ein Programm für Effektives Elterntraining

Unsere Gesellschaft wird ihre Probleme hinsichtlich der psychischen Gesundheit nie lösen können, solange sie Menschen erst dann behandelt, wenn diese bereits unter ernsthaften psychischen Störungen leiden. Was dieses schwerwiegende Problem angeht, müssen wir neue, *präventive Methoden* finden. Theoretische als auch logische Gründe sprechen dafür, daß es am sinnvollsten ist, mit diesen vorbeugenden Maßnahmen bei Kindern zu beginnen. Es ist dringend notwendig, daß unsere Gesellschaft innovative Methoden bereitstellt, die psychologische Probleme bei Kindern verhindern.

Der direkteste und effektivste Weg, emotionalen Problemen bei Kindern vorzubeugen, besteht darin, die zwischenmenschliche Beziehung zu verändern, die den größten Einfluß auf die psychische Gesundheit von Kindern ausübt – die *Eltern-Kind-Beziehung*. Diese Veränderung ist notwendig, weil in unserer Gesellschaft offensichtlich irgend etwas radikal schiefläuft, was die Eltern-Kind-Beziehung betrifft. Die meisten Eltern wollen mit Sicherheit psychisch gesunde Kinder aufziehen, aber viel zu wenige Elternpaare sind dazu in der Lage.

Ein Teil des Problems besteht natürlich darin, daß Eltern nicht auf ihre Aufgabe vorbereitet werden. Nur wenige Erziehende in unserer Gesellschaft erkennen, daß sie ihrer neuen Aufgabe gegenübertreten, ohne ausreichend vorbereitet zu sein.

Man geht gemeinhin nicht davon aus, daß eine effektive Elternrolle eine spezielle Ausbildung verlangt, wie dies für jede andere Tätigkeit notwendig ist. Nur selten kümmern sich Eltern aktiv um eine spezielle Ausbildung, obwohl den meisten Erziehenden heutzutage klar ist, daß die Art und Weise, wie man ein Kind behandelt, aufzieht und mit ihm spricht, wahrscheinlich der wichtigste Faktor hinsichtlich seiner zukünftigen psychischen Gesundheit, seines Glücks, seiner Fähigkeiten zur Problemlösung und seiner Effektivität im Umgang mit anderen Menschen ist. Die Vorbereitung auf die Elternrolle in unserer Gesellschaft reicht nicht viel weiter, als daß man eine neue Korbwiege kauft, ein geliehenes Kinderbett neu streicht oder ein Taschenbuch von Dr. Spock[1] ersteht.

Es ist kaum zu glauben, daß es in unserer psychologisch so aufgeklärten Gesellschaft selbst den wenigen Elternpaaren, die die Notwendigkeit einer Ausbildung einsehen, schwerfällt, ein Trainingsprogramm zu finden – es gibt einfach nicht besonders viele und leicht zugängliche. In der High-School können Mädchen lernen, wie man kocht oder näht, aber nicht, wie man eine gute Mutter wird. Und sogar die wenigen Studenten, die auf dem College einen Kurs über Kinderpsychologie belegen, stellen fest, daß es im allgemeinen um die geistige und körperliche Entwicklung des Kindes geht, aber nicht um die Aufgabe der Eltern. Das Thema Kindeserziehung wird nur selten behandelt, genau wie ein Großteil dessen, was Eltern sonst noch wissen müssen. In den Erwachsenenbildungsprogrammen vieler Schulbezirke werden Kurse für Eltern angeboten, aber nur sehr wenige machen von dieser Möglichkeit Gebrauch.

Offensichtlich gibt es aber noch einen gewichtigeren Grund, warum sich Eltern bei der Kindeserziehung so schwertun. Vieles, was zu diesem Thema geschrieben wird, ist zugleich verwirrend und irreführend. Das gilt besonders für die Themenbereiche Disziplin, Kontrolle und Autorität. Man warnt Eltern heutzutage davor, streng zu sein, Autorität auszuüben, und drängt sie zugleich, standfest zu sein und deutliche Grenzen zu setzen. Experten versichern auf überzeugende Weise, daß sich Kinder elterliche Autorität und eine Begrenzung ihrer Freiheiten wünschen, aber dann vollziehen diese Autoren eine Kehrtwende und prophezeien Eltern, daß ihre Sprößlinge gegen diese Autorität rebellieren werden. Buchautoren schreiben über die Werte der Demokratie in der Familie, verlangen aber zwischen denselben Buchdeckeln, Eltern dürften es nicht zulassen, daß ihre Kinder sich ihrer Autorität widersetzen. Man rät Eltern, nicht streng und nicht mild zu sein, nicht nachgiebig und nicht autoritär. Man beschuldigt sie, ihren Kindern zuviel Freiheit zu lassen, belehrt sie gleichzeitig aber auch, daß Kinder unabhängig werden müssen. Eltern erfahren, daß sie ihre Kinder bestrafen sollen, und dennoch erzählt man ihnen im selben Atemzug, daß disziplinarische Maßnahmen die Entwicklung der Selbstdisziplin blockieren. Ist es da ein Wunder, daß Eltern verwirrt oder skeptisch sind, wenn sie nach praktischen Antworten auf ihre Fragen suchen?

Wir, die wir an vorderster Front arbeiten – und die zahllosen psychisch gestörten Kinder sehen, uns in Schulen um sie kümmern, sie zu beraten und zu führen versuchen und nach Wegen der Rehabilitation für jene suchen, die mit ihrem Leben nicht zurechtkommen oder Gesetze gebrochen haben –, teilen die tiefe Überzeugung, daß wir nicht allen diesen Kindern helfen können. Nie werden wir einen wirklichen Sieg erringen, was das höherrangige Problem der geistigen Gesundheit in unserer Gesellschaft betrifft, bis nicht eine signifikante Änderung in der Art und Weise eingetreten ist, wie Eltern ihre Kinder erziehen. Professionelle Anstrengungen konzentrieren sich primär auf die Behandlung von Kindern, d*ie bereits psychische Probleme haben*. Wenn sich daran nichts ändert, werden die betroffenen Fachleute weiter auf verlorenem Posten kämpfen.

Wir brauchen dringend eine neue Methode, die Eltern hilft, mit dem Dilemma von Disziplin und Autorität umzugehen, und eine praktische Vorgehensweise, die sie in dieser neuen Methode der Kindeserziehung ausbildet. Ich werde an dieser Stelle ein Projekt beschreiben, bei dem ich zunächst die Anstrengung unternommen habe, eine neue *Theorie effektiver Elternschaft* zu entwickeln und dann ein spezifisches Programm, das auf dieser Theorie beruht – *ein Programm für Effektives Elterntraining*[2].

Bei der Entwicklung meiner Theorie habe ich speziell an das Eltern-Kind-Verhältnis gedacht. Aber es handelt sich eigentlich um eine allgemeine Theorie, die für alle gesunden zwischenmenschlichen Beziehungen Gültigkeit hat. Ich bin mir ziemlich sicher, daß die Charakteristika einer gesunden oder »therapeutischen« Beziehung zwischen Eltern und Kind mit der zwischen Mann und Frau, Chef und Untergebenem, Lehrer und Schüler, innerhalb von Gruppen und zwischen einzelnen Ländern identisch sind.

Diese allgemeine Theorie zieht drei Aspekte zwischenmenschlicher Beziehungen in Betracht, die in anderen Theorien vernachlässigt wurden: 1. Die Existenz einer *unterschiedlichen Machtfülle* zwischen Menschen. 2. *Die Unvermeidbarkeit von Konflikten* in allen Beziehungen. 3. Die Methoden, die bei zwischenmenschlichen Beziehungen zur *Konfliktlösung* dienen können. Meiner Ansicht nach sind die Themenbereiche »Macht«, »Konflikt« und »Konfliktlösung« in früheren Theorien über zwischenmenschliche Beziehungen nicht adäquat berücksichtigt worden, was ein ernsthaftes Defizit ist, wenn man an die extreme Bedeutung dieser Faktoren im Hinblick auf gesunde persönliche Beziehungen blickt.

Das spezielle Programm, das ich entwickelt habe, um das Eltern-Kind-Verhältnis zu verändern, konzentriert sich im Gegensatz zu den meisten »Eltern-Erziehungsprogrammen«, die sich am Kind orientieren, in erster Linie auf eine Verhaltensänderung bei denen, die über die Macht verfügen – die Eltern. Nach jahrelanger Arbeit als professioneller »Helfer«, der sich mit Beziehungen beschäftigen mußte, in denen Machtunterschiede bestanden – wie zwischen Chef und Untergebenen, Lehrer und Schüler sowie den Verhältnissen in Familien –, bin ich zu der Überzeugung gelangt, daß *signifikante* Veränderungen in solchen Beziehungen nur möglich sind, wenn man sich auf den Menschen konzentriert, der über die größte Machtfülle verfügt. Der Inhaber der Machtposition muß ausgebildet werden, so daß er den Prozeß einleiten kann, die Beziehung zu verbessern. Folglich konzentriert sich unser Programm zur Veränderung der Eltern-Kind-Beziehung in erster Linie auf eine Verhaltensänderung bei den *Eltern.* Deshalb heißt es »Parent Effectiveness Training« – Effektives Elterntraining.

Charakteristika des Effektiven Elterntrainings

Das Effektive Elterntraining ist ein Kurs oder Workshop-Kurs, der entwickelt wurde, um einen Wandel in der *Einstellung* von Eltern zu fördern, die zugleich auch mit spezifischen *Techniken* und *Methoden* bekannt gemacht werden, damit sie ihre Absichten in die Tat umsetzen können. Es gibt keine Vorbedingungen, was die jeweilige Ausbildung betrifft, auch keine Noten oder Prüfungen. Der komplette Kurs dauert 24 Stunden und beinhaltet Vorträge, Demonstrationen, Tonbandvorträge, Rollenspiele, Brainstorming und allgemeine Diskussionen innerhalb der Gruppe. Jeder Teilnehmer erhält ein Buch mit ergänzenden Texten, leicht erlernbaren Materialien zur praktischen Umsetzung bestimmter Techniken, diagnostischen Verzeichnissen und Hausaufgaben, die die Umsetzung der erlernten Methoden verlangen. Die Eltern entrichten eine Gebühr für die Kursteilnahme.

In der Regel treffen sich die Kursteilnehmer acht Wochen lang einmal wöchentlich abends, wobei jede Zusammenkunft drei Stunden dauert. Es werden höchstens 25 Eltern zugelassen. Im Durchschnitt besteht eine Klasse zu 75 Prozent aus Ehepaaren und zu 25 Prozent aus Alleinerziehenden. Weniger als ein halbes Prozent der Teilnehmer bricht den Kurs vorzeitig ab.

Die Kurse werden in verschiedenen Städten auf unterschiedliche Weise organisiert:

1. Eltern können eine kleine Gruppe von 15 Nachbarn oder Freunden um sich versammeln und einen Kursleiter einladen, der eine dreistündige Probeveranstaltung abhält, nach der man sich gegebenenfalls für den gesamten Kurs anmelden kann. Wenn 20 bis 25 Anmeldungen zusammenkommen, wird in dieser Gemeinde ein Familientrainingskurs organisiert.

2. Kirchengemeinden, Kindergärten, Eltern-Schüler-Verbände oder andere Organisationen können eine Gruppe aus nicht weniger als 15 Teilnehmern bilden und einen Lehrer verpflichten, den kompletten Kurs abzuhalten.

3. In Städten, wo die Familientrainingskurse bereits etabliert sind, werden während des ganzen Jahres regelmäßig Veranstaltungen abgehalten. Die Termine werden in der örtlichen Zeitung oder in Rundschreiben angekündigt, die allen ehemaligen Teilnehmern zugeschickt werden. Die Eltern rufen einfach den örtlichen Kursleiter für Familientraining an und melden sich für den nächsten Kurs an.

4. Unternehmen, Firmen sowie Weiterbildungsstätten können einen öffentlichen Vortrag eines Kursleiters sponsern und sich dann entscheiden, ob sie eventuell einen normalen Familientrainingskurs fördern wollen.

Die Kursleiter unserer Kurse werden hauptsächlich aus zwei Quellen rekrutiert:

1. Zunächst gibt es Eltern, die selbst an dem Kurs teilgenommen haben und ihrem Wunsch Ausdruck verleihen, andere zu unterrichten. Meistens handelt es sich um Mütter, die in

ihren Familien ein hohes Maß an Eignung für die Anwendung der neuen Methoden bewiesen haben und zugleich über Lehrerfahrung verfügen oder Führungspositionen in Organisationen innehatten. Sie nehmen an einem Ausbildungsprogramm teil, das aus öffentlichen Vorträgen, der Diskussion der Kursinhalte, Unterweisungen zum Rollenspiel, Techniken zur Gruppenführung, praktischem Unterricht und gemeinsamer Arbeit mit einem erfahrenen Kursleiter für Effektives Elterntraining besteht.

2. Berufstätige verwandter Professionen verspüren den Wunsch, Kurslehrer zu werden oder in ihrer Stadt Kurse zu starten. Gegenwärtig besteht unsere Gruppe von Lehrern aus mindestens einem Klinischen Psychologen, einem Sozialarbeiter mit psychiatrischer Ausbildung, einem Pfarrer, einem Eheberater, einer Kindergartenlehrerin, einem Schulberater, einem Schuldirektor, einem Rehabilitationsberater und einem Schulpsychologen. Bevor sie Kurse abhalten, haben sie selbst welche absolviert. Danach unterrichten sie gewöhnlich ein oder zwei Klassen in Zusammenarbeit mit einem erfahrenen Lehrer, bevor sie selbständig zu arbeiten beginnen.

Seit ich vor sieben Jahren selbst die erste Klasse in Pasadena unterrichtete, wird der Ausbildungskurs in 125 Gemeinden in ganz Kalifornien gelehrt. Wir haben 250 Lehrer ausgebildet, über 10 000 Eltern haben an unserem Kurs teilgenommen. Gemessen an der Zahl der die Kurse absolvierenden Eltern, hat die Teilnahme an unseren Veranstaltungen jedes Jahr um 125 Prozent zugenommen.

Viele Schulbezirke haben sich verpflichtet, unsere Kurse zu übernehmen, damit Verwaltungsangestellte, Berater und Lehrer daran teilnehmen können. Man hat erkannt, daß unsere Theorie und unsere Methoden sich auf das Lehrer-Schüler-Verhältnis ebenso anwenden lassen wie auf das Berater-Schüler-Verhältnis.

Kürzlich wurde unser Programm in ein Forschungsprojekt aufgenommen, das vom Erziehungsministerium finanziert wird. Bei diesem Projekt wurden zwei Schulen als Demonstrationsobjekte ausgewählt, um den Prozeß und die Ergebnisse einer neuen pädagogischen Theorie aufzuzeigen, die sich »Self Enhancing Education« – Erziehung zur Selbstverwirklichung – nennt. Die Eltern der Schüler konnten in diesen beiden für Forschungszwecke ausgewählten Schulen an Familientrainingskursen teilnehmen, so daß sie mehr über die sich »automatisch verbessernden« Kommunikationsmethoden lernen konnten, die auch zur Konfliktlösung zu Hause beitragen. Auf diesem Wege sollten die Eltern die Anstrengungen der Lehrer in der Schule unterstützen.

Die bisherige und die für die Zukunft prognostizierte Wachstumsrate des Familientrainingsprogramms beweist, daß der Kurs nicht nur die Bedürfnisse von Eltern, sondern auch von anderen Erwachsenen befriedigt, die beruflich mit Kindern arbeiten.

Das Effektive Elterntraining kann man als neues und kostengünstiges Präventiv-Modell ansehen, das der Jugendkriminalität vorbeugt und die psychische Gesundheit in unserer Gesellschaft fördert:

1. Der Kurs kann in einer beliebigen Anzahl von Städten abgehalten werden.
2. Es können Lehrer herangezogen werden, die nicht über eine spezielle berufliche Ausbildung verfügen. Folglich sind wir nicht davon abhängig, daß speziell ausgebildete Fachkräfte zur Verfügung stehen.
3. Der Kurs ist mit relativ geringen Kosten verbunden.
4. Es handelt sich eher um eine pädagogische als um eine »therapeutische« oder Behandlungsmethode, die dazu beitragen soll, die Beziehung zwischen Erwachsenen und Kindern zu verändern.
5. Unser Kurs richtet sich an Eltern, bevor ernsthafte Probleme

mit ihren Kindern auftreten – folglich handelt es sich um eine wirklich präventive Methode.

6. Es wird in Klassen unterrichtet, aber die Kursteilnehmer erhalten auch Materialien, anhand derer sie sich zu Hause selbständig weiterbilden können.

7. Methodisch orientieren wir uns eher an der Gruppe als am Individuum. Wir verlassen uns daher auf die Fähigkeiten der Gruppe, Einstellungs- und Verhaltensänderungen zu fördern.

8. Unser Programm fasziniert viele Väter und Mütter.

9. Wir konzentrieren uns eher auf die Weiterbildung der Eltern als auf die »Behandlung des Kindes«. Das Programm ist deshalb elternzentriert, nicht kindzentriert.

10. Unser Kurs orientiert sich eher an Methoden, weniger an Lösungen. Wir lehren die Eltern Methoden, die bei allen Problemen und Kindern jeglichen Alters anwendbar sind.

11. Die Ideen und Methoden werden sprachlich bewußt so präsentiert, daß alle Eltern sie unabhängig von ihrem Bildungsniveau ohne Schwierigkeiten verstehen können.

Die Theorie gesunder zwischenmenschlicher Beziehungen

In dieser Theorie wird eine Reihe von Prinzipien und eine Liste von Anforderungen formuliert, die sich nur an einen Beteiligten einer Beziehung richten. Tatsächlich gelten sie für beide Partner, aber da die Verantwortung für die Einleitung einer Veränderung primär bei demjenigen liegt, der über größere Macht verfügt, konzentrieren wir uns auf die Anforderungen an diesen.

1. Den anderen akzeptieren

Ich muß intensiv spüren, daß ich den anderen annehme. Je besser ich sein Verhalten akzeptieren kann, desto günstiger ist das

für seine charakterliche Entwicklung und psychische Gesund-
heit, weil die Akzeptanz durch mich eine starke, therapeutisch
wirksame Kraft ist.

Wenn ich wirklich fühle, daß ich das Verhalten eines anderen Menschen annehme, verfüge ich über ein Mittel, das überraschende psychologische Veränderungen herbeiführen kann.
Ich kann dahingehend Einfluß ausüben, daß der andere lernt,
sich selbst zu mögen, zu akzeptieren, und ein Gefühl für seinen
eigenen Wert entwickelt. Ich kann ihm in hohem Maße helfen,
seine Entwicklung und die Anlagen zu fördern, die ihm von Natur aus mitgegeben worden sind. Es ist mir möglich, eine Entwicklung zu beschleunigen, die von der Abhängigkeit zur Unabhängigkeit und zur Selbstbestimmung führt. Ich kann dem
anderen helfen, die Probleme, die das Leben unweigerlich mit
sich bringt, selbständig zu lösen, ohne daß er sich auf die Hilfe
anderer verlassen muß. Ich kann ihm die Kraft verleihen, konstruktiv mit den unvermeidlichen Enttäuschungen und Schmerzen des Lebens umzugehen. Wenn man einen anderen annimmt,
ist das ein Zeichen von Liebe. Wenn man sich angenommen
fühlt, fühlt man sich geliebt. Die Wissenschaft der Psychologie
befindet sich noch im Anfangsstadium der Erforschung dieser
erstaunlichen Kraft der Liebe. Sie kann die gesunde geistige und
körperliche Entwicklung fördern. Liebe ist wahrscheinlich die
wirkungsvollste bekannte therapeutische Waffe, um bei psychisch oder physisch bedingten körperlichen Schäden *abzuhel-*
fen.

In *was für einem Maße* ich das Verhalten des anderen annehmen muß, ist von der Forschung noch nicht exakt bestimmt
worden. Sicher ist aber, daß ich nicht alle seine Verhaltensweisen hinnehmen muß oder kann. Ich kann einen anderen niemals
»bedingungslos« akzeptieren, was durch die folgenden Schau-
bilder veranschaulicht wird:

Die Verhaltensweisen des anderen	Akzeptables Verhalten
	Inakzeptables Verhalten

Da das Rechteck alle Verhaltensweisen des anderen repräsentiert, folgt daraus, daß ich einige seiner Verhaltensweisen unschwer akzeptieren kann, einige andere nicht. Dies ist bei allen zwischenmenschlichen Beziehungen eine unausweichliche Tatsache.

Genau da, wo die Trennungslinie verläuft, haben wir es in einer Eltern-Kind-Beziehung mit einem Verhalten des Elternteils, des Kindes oder einer situationsspezifischen Bedingung zu tun. Einigen Eltern fällt die Akzeptanz leichter als anderen, und das gilt nicht nur für die Verhaltensweisen eines Kindes, sondern gewöhnlich auch für die anderer Menschen. Die Annahme einiger Kinder ist aufgrund ihrer eigenen Charaktereigenschaften schlichtweg einfacher als die anderer. In bestimmten Situationen kann ein Elternteil die Verhaltensweisen eines Kindes eher annehmen als in anderen Situationen, obwohl es sich identisch verhält.

Ein Beispiel: Wenn Großeltern oder Freunde zu Besuch kommen, kann ein zuvor annehmbares Verhalten für die Eltern zu einem inakzeptablen Benehmen werden, weil sie den Eindruck vermitteln wollen, daß sie gute Eltern sind.

Die Trennungslinie zwischen annehmbarem und inakzeptablem Verhalten bewegt sich also ständig von unten nach oben oder umgekehrt, was von den Eltern, dem Kind und der jeweiligen Situation abhängt.

Eine Eltern-Kind-Beziehung gleicht folglich einem permanent sich verändernden, dynamischen Prozeß, der davon abhängt, ob Eltern bestimmte Verhaltensweisen eines Kindes akzeptieren bzw. einen wie großen Teil seines Benehmens sie annehmen können.

Der Sinn des folgenden Schaubildes hat einige signifikante Auswirkungen auf die Eltern in unserem Trainingsprogramm:

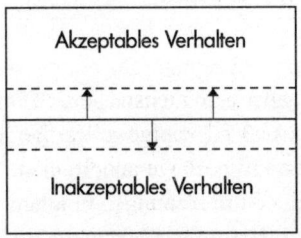

1. Es befreit sie von einem großen Teil ihrer Schuldgefühle, die entstanden sind, weil sie das Verhalten ihres Kindes nicht immer annehmen konnten, und gesteht ihnen zu, daß sie gelegentlich solche Gefühle hegen dürfen.

2. Es erlöst sie von einem Großteil ihrer Schuldgefühle, die sie hatten, weil sie aufgrund seiner Charaktereigenschaften ein Kind mehr als ein anderes annehmen.

3. Es hilft ihnen, die Tatsache zu verstehen und zu akzeptieren, daß der Grad der Annahme eines Kindes zwischen Vater und Mutter differieren kann.

4. Es hilft ihnen zu verstehen, daß der Grad der Annahme einzig und allein von ihrer eigenen Persönlichkeit abhängt oder davon, wie sie in einem bestimmten Augenblick empfinden.

5. Es widerlegt die Annahme, daß Eltern »konsequent« sein müssen, und gesteht ihnen das Recht zu, zu verschiedenen Zeiten unterschiedliche Grade der Akzeptanz zu empfinden.

6. Es hilft Eltern, sich auf sensiblere Weise der Tatsache bewußt zu werden, was sie zu einem bestimmtem Zeitpunkt gegenüber einem Kind empfinden – sei es Akzeptanz – oder Nicht-Akzeptanz.

2. Wie man dem anderen das Gefühl, akzeptiert zu werden, demonstriert

Es ist eine Sache, den anderen zu akzeptieren, aber eine ande-re, ihn dies auch wahrnehmen zu lassen: Ich muß ihm meine Ge-fühle auf klare und effektive Weise demonstrieren oder vermit-teln.

Wir neigen dazu, Akzeptanz für ein passives Phänomen zu halten: für einen geistigen Zustand, eine Einstellung, ein Ge-fühl. Aber wenn sie ein wirkungsvolles therapeutisches Mittel sein soll, um andere zu beeinflussen, muß sie auf aktive Weise vermittelt oder demonstriert werden. Folglich muß man perma-nent versuchen, effektivere Methoden zu finden, seine Akzep-tanzbereitschaft deutlich zu machen. In der Regel wird dies durch Gespräche geschehen, wenngleich Menschen auch auf nonverbale Weise kommunizieren.

Gespräche können therapeutisch wirkungsvoll sein und po-sitive Veränderungen herbeiführen, aber auch negative und de-struktive Auswirkungen haben. Irgendwie muß ich lernen, auf Bewertungen, Richtersprüche, Warnungen, Drohungen, Flehen, Begründungen, Erklärungen, Diagnosen und Versicherungen zu verzichten. Alle diese häufig angewandten Botschaften sind mit einem hohen Risiko verbunden, dem Kind zu vermitteln, daß ich es nicht so akzeptiere, wie es ist, und mir sehr wünsche, daß es anders wäre.

Die patientenzentrierte Methode von Psychotherapeuten – das einfühlsame, nicht-bewertende aktive Zuhören – war für mich eine der durchweg effektivsten Strategien, dem anderen meine Akzeptanz zu vermitteln. Die wissenschaftliche For-schung und klinische Erfahrungen haben die starken »therapeu-tischen« Auswirkungen dieser Methode des Zuhörens belegt. Trotzdem ist sie nicht leicht zu erlernen. Sie birgt eigene Risi-ken: Ich könnte mich selbst verändern durch das, was ich höre. Folglich muß ich ein bestimmtes Maß an Mut und Selbstsicherheit entwickeln, um diese Kommunikationsmethode anwenden zu können, da ich die Tatsache in Betracht ziehen muß, daß die Erzählungen des Kindes meine eigenen Einstellungen und Überzeugungen verändern könnten.

Das Aktive Zuhören ist allerdings nicht die einzige Variante des therapeutischen Gesprächs. Auch andere Kommunikationsformen können Akzeptanz demonstrieren: Man kann durch Gefühle ausdrücken, daß der andere einem etwas bedeutet, seine eigenen Erfahrungen zu geeigneter Zeit mit ihm teilen, ihn berühren, die Beziehung gedanklich begleiten, während man aktiv an ihr beteiligt ist, oder auf andere Art und Weise mitteilen, daß man »sich selbst gibt«. Auch hier ist Mut erforderlich, weil man sich den Risiken von möglicher Zurückweisung, Kritik oder Tadel aussetzt.

In den Familientrainingskursen wird den Eltern anhand verschiedener grundlegender Lehrmethoden beigebracht, wie man dem anderen Akzeptanz vermittelt. Im praktischen Unterricht wird ihnen demonstriert, wie sie in typischer Weise auf die Mitteilungen oder die Verhaltensweisen ihrer Kinder reagieren. Wir konfrontieren die Eltern mit drei Situationen, in denen ein Kind eine feste Überzeugung, ein persönliches Problem und ein extrem negatives Gefühl ausdrückt. So provozieren wir die Antworten der Eltern, die unweigerlich alle folgenden Verhaltensweisen beinhalten:

1. Befehlen, kommandieren: »Du mußt ...«
2. Ermahnen: »Du solltest ...«
3. Warnen, drohen: »Du solltest besser ...«
4. Beraten, Vorschläge machen: »Du könntest ...«
5. Unterweisen, belehren: »Du solltest doch wissen ...«
6. Kritisieren, widersprechen: »Du hast nicht recht ...«
7. Loben, zustimmen: »Du hast recht ...«
8. Beschimpfen, lächerlich machen: »Du benimmst dich wie ein Baby ...«

9. Interpretieren, analysieren: »Du verhältst dich so, weil ...«
10. Beruhigen, trösten: »Es wird schon alles wieder gut ...«
11. Forschen, fragen: »Wer? Wann? Wie? Warum?«

Anschließend wird den Eltern demonstriert, warum diese typischen Reaktionsformen oft das Gefühl, nicht akzeptiert zu werden, vermitteln, wie sie ihren Wunsch mitteilen können, die Verhaltensweisen des Kindes zu ändern, auf welche Weise sie die Bedürfnisse des Kindes häufig nicht respektieren, und wie sie möglicherweise eine künftige Kommunikation blockieren könnten. Die meisten Eltern haben noch nie über »verschiedene Kategorien des Sprechens« nachgedacht, und folglich ist diese Übung für sie sehr bedeutsam. Viele berichten danach, daß sie sich jetzt ihrer eigenen Sprachmuster stärker bewußt und erstaunt seien, wie oft sie sich einer therapeutisch wenig positiven Sprache bedienen würden.

Dann werden die Eltern in Methoden eingeführt, wie man auf Kinder reagiert, die ihrerseits ein wahres Gefühl der Akzeptanz vermitteln. Die effektivste ist jene, die klientenzentriert arbeitende Therapeuten »Widerspiegelung der Gefühle« nennen und die innerhalb des Familientrainingsprogramms einfach aktives Zuhören genannt wird.

Obwohl Carl Rogers' Schriften und Haim Ginotts Bücher für Eltern, in denen die Technik der »Widerspiegelung der Gefühle« klar verdeutlicht wird, Erziehenden weithin vertraut sind, empfanden fast alle an den Kursen teilnehmenden Eltern das Aktive Zuhören als eine neue Methode, auf sprachliche Botschaften von Kindern zu reagieren. Obwohl einige die mit der Akzeptanz verbundene Konzeption verstanden hatten, war nur wenigen jemals der Gedanke gekommen, diese Einstellung durch eine spezifische Reaktion auf die verbalen Äußerungen ihrer Kinder zu übertragen. Deshalb kommt es für die Eltern einer Offenbarung gleich, daß sie eine spezielle Technik erlernen, durch die sie ihre Akzeptanz deutlich machen können.

Noch mehr Eltern sind von der Effektivität der Methode des Aktiven Zuhörens überzeugt, wenn man ihnen demonstriert, wie sie als »Feedback-Mechanismus« funktioniert, durch den man die Richtigkeit des Verständnisses überprüfen kann.

Viele Eltern haben eine erstaunliche Geschicklichkeit bei der Anwendung der Technik des aktiven Zuhörens entwickelt, wenn der 24stündige Kurs beendet ist. Einige hatten zu Hause sofort Erfolgserlebnisse, wieder andere berichteten, daß das Vorgehen bei einem Kind erfolgreich war, bei einem anderen dagegen nicht. Viele mußten zunächst enttäuschende Erfahrungen machen. Diese letzte Gruppe besteht aus Eltern, deren Akzeptanzbereitschaft noch niedrig ist oder deren Kinder bereits die Kommunikation mit ihnen abgebrochen haben. Einige Eltern zögern anfangs, die Methode des Aktiven Zuhörens einzusetzen, erleben es aber bewußt, wenn sie »Kommunikationssperren« einsetzen. Sie berichten von einer auffälligen Abnahme solcher gestörter Kommunikationsvorgänge.

Viele Eltern erzählen auch, daß sich als Resultat der Ausbildung in der Technik des Aktiven Zuhörens die Kommunikation zwischen den Ehepartnern verbessert habe. Männer berichten, daß sich die Methode auch erfolgreich in ihrer Beziehung zu Untergebenen einsetzen läßt. Das aktive Zuhören gehört ganz offensichtlich zu den nützlichsten Techniken, die Eltern in unserem Kurs erlernen.

3. Der Versuch, einen größeren Teil der Verhaltensweisen des anderen zu akzeptieren

Ich muß den wirklichen Wunsch verspüren, einen Versuch zu unternehmen, den Bereich auszudehnen, in dem ich jemandem mit Akzeptanz begegne, und damit Bedingungen schaffen, wo die Verhaltensweisen des anderen für mich immer weniger inakzeptabel sind. Oder – andersherum – ich muß mein »therapeuti-

sches Potential« vergrößern, indem ich mehr Akzeptanzbereit-
schaft entgegenbringe oder öfter Akzeptanz empfinde.

In den Familientrainingskursen werden Eltern drei grundsätzliche Methoden beigebracht, wie sie dieses Ziel erreichen
können: Sie können sich selbst, die Umwelt oder das Verhalten
des Kindes ändern. Die Diskussionen konzentrieren sich auf
das Problem, wie Eltern ihre eigene Einstellung ändern können,
indem sie ihr Verständnis für Kinder im allgemeinen und besonders für ihre eigenen vergrößern. Wir empfehlen Bücher
über Kinder, und die Eltern werden ermutigt, sich zu erinnern,
wie sie sich in ihrer Kindheit verhalten haben. Es finden Diskussionen über Werte, Moral und Normen statt. Besonders wird
auf den Zusammenhang zwischen der Annahme der eigenen
Persönlichkeit und der der anderen hingewiesen. Den Eltern
wird verdeutlicht, wie wichtig die aus eigenen Errungenschaf-
ten und persönlicher Erfüllung resultierende Selbstannahme ist
– nämlich wichtiger als die, die auf den Erfolgen ihrer Kinder
beruht.

Der Familientrainingskurs scheint Eltern auf verschiedene
Weisen zu beeinflussen, ihre Kinder besser anzunehmen:

1. Eltern, die weniger dazu in der Lage sind, ihre Kinder anzunehmen, lernen von anderen Erziehenden, die dies bereits
   besser können, während »gewöhnliche« Probleme innerhalb
   des Kurses diskutiert werden.
2. Erziehende gewinnen Einsicht in ihre eigene Persönlichkeit,
   indem sie die Lehrinhalte des Kurses mit der Beziehung zu
   ihren Eltern vergleichen.
3. Eltern lernen, ihre eigenen Neigungen, Vorurteile und Vorstellungen von unrealistischen Normen besser zu verstehen.
4. Die Erziehenden beginnen zu begreifen, in welchem Ausmaß ihre Nicht-Akzeptanz Resultat ihres eigenen Bedürfnisses ist, vor Freunden und Verwandten als gute Eltern zu erscheinen.

5. Allmählich verstehen die Eltern, bis zu einem welchen Grad ihre Nicht-Akzeptanz mit einem Mangel an Selbstannahme oder Erfüllung in ihrem eigenen Leben zusammenhängt.

6. Einige Eltern beginnen zu realisieren, daß ihre Nicht-Akzeptanz ihrer Kinder damit zusammenhängt, daß sie sich zu sehr darauf verlassen, durch diese ein Gefühl der Befriedigung zu erfahren, das ihnen in ihrer Beziehung zu ihrem Ehepartner nicht in ausreichendem Maße zuteil wird.

In einem der Kurse wird den Eltern außerdem beigebracht, wie häufig sie »die Umwelt ändern« können, um das Auftauchen von Verhaltensweisen zu verhindern, die für die Erziehenden nicht annehmbar sein könnten. Hier einige Beispiele unserer Ideen:

1. Ersetzen Sie ein Objekt, mit dem das Kind spielt und das für ein Elternteil nicht annehmbar ist, durch ein anderes.

2. Informieren Sie das Kind im voraus, wenn Veränderungen bevorstehen (z. B. ein neuer Babysitter, eine Reise, ein Umzug in ein neues Haus, andere Ernährungsgewohnheiten etc.).

3. Machen Sie Ihr Haus kindersicher.

4. Wählen Sie eine Ecke Ihres Hauses, wo das Kind »herumschmieren« und malen kann.

5. Nehmen Sie Spielsachen für das Kind mit, wenn Sie Freunde besuchen oder einen Ausflug machen.

In diesem Kurs werden Eltern zudem darüber unterrichtet, wie *man ein Kind beeinflußt, damit es selbst sein Verhalten ändert,* das für die Erziehenden nicht annehmbar ist. Vorschläge hierzu sind:

1. Bitten Sie Ihr Kind, sein Verhalten zu ändern, und nennen Sie ihm einen Grund für Ihre Bitte.

2. Informieren Sie es über die Konsequenzen seiner Taten.
3. Demonstrieren Sie das neue Verhalten an einem Beispiel.
4. Konfrontieren Sie das Kind mit den Gefühlen seiner Eltern
   – direkt, aufrichtig und unzweideutig.

Diese letzte Idee verdient weitere Beachtung, weil wir bei unseren Kursteilnehmern auf ein fast allumfassendes Zögern gestoßen sind, aufrichtig und offen mit ihren Kindern über ihre persönlichen Gefühle zu sprechen. Somit kommen wir zu den Prinzipien vier und fünf.

4. Wie man sich Nicht-Akzeptanz bewußt macht

Ich muß lernen, die Existenz der Gefühle, die Nichtakzeptanz ausdrücken, zu erkennen, und mir eingestehen, daß es sie gibt, wann immer sie in der Beziehung zu einem anderen auftauchen.

Wenn das Kind darauf besteht, sich auf eine Weise zu benehmen, die mich nervt oder mich daran hindert, eigene Bedürfnisse wahrzunehmen, muß ich nicht vorgeben, sein Verhalten zu akzeptieren, wenn dies in Wahrheit nicht so ist. Ich muß mich nicht zu einer »falschen Nachsichtigkeit« zwingen. Kinder sind bemerkenswert sensibel, nichtsprachliche Hinweise aufzuschnappen – sie gleichen empfindlichen Radarschirmen, wenn es darum geht, unwahre Botschaften zu registrieren. Folglich versuchen wir, den Eltern zu zeigen, daß sie ständig Wege finden müssen, ihre eigenen Gefühle besser kennenzulernen und diese zu akzeptieren. Die Diskussionen konzentrieren sich thematisch auf jene gesellschaftlichen Einflüsse, die Menschen hindern, ihre eigenen Gefühle – negative wie positive – besser zu begreifen. Wir stellen den Eltern Carl Rogers' Konzeption der »Kongruenz« und Jourards Idee des »Transparenten Ichs« vor. Zusätzlich wird den Erziehenden durch Rollenspiele und Hausaufgaben verdeutlicht, wie sie ihre Sensibilität für Zeiten schärfen können, in denen sie bei ihren verschiedenen Begegnungen mit Kindern nicht im Einklang mit ihren Gefühlen handeln.

Viele Eltern sind sehr erleichtert, daß es ihnen »gestattet« ist, negative Gefühle gegenüber ihren Kindern zu empfinden. Ein Großteil der pädagogischen Literatur, die Eltern lesen, spricht entweder nicht von der Unvermeidbarkeit dieser negativen Gefühle oder ermahnt die Eltern, solche Gefühle nicht zu empfinden. In Büchern und populären Magazinen dominiert eine übertrieben optimistische Philosophie elterlichen Verhaltens.

5. Wie man Gefühle der Nicht-Annahme vermittelt

Ich muß auch lernen, mich konsequent oder aufrichtig zu verhalten, und den Mut aufbringen, meine Gefühle wirklich transparent zu machen. Meine Kommunikation mit anderen muß meinem seelischen Zustand entsprechen.

Aber warum sollte ich meinem Kind meine Gefühle vermitteln? Wo liegt der Sinn des Ganzen? Wenn ich mir der Tatsache bewußt werde, daß ich Gefühle der Nicht-Annahme gegenüber meinem Kind empfinde, sollte ich zuerst versuchen, diese Emotionen in Gefühle der Annahme zu verwandeln. Ich weiß ja, daß Gefühle der Nicht-Annahme auf das Kind eine nachteilige Wirkung haben und für mich selbst unangenehm sind. Auch ich kann versuchen, mich selbst zu verändern, und mich beispielsweise daran erinnern, daß ich mich als Kind ähnlich verhalten habe. Die Erinnerung erleichtert es mir dann, das Verhalten meines eigenen Kindes anzunehmen.

Ich kann mich auch bemühen, die Umwelt des Kindes zu verändern, so daß sein unannehmbares Verhalten verschwindet. Wenn aber keine dieser Methoden funktioniert und ich immer noch Gefühle der Nicht-Annahme empfinde, muß ich den Willen aufbringen, dem Kind offen gegenüberzutreten, und ihm aufrichtig und direkt vermitteln, wie ich sein Benehmen einschätze. Jetzt weiß das Kind, daß mich seine Verhaltensweise stört, und vielleicht ändert es sein inakzeptables Benehmen. Wenn das der Fall sein sollte, ist alles in Ordnung, weil ich jetzt wieder Gefühle der Annahme entwickeln kann.

Die Eltern, die an unseren Kursen teilnehmen, sind fast alle ängstlich oder zögerlich, stark negative (und oft auch extrem positive) Gefühle gegenüber ihren Kindern auszudrücken. Sie sind geschockt, wenn unsere Kursleiter sie auffordern, ihren Gefühlen mit angemessenen Worten und authentisch Ausdruck zu verleihen: »Ich bin sehr wütend Bobby, weil du deinem kleinen Bruder weh getan hast«, oder: »Ich bin mir wie ein Idiot vorgekommen, als ich den Mülleimer rausbringen mußte, den du heute morgen nicht ausgeleert hast.«

So viele Eltern, die an unseren Kursen teilnehmen, haben Angst oder »reißen sich am Riemen«, wenn sie an Rollenspielen teilnehmen, in denen verschiedene Szenen zwischen Eltern und Kind nachgestellt werden. Sie haben Angst, die Gefühle des Kindes zu verletzen, oder machen sich Sorgen, das Kind zu verängstigen oder seinem Ego zu schaden. Manche machen sich auch Gedanken darüber, ob das Kind den »Respekt« vor einem Elternteil verliert, der wütend wird und somit seine eigene Menschlichkeit offenbart.

6. Wie man Gefühle der Nicht-Akzeptanz vermittelt, ohne zu bewerten

Wenn ich feststelle, daß die Offenbarung meiner wahren Gefühle, je nachdem, wie ich sie ausdrücke, für einen anderen verwirrend ist, muß ich bestimmte Formen der Kommunikation erlernen, die weniger bedrohlich sind.

Kommunikationsformen, die mit Bewertung, Tadel oder Urteilen verbunden sind, wirken in der Regel bedrohlich (»Du benimmst dich sehr kindisch«, oder »Du bist ein böses Mädchen«). Trotzdem ist es weit weniger bedrohlich, wenn ich nur meine Gefühle vermittle, und zwar auf eine Weise, die klarstellt, daß es *meine* Gefühle sind. Sie sind Bestandteil meiner Persönlichkeit, während das Kind nur für das Aufkommen dieser Gefühle verantwortlich ist. Eine defensive Haltung läßt sich mit größerer Wahrscheinlichkeit durch Ich-Botschaften vermeiden: »Es ist mir unangenehm, wenn du dich so benimmst«, oder »Ich bin jetzt zu müde, um mit dir zu spielen«. Ich muß deshalb lernen, auf Du-Botschaften zu verzichten und nur die Gefühle zu vermitteln, die ich empfinde.

Doch auch wenn ich eine Ich-Botschaft sende, wird das Kind nur selten hören wollen, daß ich genervt, müde, wütend oder gekränkt bin. Niemand sieht gern ein, daß sein Verhalten dafür verantwortlich ist, daß ein anderer sich unwohl fühlt. Und dennoch fühlt sich ein Mensch weniger angegriffen, und es ist auch wahrscheinlicher, daß er sein Verhalten ändert, wenn die Botschaft ausdrückt, wie der *andere* sich fühlt, als wenn sie mit einer Bewertung oder einem Tadel verbunden ist.

In seiner Schrift »A tentative theory of interpersonal relationships«[3] hat Carl Rogers dieses Problem überzeugend dargestellt. In unserem Familientrainingsprogramm unterscheiden wir in Anlehnung an eine Theorie von Carl Rogers zwischen Ich-Botschaften und Du-Botschaften.

Dieses einfache Schema scheint nach den Rollenspielen und den Hausaufgaben für die Eltern, die an unseren Kursen teilnehmen, von großer Bedeutung zu sein. Manche berichten, daß die Technik zu Hause sofort funktioniert hat, und erzählen den Kursteilnehmern von dramatischen Fällen, wo Kinder zum ersten Mal ansprachen, wenn ihre Eltern ihre Gefühle ausdrückten oder ihre Bedürfnisse artikulierten. Eltern, die daran gewöhnt waren, an ihren Kindern herumzunörgeln, erzählen, daß diese sofort auf Ich-Botschaften reagierten. Kurzum, die meisten Eltern in unseren Kursen sind hocherfreut, eine Methode zu entdecken, die bewirkt, daß ihre Kinder ihnen zuhören, sich ändern und die Bedürfnisse ihrer Eltern berücksichtigen.

7. Bei der Konfliktlösung auf den Einsatz von Macht verzichten

Ich muß mich verpflichten, bei der Konfliktlösung zwischen mir und dem anderen auf die Ausübung meiner Macht zu verzichten. Machtausübung, Bestrafung, Strafandrohung, einseitig festgesetzte Grenzen und Disziplinierung durch das Auslösen von Angstgefühlen – all diese Strategien haben in einer gesunden oder therapeutisch heilsamen Beziehung zwischen einzelnen Menschen oder Gruppen nichts zu suchen.

Wenn meine Bemühungen scheitern sollten, das besondere Verhalten eines Kindes anzunehmen (wenn ich immer noch ein Gefühl der Nicht-Annahme empfinde), oder wenn ich nicht in der Lage war, sein für mich inakzeptables Benehmen zu ändern, obwohl ich ihm meine Gefühle mitgeteilt habe, entsteht in unserer Beziehung ein Konflikt – ein Interessenkonflikt.

Wie sollen sich Eltern verhalten, wenn ein solcher Konflikt auftaucht? Wahrscheinlich ist es in einer gesunden Beziehung am wichtigsten, daß der Mensch, der über Macht verfügt, sich verpflichtet, auf den Einsatz dieser Macht zu verzichten. Mit Macht ist nur eine Lösung herbeizuführen, die zwar seine, nicht aber die Bedürfnisse des anderen befriedigt. Effektive Eltern müssen darauf verzichten, auf Kosten des Kindes *gewinnen* zu wollen.

Wir verfügen über genügend wissenschaftliche Forschungsergebnisse, die uns davon überzeugen, daß elterliche Autorität und Machtausübung auf das Kind und die Beziehung selbst nachteilige und destruktive Auswirkungen haben. Dennoch haben Psychologen bei ihren Versuchen fast keinen Erfolg damit gehabt, Eltern dahingehend zu beeinflussen, auf diese Art der Konfliktlösung zu verzichten. Die Kinder unserer Zeit reagieren auf diese Methode unweigerlich so, wie Kinder in der Vergangenheit reagiert haben: durch Aggressivität, Flucht oder Unterwerfung.

Machtausübung ist eine Garantie dafür, daß Feindseligkeit, Ärger und Rebellion entstehen. Dann folgen Lügen, Verdeckungsmanöver, Abhängigkeit und Unterwerfung. Dazu kommt, daß Eltern, die sich auf diese Methode verlassen, wenn ihre Kinder noch jung sind, zu ihrer Bestürzung feststellen müssen, daß sie unweigerlich ihre Macht zu verlieren beginnen, wenn die Kinder in die Pubertät kommen. Denn dann verfügen die Eltern über keine wirksamen Mittel mehr, das Verhalten der Heranwachsenden zu beeinflussen.

Dennoch wurde und wird diese Methode der Konfliktlösung in unserer Gesellschaft innerhalb der Familie am häufigsten angewandt. Während autoritäre Methoden der Konfliktbewältigung in der Beziehung zwischen Mitarbeitern und Management, Vorgesetzten und Untergebenen sowie zwischen Ehepartnern und selbst Staaten rapide an Boden verlieren, ist die Eltern-Kind-Beziehung eines der letzten Bollwerke, wo man für Machtausübung plädiert, um Konflikte beizulegen. Das Lehrer-Schüler-Verhältnis ist eine weitere Bastion, die sich standhaft diesem Wechsel widersetzt hat.

Die Idee, daß man in der Eltern-Kind-Beziehung auf Machtausübung verzichten sollte, kommt für die meisten Eltern, die unsere Kurse besuchen, einem wahren Schock gleich. Sie provoziert sofort Widerstand, weil eine der ältesten in unserer Gesellschaft vorherrschenden Glaubensvorstellungen bedroht ist. Sie besagt, daß Eltern sich gegenüber ihren Kindern autoritär verhalten *müssen*. Unser Prinzip, auf Machtausübung zu verzichten, stellt für viele Eltern eine brandneue Idee dar. Fast in jedem Fall ist es das erste Mal, daß die Erziehenden mit diesem Konzept konfrontiert werden. Selbst sogenannte »nachsichtige« Eltern glauben an Machtausübung, wenn sie sich in einer Situation befinden, wo es keine Lösungsmöglichkeit zu geben scheint.

Anfangs hat mich dieser Befund überrascht, bis ich begann, systematisch die Arbeiten von Pädagogen, Kinderärzten, Psy-

chiatern und Psychologen zu studieren, die sich mit der Kindeserziehung und der Eltern-Kind-Beziehung befaßten. Es wurde
zunehmend klar, *daß fast kein Titel innerhalb dieser umfangrei-
chen Liste von Fachliteratur sich mit den Themen Konflikte
oder Konfliktlösung auseinandersetzte.* In Büchern oder Aufsätzen wird dieser grundlegende Aspekt der Eltern-Kind-Beziehung entweder ignoriert, in verschwommener Abstraktheit oder
inkonsequent abgehandelt. Selbst Forschungsberichte über das
Eltern-Kind-Verhältnis sind nicht auf dieses grundlegende Thema eingegangen.

In den Hunderten von Studien, die in *Review of Child Development Research*[4] berücksichtigt werden, gibt es kaum einen
Hinweis auf Konflikte, Methoden der Konfliktbewältigung, Autorität oder die Machtausübung in der Eltern-Kind-Beziehung.

Daher ist es verständlich, daß die meisten Eltern, die an unseren Kursen teilnehmen, unser Prinzip für eine überraschende
Neuheit halten. Wenn man die Eltern andererseits fragt, wie sie
als Kinder auf die Machtausübung ihrer Eltern reagiert haben,
die so häusliche Konflikte bewältigen wollten, kommt unweigerlich eine Liste zustande, welche alle negativen Auswirkungen beinhaltet, die mit Kindern arbeitenden Fachleuten bekannt
sind:

1. Widerstand, Trotz, Rebellion
2. Ärger, Zorn, Feindseligkeit
3. Aggression, Hyperaktivität
4. zurückschlagen, andere zur Schnecke machen
5. lügen, Verdeckungsmanöver, Empfindungen verbergen
6. andere beschuldigen, klatschen, schwindeln
7. dominieren, herumkommandieren
8. Konkurrenzdenken, der Wunsch, gut auszusehen, ungern
   unterliegen
9. Bündnisse schließen, sich gegen andere organisieren, Ban-
   den gründen

10. Rückzug, Eskapismus, Autismus, Regression
11. Unterwerfung, Angst, Gehorsam
12. einschmeicheln, um Gunst buhlen, Zustimmung suchen
13. Konformismus, Angst, etwas Neues zu versuchen, Erfolgs-versicherung benötigen, Kreativitätsmangel
14. Schuldgefühle, ein »schlechter« oder labiler Gesamtzustand

Die Erfahrungen in unseren Kursen öffnen den Eltern die Augen – selbst denen, die am hartnäckigsten ihr »Recht« oder ihre »Verpflichtung« verteidigen, Autorität auszuüben.

Vielleicht besteht die wirkungsvollste Methode, die Betroffenen für diese neue Methode zu interessieren, darin, ihnen ein einfaches, konzeptionelles Schema zu präsentieren, das Eltern das Verständnis erleichtern kann, wie Konflikte zwischen Eltern und Kindern normalerweise behandelt werden:

Methode I: Wenn ein Interessenkonflikt auftritt, entscheidet ein Elternteil, wie der Konflikt schließlich beigelegt werden soll. Der Elternteil bestimmt die Art der Konfliktlösung, sein Vorschlag gewinnt. Wenn das Kind diesen Lösungsvorschlag nicht bereitwillig akzeptiert, was oft genug der Fall ist, versucht der Vater oder die Mutter, andere Methoden der Überredung anzuwenden, was gewöhnlich darauf hinausläuft, daß die Eltern Macht ausüben oder damit drohen. Bei dieser Methode gewinnen die Eltern, und das Kind verliert. Folglich grollt das Kind, es ist wütend auf seine Eltern.

Methode II: Wenn ein Interessenkonflikt entsteht, läßt man dem Kind seinen Willen, das dann die Lösung bestimmt. Aus verschiedenen Gründen geben die Eltern nach oder auf und gestatten es dem Kind, daß seine Bedürfnisse, oftmals auf Kosten der Eltern, befriedigt werden. Bei dieser Methode gewinnt das Kind, und der Elternteil verliert. Folglich ärgern sich Vater oder Mutter. In diesem Fall hat man es dem Kind gestattet, seine Macht über die Eltern auszuüben.

Wenn Eltern die Auseinandersetzung so betrachten, daß eine Konfliktpartei gewinnt und die andere verliert, erkennen sie die mit beiden Methoden verbundenen Nachteile. Eine der wertvollsten Einsichten, die ich bei der Zusammenarbeit mit unseren Kursteilnehmern gewonnen habe, besteht darin, daß selbst die autoritärsten Eltern innerlich mit ihrer Methode der Konfliktlösung unzufrieden sind. Sie hassen es, das Kind verlieren zu sehen oder mit der auf die Auseinandersetzung folgenden Feindseligkeit oder Verstimmung umgehen zu müssen. Trotzdem waren sie nicht in der Lage, auf Methode I zu verzichten, weil sie die einzige Alternative nicht ertragen konnten – daß das Kind gewinnt, während sie verlieren (Methode II).

Bei Anwendung von Methode II sind Eltern in der Regel gleichfalls mit dem Ergebnis unzufrieden, nämlich das Kind gewinnen zu lassen. Dennoch wäre es für sie schlimmer, zu Methode I zu wechseln. Die meisten Eltern befinden sich daher in einer Zwickmühle, weil sie ihre Methode grundsätzlich unbefriedigend und ineffektiv finden, aber keinen Ausweg sehen.

8. Nicht nachgeben, wenn der andere seine Macht einsetzt

Ich muß mich weigern, mir von einem anderen seine Lösung aufzwingen zu lassen, so daß seine Bedürfnisse befriedigt sind und meine nicht.

Für die Eltern-Kind-Beziehung ist es genauso schädlich, wenn das Kind permanent gewinnt und der Erziehende verliert. Eltern müssen nicht unwillig oder beleidigt ihre eigenen Interessen verleugnen. Situationen, die so enden, daß ich sage, »Okay, du gewinnst«, führen nur dazu, daß ich mich ausgenutzt, mißachtet, genötigt und besiegt fühle. Auf lange Sicht werde ich dem Kind grollen oder es sogar hassen – das mit Sicherheit mir gegenüber ähnliche Gefühle hegen würde, falls für gewöhnlich ich gewinne und das Kind verliert.

Wir verfügen über genug Beweise dafür, daß es nachteilige

Auswirkungen auf ein Kind hat, wenn man ihm innerhalb der Familie alles erlaubt oder es ihm gestattet, seine Eltern zu beherrschen. Das übermäßig milde behandelte und verwöhnte Kind, das praktisch zu jedem Zeitpunkt alles tun darf, was ihm gefällt, entwickelt sich normalerweise zu einem unbeherrschbaren, rücksichtslosen, selbstsüchtigen unsympathischen und emotional instabilen Menschen. Es ist oft unsicher, ob es geliebt wird, in erster Linie deshalb, weil es sich so häufig nicht liebenswert benimmt und es anderen deshalb schwerfällt, dieses Kind zu lieben. Außerdem folgt für ein solches Kind ein böses Erwachen, wenn es später in der Wirklichkeit feststellen muß, daß nicht alle Menschen so nachgiebig sind wie seine Eltern.

Ich habe den Eindruck gewonnen, daß hierin das größte Dilemma heutiger Eltern besteht. Die meisten von ihnen kennen nur die beiden Gewinner-/Verlierer-Methoden der Konfliktlösung. Diese »Entweder-Oder«-Denkweise hinsichtlich der Eltern-Kind-Beziehung dominiert in unserer Gesellschaft, und zwar bei Eltern und Menschen, die beruflich mit Kindern zu tun haben. Der Erziehende gewinnt, das Kind verliert, oder das Kind gewinnt, und der Erziehende verliert. Die Beziehung entwickelt sich zu einem Machtkampf, der stark dem zwischen verfeindeten Nationen ähnelt. Heutige Eltern und ihre in die Pubertät kommenden Kinder befinden sich im Streit – oder im Kriegszustand, wenn Sie so wollen –, weil beide Parteien nur in Begriffen wie »verlieren« und »gewinnen« denken.

Viele Eltern in unseren Kursen gehören zu denjenigen, die dem Kind häufig seinen Willen lassen. Gewöhnlich sind diese Eltern sehr intelligent, haben eine gute Ausbildung und wurden stark durch den Kindergarten beeinflußt. Einige haben sich entschlossen, sich ihren Kindern gegenüber milde und nachgiebig zu verhalten, weil sie unter der Strenge ihrer eigenen Eltern gelitten haben, die Verfechter von Methode I waren. Andere fürchten Konflikte jeglicher Art und verfolgen eine Strategie des Friedens um jeden Preis. Viele sind stark durch die nachgiebige

Methode geprägt worden, die in Dr. Spocks Büchern propagiert wird.

Man braucht die Eltern dieser Gruppe kaum davon zu überzeugen, daß ihre Methode der Konfliktbewältigung unbefriedigend ist. Die meisten empfinden die Elternrolle schon jetzt als Bürde und beklagen sich, daß sie nicht genug Kontrolle über ihre Kinder haben. Sie beschreiben sie als unkooperativ und egoistisch. Viele Eltern warten auf den Augenblick, wo ihre Kinder alt genug sind, um auszuziehen, so daß sie ihre Freiheit wiedergewinnen und das tun können, was ihnen gefällt.

Und dann gibt es da natürlich noch die Anhänger von Methode II, die jegliches Gefühl der Liebe und Zuneigung für ihre Kinder verloren zu haben scheinen, einfach weil ihre Sprößlinge sie so schlecht behandelt haben. Auf Eltern, die Methode II praktizieren, hat das Effektive Elterntraining einen starken Einfluß. In der Regel sind sie sehr erleichtert, wenn sie erfahren, daß es nicht notwendig ist, alle Interessen ihrer Kinder zu befriedigen. Sie reagieren positiv auf die These, daß ihre Interessen genauso wichtig sind wie die des Kindes. Manche bringen den Mut auf, sich offen mit ihren Kindern auseinanderzusetzen, häufig zum ersten Mal. Das Effektive Elterntraining hilft diesen Eltern zu verstehen, warum sich bei ihnen Gefühle von Unmut und Ärger entwickelt haben. Solche Eltern sind nur zu glücklich, daß es eine Alternative zu Methode II gibt, die kein autoritäres Verhalten erfordert (wie Methode I).

9. Die »niederlagelose« Methode der Konfliktlösung

Um all die unvermeidlichen Konflikte zu lösen, die in meinen Beziehungen zu anderen Menschen auftauchen, muß ich mich verpflichten, eine »niederlagelose« Methode der Konfliktlösung anzuwenden.

Es gibt eine Alternative zu den beiden Gewinner-/Verlierer-Methoden. Sie schließt eine Strategie der Problemlösung bei

Konflikten ein, die dadurch charakterisiert ist, daß Eltern und Kind gemeinsam nach einer Lösung suchen, *die für beide Seiten akzeptabel ist.*

Während diese Methode in Familien nur selten angewandt wird, ist sie in anderen Bereichen der Gesellschaft weiter verbreitet. Jeden Tag werden in unserer Gesellschaft Konflikte gelöst: durch vertragliche Vereinbarungen, Verhandlungen, gemeinsame Entscheidungsfindung, Konsens, gruppenzentrierte Entscheidung, außergerichtliche Vereinbarungen und so weiter. Wo die Macht zwischen Menschen oder Gruppen einigermaßen gleich verteilt ist, kann die »niederlagelose« Methode besser eingesetzt werden – tatsächlich muß gewöhnlich von ihr Gebrauch gemacht werden.

In Beziehungen hingegen, wo ein Mensch über wesentlich mehr Macht verfügt als der andere, wird sie kaum praktiziert. Das gilt für Beziehungen zwischen dem Chef und seinem Untergebenen, zwischen Lehrer und Schüler, großen und kleinen Nationen, aber auch für die Eltern-Kind-Beziehung. Offensichtlich haben die Menschen bisher nur gelernt, daß man gezwungen ist, eine demokratische oder »niederlagelose« Methode der Konfliktlösung zu praktizieren, wenn man selbst *keine Macht über den anderen* hat. Die Vorstellung, daß man sie auch praktizieren kann, *wenn man Macht über einen anderen hat*, wird nicht allgemein akzeptiert.

Dennoch bin ich zu der Überzeugung gelangt, daß es eine Verpflichtung geben muß, Konflikte immer durch Verzicht auf Machtausübung und durch die »niederlagelose« Methode zu lösen, wenn die Beziehungen zwischen Menschen, Gruppen, Nationen gesund sein oder wechselseitig eine »therapeutische« Wirkung haben sollen.

In den Familientrainingskursen werden die Teilnehmer auf folgende Weise mit Methode III vertraut gemacht:

1. Wir spielen ihnen Tonbandaufnahmen vor, auf denen au-

thentische Methode-III-Konfliktlösungssituationen festgehalten sind, die wir zu Hause bei Eltern aufgenommen haben, die die Anwendung dieser Strategie erlernt haben.

2. Die Eltern nehmen während des Kurses an Rollenspielen teil, in denen Konfliktsituationen nachgestellt werden.

3. Wir ermutigen die Teilnehmer, selbst Tonbandaufnahmen mitzubringen, auf denen ihre Versuche festgehalten sind, Methode III zu praktizieren.

4. Wir stellen kommentiertes Lehrmaterial für die Weiterbildung zu Hause zur Verfügung.

Die Fähigkeiten der Eltern, sich die notwendigen Techniken anzueignen, um diese Methode der Konfliktlösung zu praktizieren, variieren stark. Einige stürzen sich auf die neue Methode und stürmen sofort los, um sie zu Hause erfolgreich umzusetzen, noch bevor der Kurs beendet ist. Die Resultate sind häufig erstaunlich. Andere Eltern tun sich schwerer, und zwar aufgrund ihres Hangs zu Autoritätsausübung oder Nachgiebigkeit, oder weil ihre Kinder anfangs mit Widerstand und Mißtrauen reagieren. Es ist interessant, daß nur sehr wenige Eltern die Richtigkeit und den Sinn von Methode III in Frage stellen. Mit wenigen Ausnahmen sehen sie darin eine augenscheinlich vernünftige Alternative zu den anderen beiden Methoden. Viele verleihen ihrer tiefen Dankbarkeit darüber Ausdruck, daß sie zum ersten Mal einen Hoffnungsschimmer sehen und daß man ihnen einen positiven Ausweg aus dem Dilemma von Autorität und Disziplin gezeigt hat. Häufig fragen die Eltern, warum ihnen nie zuvor irgend jemand von dieser Methode erzählt hatte.

Die *Theorie* von Methode III bereitet nur selten Schwierigkeiten – problematischer ist da schon ihre effektive Umsetzung im täglichen Zusammenleben. Einer der Gründe dafür besteht natürlich darin, daß sie voraussetzt, daß die Eltern die Technik des Aktiven Zuhörens und das Senden von Ich-Botschaften beherrschen müssen. Eine effektive Zwei-Wege-Kommunikation ist eine Voraussetzung, um mittels Methode III eine Konfliktbewältigung praktizieren zu können. Die Eltern müssen die Problemlösung nach Methode III mit allen anderen Techniken verbinden können, die sie im Kurs für Effektives Elterntraining erlernt haben.

Eine Zusammenfassung der Theorie

Wir versuchen, Eltern mit einer Theorie der Kindererziehung vertraut zu machen, die zugleich eine neue Theorie gesunder zwischenmenschlicher Beziehungen beinhaltet. Die Theorie selbst ist ganz einfach. Ich habe sie alltagssprachlich in Form eines Credos zusammengefaßt:

Credo über die Beziehung zu meinem Kind

Du und ich, wir stehen in einer Beziehung zueinander. Wir sind jedoch zwei verschiedene Menschen mit eigenen Interessen. Ich will versuchen, dein Verhalten so weit wie möglich zu akzeptieren, wenn du versuchst, deine Bedürfnisse zu befriedigen, und sogar lernen, meine Fähigkeiten zu vergrößern, dein Verhalten zu akzeptieren. Aber ich kann dich nur so lange wirklich annehmen, wie dein Verhalten, mit dem du deine Bedürfnisse befriedigst, nicht mit der Wahrnehmung meiner Interessen in Konflikt gerät. Wann immer ich das Gefühl habe, dich nicht akzeptieren zu können, weil ich meine Bedürfnisse nicht befriedigen kann, will ich dir das so offen und ehrlich wie möglich mitteilen und es dir überlassen, ob du dein Verhalten änderst. Zugleich werde ich dich ermutigen, dich mir gegenüber genauso zu verhalten. Ich will versuchen, dir zuzuhören, wenn du über deine Gefühle sprichst, und dann vielleicht mein Verhalten ändern. Wenn wir dennoch feststellen sollten, daß es in unserer Beziehung einen Interessenkonflikt gibt, sollten wir uns beide verpflichten, diesen Konflikt zu lösen zu versuchen, ohne daß einer zu seiner Macht Zuflucht nimmt. Ich achte deine Bedürfnisse, aber ich muß auch meine eigenen achten. Deshalb wollen wir uns stets bemühen, nach einer Lösung zu suchen, die wir beide akzeptieren können. Dann werden deine Bedürfnisse ebenso wie meine befriedigt. Auf diese Weise kannst du auch weiterhin deine Bedürfnisse befriedigen und dich als Mensch entwickeln. Mir geht es nicht anders. So können wir eine gesunde Beziehung unterhalten, die für beide Seiten befriedigend ist.

Mir ist klar, daß diese Theorie eine Beschreibung einer *wahrhaft demokratischen* Beziehung zwischen Menschen, Gruppen oder Nationen ist. In einer wahren Demokratie würden die Menschen so miteinander umgehen. Dies wäre die grundlegende Philosophie einer demokratischen Lebensform oder einer Lebensweise, wo man demokratisch mit anderen zusammenlebt. Kann es nicht sein, daß eine wirklich *demokratische* Beziehung zugleich einen therapeutischen Effekt hat und daß umgekehrt eine therapeutisch wirksame Beziehung demokratisch sein *muß*? Wenn ich lernen kann, mit anderen Menschen auf demokratische Weise umzugehen, würde daraus folgen, daß ich mich automatisch um eine Umwelt oder ein Klima kümmere, wo sie die größten Chancen haben, sich als Menschen zu entwickeln und sich selbst zu verwirklichen – genau wie ich selbst. Haben wir mit der Idee der Demokratie die maximal wirksame therapeutische Kraft gefunden, und verfügen wir mit unserer Theorie gesunder zwischenmenschlicher Beziehungen über eine brauchbare Definition der Demokratie?

Eine demokratische Lebensform wäre dann mehr als ein Regierungssystem oder eine politische Philosophie. Sie würde Konditionen für alle menschlichen Beziehungen vorgeben, in denen Menschen ihre Persönlichkeit optimal entfalten, sich gemäß ihrer jeweiligen Fähigkeiten entwickeln können und weiterhin so miteinander umgehen, daß gegenseitige Achtung, Liebe und Frieden vorherrschen.

IV. Porträt des gruppenzentriert denkenden Führers

Speziell dann, wenn es um die Diskussion der Verhaltensweisen auf der Führungsebene geht, treten die fundamentalen Unterschiede zwischen den verschiedenen Theorien am deutlichsten hervor. Die meisten der jüngst erschienenen Beschreibungen einer »demokratischen« Führungsrolle stimmen in der philosophischen Annahme überein, daß das Individuum einen Wert und ein Leistungspotential habe. Sie teilen die verbreiteten theoretischen Grundsätze über die »Partizipation von Gruppenmitgliedern«, ein »permissives Gruppenklima«, die »Delegation von Führungsfunktionen an die Gruppenmitglieder« und ähnliche Konzepte. Wenn man allerdings die verschiedenen Beschreibungen der Führungsrolle aus diesen »Denkschulen« einmal genauer betrachtet, fallen einem wichtige und ziemlich schwerwiegende Unterschiede auf. Man muß oft sehr genau hinsehen, um diese Differenzen zu erkennen, was zum Teil darauf zurückzuführen ist, daß identische Wörter benutzt werden, um die neuen Methoden eines Führers zu beschreiben. Wenn das spezifische Verhaltensmuster eines Leiters sorgfältig untersucht wird, offenbaren diese umgangssprachlich benutzten Wörter verschiedene Bedeutungen.

Ein adäquates Beispiel dafür ist der Begriff »Permissivität«. Viele Theorien betonen, daß der Führer einen permissiven Führungsstil verfolgen muß, und dennoch rechtfertigen einige Beschreibungen des nachgiebigen Führers folgende Vorgehensweisen: Kontrolle überaggressiver Gruppenmitglieder, Einbeziehung passiver Teilnehmer durch geschickte Fragen und Beruhigung, persönliche Attacken, um ein emotionales Engagement zu erreichen, Ignorierung unerheblicher Meinungen usw. Anderen Theoretikern der Führungsrolle und uns selbst erscheinen solche Verhaltensweisen alles andere als permissiv, vielleicht sogar als manipulativ. Ein weiteres Beispiel bietet der Terminus »nicht-direktiv«, dessen ursprünglich von einer bestimmten Gruppe von Psychotherapeuten intendierter Sinn besagte, daß der Therapeut nicht versuchen solle, die Aussage des behandelten Patienten zu steuern. Im Zusammenhang mit dem Thema »demokratische Führungsrolle« schlug ein Autor kürzlich vor, die Technik von »nicht-direktiven« Fragen einzusetzen, die so formuliert waren, daß das Denken der Gruppenmitglieder in irgendeine Richtung gelenkt werden sollte, die dem Führer wünschenswert erschien. Auf lange Sicht werden semantisch paradoxe Formulierungen wie »nicht-direktives Dirigieren« und »permissive Manipulation« die Unterschiede verschiedener Sichtweisen des Problems eher vertuschen, als sie ans Tageslicht zu bringen.

Die spezielle Neigung, die der hier thematisierten Sichtweise zugrundeliegt, besteht darin, daß in vielen der Beschreibungen einer »demokratischen« Führungsrolle das tatsächliche Verhalten des Führers nicht immer im Einklang mit grundlegenden demokratischen Werten oder der ausdrücklich bekundeten philosophischen oder theoretischen Richtung des Autors steht. Kurz: In einigen der jüngsten Beschreibungen einer demokratischen Führungsrolle erschien das Verhalten des Führers als nicht so demokratisch, wie es die Philosophie und die Theorie des Autors versprachen. Die Theoretiker haben sich nicht weit genug vorgewagt, eine kohärente Definition der Führungsrolle zu entwickeln, die ihren theoretischen Prinzipien oder demokratischen Werten einigermaßen entsprach.

In diesem Beitrag soll eine spezielle Führungsrolle beschrieben werden, die im Widerspruch zu einigen der bereits bestehenden Konzeptionen der Funktion eines »demokratischen Führers« zu stehen scheint. Die Charakterisierung wird eine allgemeine Beschreibung der Philosophie eines gruppenzentriert denkenden Führers enthalten. Zusätzlich wird der gruppenzentrierte Führer in eher objektiver Hinsicht beschrieben. Dann werden bestimmte Aspekte der Verhaltensweisen eines Leiters erläutert, wenn dieser zum ersten Mal mit einer Gruppe in Kontakt kommt. Schließlich soll eine Analyse des Verhaltens des gruppenorientierten Führers versucht werden, wenn dieser eine Zeitlang mit seiner Gruppe gearbeitet hat, weil dann klargeworden ist, daß sich seine Rolle ändert. Zunächst erscheint er den Gruppenmitgliedern als jemand, der eine Position besetzt, über einen höheren sozialen Status und mehr Macht verfügt. Später wird er es notwendig finden, eine andere Rolle zu spielen, weil die Gruppe eigenständiger und verantwortlicher arbeitet, so daß der Leiter seine Führungsrolle verloren hat und eher als Mitglied der Gruppe angesehen wird. Wenn er diesen Weg erfolgreich bewältigt hat, können wir aufhören, von dem Führer zu reden, und beginnen, nur von Gruppenmitgliedern zu sprechen.

Theoretisch handelt es sich beim Konzept der gruppenzentrierten Führung um eine Methode, die darauf abzielt, einen einzelnen Führer durch so viele potentielle Führer zu ersetzen, wie die Gruppe Mitglieder hat. In den meisten Gruppen gibt es einen Menschen, der als Führer wahrgenommen wird oder dazu bestimmt worden ist. Es wird eine Rolle beschrieben, die sich ein als Führer wahrgenommener Mensch anfangs zu eigen machen kann, wenn er den Wunsch verspürt, seine Position in dem Sinne zu verwenden, das Führungspotential der Gruppenmitglieder zu entwickeln.

Grundsätzliche Einstellungen, die den gruppen- zentriert denkenden Führer charakterisieren

Die Werte und Einstellungen gegenüber der Gruppe werden vom Führer aufgrund seiner Zusammenarbeit mit ihr akzeptiert – sie sind nicht aus der Luft gegriffen oder aus sterilen philoso- phischen oder theoretischen Systemen abgeleitet.

Seine Einstellungen sind ihm auch nicht auf einen Schlag klargeworden: Eher hat er nach und nach gelernt, sie innerhalb eines gewissen Zeitraums zu verinnerlichen, in dem er perma- nent mit verschiedenen Methoden hinsichtlich der Führung von Gruppen experimentiert hat. Er hat seine Einstellungen auf der Basis neuer Erfahrungen permanent revidiert, und man muß wohl nicht gesondert darauf hinweisen, daß es sich im Augen- blick nur um Hypothesen handelt, die in Zukunft weiter über- prüft werden müssen.

Eine allgemeine Beschreibung der Philosophie eines Führers

Für den gruppenzentriert orientierten Führer besteht die Exi- stenzberechtigung einer Gruppe darin, die Absichten und Ziele ihrer Mitglieder in die Tat umzusetzen. Diese Absichten und Ziele werden sich von Gruppe zu Gruppe unterscheiden, aber von Zeit zu Zeit auch innerhalb einer einzelnen Gruppe diffe- rieren. Trotzdem bleibt die Gruppe immer der Ort, wo sich die Mitglieder durch das Erreichen ihrer Ziele weiterbilden. Es läßt sich nicht mit den Werten und Einstellungen des gruppenzen- trierten Führers vereinbaren, daß eine Gruppe nur deshalb exi- stieren sollte, um die Absichten und Ziele eines Führers zu ver- wirklichen, der sich selbst außerhalb der Gruppe befindet. Außerdem läßt es sich nicht mit seiner Philosophie vereinbaren, daß eine Gruppe nur deshalb existiert, um die Ziele eines

Außenstehenden zu verwirklichen. Folglich geht der gruppenzentrierte Führer davon aus, daß die Verantwortung an die gesamte Gruppe delegiert ist. Die Gruppe – und nicht der Leiter – trägt die Verantwortung dafür, ihre Ziele und Absichten zu definieren. Deshalb ist es mit den Werten des Führers unvereinbar, der Gruppe diese Eigenverantwortlichkeit zu verweigern. Die Gruppe sollte die Verantwortung dafür tragen, Entscheidungen zu fällen, die ihre Mitglieder betreffen. Konsequenterweise wird es der gruppenzentrierte Führer inakzeptabel finden, solche Entscheidungen *für* die Gruppe zu treffen. Schließlich wird ein solcher Führer daran glauben, daß es in der Verantwortung der gesamten Gruppe liegen sollte, ihre eigenen Gesetze, Normen, Regeln und das Verhalten der Mitglieder zu bestimmen – im Rahmen der Grenzen, die von der externen Situation festgelegt werden, innerhalb derer die Gruppe operiert.

Gemäß seinem Prinzip, daß die Gruppe deshalb existiert, damit bestimmte Interessen ihrer Mitglieder befriedigt werden können, mißt der gruppenzentrierte Führer den Verfahrensweisen, Umgangsformen, Strukturen und Werten innerhalb der Gruppe keinen eigenen Wert bei. Da diese zur persönlichen Entwicklung der Gruppenmitglieder beitragen, kommt ihnen allerdings definitiv ein bestimmter Wert zu. Ein so orientierter Leiter kann die Methoden bestimmter Führungskräfte aus der Geschäftswelt oder der Industrie nicht akzeptieren, die ihre »Unternehmenspolitik« so anbeten, daß menschliche Werte oft nur noch zweitrangig sind, wenn es darum geht, einer strikten »Methode der uralten Unternehmensphilosophie« die Treue zu halten. Wenngleich der gruppenzentrierte Führer die Notwendigkeit anerkennt, daß innerhalb einer Gruppe Verhaltens-, Verfahrens- und Benehmensweisen existieren, ist seine Überzeugung trotzdem dadurch geprägt, daß dies alles eher *Produkte* der Gruppenarbeit sein sollten, durch die sich die Gruppenmitglieder selbst verwirklichen können. So sollten sie der Gruppe eher nützlich sein als festlegen, wie die Gruppenarbeit zu funktionieren hat. Der Autor dieses Textes ist sich zunehmend der Tatsache bewußt geworden, in was für einem Ausmaß das strikte Festhalten an liebgewordenen und allgemeingültigen »parlamentarischen Verhaltensweisen« eine Gruppe so lange in die Zwangsjacke steckt, bis sie ihre Probleme nicht mehr adäquat lösen kann. Man fragt sich, wie solche Normen von Verhaltensweisen innerhalb einer Gruppe, die für eine spezielle gesetzgebende Körperschaft in einem vergangenen Jahrhundert angemessen gewesen sein mögen, als allgemeingültige Verfahrensweise für die verschiedenartigsten Gruppen akzeptiert werden konnten: Das Spektrum reicht hier von der Chefetage eines Großunternehmens bis zum Jugendfreizeitclub.

Der gruppenzentrierte Führer zieht es nicht nur vor, auf der Basis einer Philosophie zu operieren, die durch den Glauben an das Individuum charakterisiert ist; er hat sich auch dafür entschieden, daß man der Gruppe vertrauen kann. Seine Philosophie unterscheidet sich von den Annahmen von Denkern wie Le Bon[1] oder Freud, die die These von unwissenden Massen und einem kompetenten Führer akzentuierten. Nach Le Bons Sichtweise gleicht die Masse einem instinktgeleiteten, unkritischen Mob instabiler Individuen. Der berühmte Soziologe William Graham Sumner[2] vertrat dieselbe Auffassung, daß die Masse eine einförmige Horde sei, deren Mitglieder man nur als hoffnungslose Primitive ansehen könne. Wenngleich man solche extremen Thesen heutzutage nur noch selten hört, sollte man den Einfluß dieser Autoren auf das gegenwärtige Denken nicht unterschätzen.

Der gruppenzentrierte Führer bevorzugt es, der Gruppe ein wesentlich größeres Potential zuzugestehen. Er zeigt großen Respekt für die Fähigkeiten der Gruppe, selbständig zu arbeiten, kritisch zu denken, externen Einflüssen zu widerstehen und adäquate Methoden der Problemlösung zu finden. Zwar räumt er ein, daß es in der Geschichte viele Beispiele gibt, die Freuds oder Le Bons Beschreibungen recht zu geben scheinen, aber er

144

verschließt sich nicht der Tatsache, daß andere Gruppen sich durch völlig unterschiedliche Charakteristika ausgezeichnet haben. Der gruppenzentrierte Führer akzeptiert, daß es in jeder Gruppe positive und negative Charakteristika zu beobachten gibt. Dennoch hat ihn seine Erfahrung im Umgang mit Menschen dahingehend sensibilisiert, daß viele negative Verhaltensweisen eine Konsequenz früherer Erfahrungen sind, wo die Betroffenen der autoritären Kontrolle von Eltern, Lehrern, Arbeitgebern und anderen Führern unterworfen waren. Mit anderen Worten: Individuen und Gruppen *können* feindselig, aggressiv, destruktiv, unterwürfig, abhängig oder leicht beeinflußbar sein, oder sie *können,* um mit Freud zu reden, »sich danach sehnen, beherrscht und unterdrückt zu werden«, »Illusionen fordern« oder sich »instinktiv jedem unterwerfen, der sich als ihr Meister ausgibt«. Sie können und werden diese Tendenzen offenbaren – aber für den gruppenzentrierten Führer sind dies Symptome kranker Individuen oder Charakteristika einer Gruppe, der man noch nicht die Möglichkeit gegeben hat, konstruktivere Verhaltensweisen zu entwickeln und auszudrücken.

Speziell in diesem Punkt haben Freud und andere sich mit ihrer Diagnose geirrt. Sie argumentierten folgendermaßen: Gruppen benötigen einen machtvollen und autoritären Führer, weil es diese negativen Symptome gibt. Der gruppenorientierte Führer ist hingegen der Überzeugung, *daß sich diese negativen Symptome bei Gruppen entwickeln, weil sie bereits von machtvollen und autoritären Führern kontrolliert worden sind.*

Er respektiert das Individuum und versucht, jedem Menschen einen gewissen Wert und eine Bedeutung zuzugestehen, die von seiner sozialen Stellung, seinem beruflichen Status, persönlichen Charakterzügen, Fähigkeiten, Aussehen, Rasse und Religion unabhängig sind. Die Bedeutung des Individuums liegt eher darin, daß es sich um ein komplexes, sich entwickelndes Wesen handelt, ein Beispiel für das Wunder des Lebens. Er respektiert ein Gruppenmitglied nicht, weil es besonders intelligent ist, aus einer berühmten Familie stammt oder über einen hohen beruflichen Status verfügt, sondern einfach als Mensch, der sich deutlich von allen anderen Menschen unterscheidet. Wichtiger noch ist, daß ein solcher Führer sich bemüht, einem Menschen ein gleiches Maß an Respekt entgegenzubringen, der durch Charakteristika gekennzeichnet ist, die in unserer Gesellschaft weniger angesehen sind, oder der einer Klasse von Menschen angehört, die in unserer kulturellen Hierarchie über einen geringeren Status oder weniger Prestige verfügt. Der gruppenzentrierte Führer bemüht sich also ständig, den Wert und die Bedeutung jedes Menschen zu erkennen, und zwar unabhängig von seinen Charaktereigenschaften, Vorzügen oder bestimmten Eigenschaften, die die Gesellschaft normalerweise mit irgendwelchen Werten verbindet. Er hofft, es eines Tages zu lernen, den Arbeiter genauso zu respektieren wie den Manager, den Lehrer wie den Direktor, den dummen und unattraktiven Studenten wie den intelligenten und ansehnlichen, den aggressiven und defensiven »Neurotiker« wie den ruhigeren und geschützteren »Normalen«, den Christen wie den Heiden, das Kind wie die Eltern. Der gruppenzentrierte Führer versucht, die verschiedenen kulturellen Stereotype zu ignorieren, anhand derer wir andere bewerten, weil er lernen will, einen Menschen als Mensch zu respektieren und nicht in erster Linie als Repräsentanten einer Klasse.

Als Arbeitshypothese zieht er es vor, daran zu glauben, daß das Individuum über ein riesiges, unentdecktes Potential für positive, konstruktive, intelligente und reife Verhaltensweisen verfügt. Er vertritt eine positive, optimistische und hoffnungsvolle Philosophie hinsichtlich des Wesens des Menschen. Der gruppenorientierte Führer ist im Laufe der Zeit zu der Annahme gelangt, daß man sich auf das Herz eines Menschens – oder das, was man auch seine »animalische Natur« oder sein »organisches Ich« genannt hat – verlassen und ihm trauen kann. Hier gibt es nichts zu überprüfen, verbieten, kontrollieren oder zu fürchten. Wenn der gruppenorientierte Führer darin erfolgreich sein sollte, das Potential eines Menschen ans Tageslicht zu bringen, wird er darauf vertrauen, daß das Resultat positiv, gesellschaftlich vorwärtsweisend, progressiv und kreativ sein wird.

Diese beiden grundlegenden Eigenschaften des gruppenzentrierten Führers – sein Respekt vor der Einzigartigkeit des Menschen und sein Glaube an die positiven Eigenschaften der grundlegenden menschlichen Natur – stehen in engem Zusammenhang zueinander und sind tatsächlich nicht voneinander zu trennen. Wenn er als Führer nicht auf das positive und konstruktive Potential des Menschen vertrauen würde, wäre es unwahrscheinlich, daß er der Einzigartigkeit jedes Individuums viel Respekt entgegenbringen oder seine Energien darauf verschwenden könnte, das einzigartige Potential dieses Menschen zu fördern. Wir werden uns nur dann bemühen, etwas zu fördern, wenn wir an die Resultate glauben, und wir werden nur etwas zu kontrollieren oder zu verbergen versuchen, wenn wir es fürchten. Dieser Aspekt der Philosophie eines gruppenorientierten Führers ist offensichtlich schwierig zu vermitteln, vielleicht deshalb, weil gegenläufige Annahmen und Einstellungen fest in unserem Denken verankert sind. Es fällt nicht leicht, die richtigen Worte zu finden, um sein Vertrauen in die gute Natur des Menschen auszudrücken.

Der erste Kontakt mit der Gruppe

Alle Führer, die sich an der gruppenzentrierten Methode versucht haben, werden zustimmen, daß der erste Kontakt mit den Mitgliedern für die zukünftige Beziehung zwischen dem Führer und der Gruppe extrem wichtig ist. Die Gruppenmitglieder bilden sich bei diesem anfänglichen Zusammentreffen ihren – vielleicht dauerhaften – ersten Eindruck von der Persönlichkeit des

Leiters, auch wenn sich dessen Verhaltensweisen später vielleicht ändern werden. Bei Gruppen, deren Mitgliedschaft auf völliger Freiwilligkeit beruht, ist es weiter wichtig, daß der Führer gleich eine Beziehung schafft, die die Gruppenmitglieder nicht entmutigt, nach dem ersten Meeting wiederzukommen.

Die Erfahrung lehrt, daß Menschen extrem sensibel auf das Verhalten eines Führers bei der ersten Zusammenkunft reagieren, oftmals auf kaum wahrnehmbare und scheinbar unbedeutende Aspekte. Erfahrene Redner kennen diese Tendenz der Zuhörer und empfehlen deshalb häufig, in den ersten paar Minuten nie etwas Wichtiges zu sagen, damit die Zuhörer den Sprecher ansehen und abschätzen können. Von den Psychotherapeuten können wir lernen, wie wichtig die ersten Gespräche für die Entscheidung des Patienten sein können, ob er die Behandlung fortsetzen will. Kürzlich hat der Autor dieser Zeilen beispielsweise ein Gespräch mit einer Patientin geführt, dem bereits eine erfolgreiche Reihe von Terminen vorangegangen war. Die Patientin äußerte sich folgendermaßen:

»Ich weiß, warum ich hierherkomme, besonders nach dem ersten oder zweiten Gespräch. Ich hielt Sie ohne Zweifel für einen Menschen, der mir beisteht. Als ich verstört war, konnte ich... Es gab da jemanden... Ich bin nicht untergegangen, weil ich wußte, daß ich jederzeit zu Ihnen kommen konnte. Zu dieser Zeit war das eine ganz wichtige Hilfe, und ich war offensichtlich extrem sensibilisiert, was Ihre Verhaltensweise betraf. Einmal mußten Sie mir beispielsweise mitteilen, daß wir das Gespräch jetzt abbrechen müßten, was ich als Zurückweisung empfunden habe. Wenn Sie über die Treppe in das Wartezimmer kamen, fielen mir Kleinigkeiten auf, die ich für Anzeichen Ihrer Einstellung zu mir hielt, etwa, ob sie mich übersahen oder freundlich zu mir zu sein schienen. Sie waren ein ganz wichtiger Mensch für mich.«

Es ist offensichtlich, daß der Eindruck, den der Therapeut zu Beginn der Gespräche bei dieser Patientin hinterließ, für sie extrem bedeutsam war, und folglich war sie äußerst sensibilisiert, was sein Verhalten betraf.

Menschen, die sich an der gruppenzentrierten Methode versucht haben, werden mir darin zustimmen, daß der erste Kontakt auch für den Führer mit großer Sorge verbunden ist. Wenn er der Gruppe zum ersten Mal gegenübertritt, ist das nur natürlich. Er wird sich folgende Fragen stellen: Wie wird die Gruppe auf die seltsame neue Rolle reagieren, die ich nun spiele? Wird sie sich feindselig verhalten? Was ist, wenn sie sich weigert, selbst Verantwortung zu übernehmen, es von mir aber verlangt? Was ist, wenn niemand das Wort ergreift? Wird die Gruppe nicht einfach darauf warten, daß ich alles in Bewegung setze? Diese und viele ähnliche Fragen werden im Kopf eines Führers umherschwirren, während er sich der Gruppe vorstellt. An diesem Punkt, wenn er sich unsicher fühlt, wird die Versuchung am größten sein, von seiner früheren Intention abzuweichen, der Gruppe die volle Verantwortung zu übertragen.

Vielleicht erklärt dies die Tatsache, warum sich aktuelle Theorien so uneinig sind, wenn es um die anfängliche Führungsrolle geht, speziell um die Art, wie man einer Gruppe zum ersten Mal gegenübertritt. Für Führer ist es nicht leicht, das erste Meeting ohne das intensive Gefühl zu überstehen, alles selbst in die Hand nehmen zu müssen: Man muß selbst alles in Bewegung setzen, alles inszenieren oder die Gruppe in eine bestimmte Richtung dirigieren.

Soll der Führer seine Rolle »strukturieren«?

Wenn ein Führer eine neue Rolle innerhalb einer Gruppe annimmt, sollte er sich dann nicht den Mitgliedern gegenüber erklären und eingehend definieren, wie er vorgehen wird? Mit anderen Worten: Soll er den Gruppenmitgliedern gegenüber seine Rolle »strukturieren«, so daß diese besser verstehen, was passieren wird? Nach der Aussage von Führern, die diese Methode bevorzugen, geht es in der Regel darum, die Gruppenmitglieder davon zu unterrichten, daß ihr Führer ihre Aktivitäten nicht in eine bestimmte Richtung lenken will, und zu begründen, warum dies nicht der Fall sein wird. Er informiert die Gruppe darüber, daß jedes Mitglied eine aktive Rolle übernehmen soll, und bestreitet, daß der Führer unausgesprochene Ziele verfolgt.

In gewisser Hinsicht könnte man die Strukturierung als Versuch bezeichnen, dafür zu sorgen, daß die Gruppe die Rolle des Führers im voraus akzeptiert. Er informiert die Gruppenmitglieder sofort darüber, was sie zu erwarten haben, und verbindet damit die Hoffnung, daß ihr Verständnis Konfusion und Feindseligkeit verringert. Die Gruppenmitglieder werden von ihrem zukünftigen Führer im voraus darüber aufgeklärt, wie er sich verhalten wird. Er wird versuchen, sein Verhalten in der einen oder anderen Hinsicht zu rechtfertigen. Die dieser Methode zugrundeliegende Annahme besteht darin, daß intellektuelles Verständnis seitens der Gruppenmitglieder es diesen erleichtern wird, die neue Rolle des Führers zu akzeptieren und den Prozeß zu beschleunigen, der zum eigenverantwortlichen Verhalten der Gruppe beiträgt.

Erfahrungen mit dieser Methode der Strukturierung verleiten den Autor dieses Textes zu behaupten, daß sie nur selten effektiv ist. Intellektuelle Erklärungen stoßen gewöhnlich auf taube Ohren: Entweder können die Gruppenmitglieder diese seltsame neue Rolle ihres Führers nicht mit ihren vorherigen Erfahrungen in Einklang bringen, oder sie glauben einfach nicht daran, daß der Führer diese Rolle glaubwürdig spielen kann. Vergebliche Versuche, das Programm gegenüber Gruppenmitgliedern zu strukturieren, lassen sich mit Erfahrungen der klientenzentrierten Therapie vergleichen. Obwohl es zuvor obligatorisch war, daß der klientenzentriert orientierte Therapeut seinen

Patienten zu erklären versuchte, wie er sich verhalten würde und wie die Betroffenen vielleicht darauf reagieren würden, haben die meisten Therapeuten diese Praxis aufgegeben. Sie waren zu dem Schluß gekommen, daß es nur in seltenen Fällen möglich ist, auf verbale Weise die Beziehung zu erklären, die sich zwischen dem Therapeuten und seinem Patienten entwickelt. Augenscheinlich gleicht diese Beziehung anderen so wenig, daß man sie nur verstehen kann, wenn man über einen gewissen Zeitraum diese Erfahrung macht und nicht nur davon *hört*.

Aus diesem Grunde unternehmen die meisten der dem Autor dieser Zeilen persönlich bekannten Therapeuten nicht den Versuch, ihre zukünftige Rolle zu erklären: Sie fahren einfach fort und spielen sie. Wenn sie sich konsequent nicht-direktiv verhalten, sich nicht einmischen und keine Führungsrolle einnehmen, beginnt der Patient nach und nach an die Aufrichtigkeit der Intentionen des Therapeuten zu glauben. In diesem Fall können seine Taten aufschlußreicher sein als viele Worte.

Einige spezielle Funktionen, die die gruppenzentriert arbeitende Führungskraft übernehmen muß

Zusätzlich zu der Tatsache, daß er während des ersten Zusammentreffens eine anders geartete Rolle spielen muß, hat der gruppenzentriert arbeitende Führer permanent bestimmte Funktionen wahrzunehmen, speziell in der Anfangsphase seiner Zusammenarbeit mit der Gruppe. Diese Funktionen werden nach und nach von den Gruppenmitgliedern übernommen, wenn diese sich von ihrer anfänglichen Abhängigkeit gegenüber ihrem Führer emanzipieren, aber in der Anfangsphase werden sie oft überwiegend von ihm ausgeübt.

Wenn wir eine so schwierige Rolle wie die des Führers einer Gruppe analysieren, verhalten wir uns seiner dynamischen und menschlichen Natur gegenüber in gewisser Weise ungerecht.

Wir müssen immer im Gedächtnis behalten, daß die Isolierung der Rolle des Führers tendenziell damit verbunden ist, eine Entpersönlichung vorzunehmen: Mit seiner Person verbindet sich eher die Vorstellung einer Menge distanzierter Verhaltensweisen und mechanisch angewandter Techniken als das Bild eines Menschens mit Einstellungen und Gefühlen, der sich integrativ und im Sinne der Sache verhält. Trotzdem kann es in theoretischer Hinsicht sehr sinnvoll sein, einige spezielle Verhaltensweisen des gruppenzentrierten Führers isoliert zu betrachten und zu identifizieren, um zu verstehen, auf welche Weise sich der gruppenzentriert denkende Führer von anderen Führern unterscheidet.

Die von den Sozialwissenschaften entwickelten Methoden können uns dabei helfen, diese Analyse durchzuführen. Durch die Möglichkeit von Tonbandaufnahmen sind wir in der Lage, gruppeninterne Diskussionen wortgetreu wiederzugeben. Zudem verfügen wir über Systeme, verschiedene Formen der sprachlichen Kommunikation zu kategorisieren. Bei den aktuellen Charakterisierungen des gruppenzentrierten Führers hat man sich dieser Methoden bedient, um sein Sprachverhalten zu analysieren.

Aktives Zuhören

Die vielleicht wichtigste Verhaltensweise des gruppenzentriert denkenden Führers besteht darin, anderen Mitgliedern der Arbeitsgruppe zuzuhören. Das wäre nicht weiter erwähnenswert, wenn der an der Gruppe orientierte Leiter nicht eine sehr spezielle und charakteristische Methode des Zuhörens praktizieren würde.

Was wir unter Zuhören verstehen. Psychotherapeuten haben uns mit einer neuen Methode des Zuhörens vertraut gemacht und uns demonstriert, daß das Zuhören ein sehr wirkungsvolles Mittel sein kann, Menschen mit emotionalen Problemen zu helfen. Man kann die therapeutische Wirkung des Zuhörens begreifen, wenn man in Betracht zieht, daß die psychisch gestörte Persönlichkeit an Kommunikationsstörungen mit dem eigenen Ich und mit anderen leidet. Das Zuhören durch den Therapeuten scheint diese Kommunikationsstörungen drastisch zu verbessern. Carl Rogers hat seine Vorstellungen deutlich formuliert:

»Die einzige Aufgabe der Psychotherapie besteht darin, sich mit Kommunikationsstörungen auseinanderzusetzen. Der seiner Umwelt psychisch entfremdete Mensch – der sogenannte ›Neurotiker‹ – hat zuerst Schwierigkeiten, daß er mit sich selbst nicht kommunizieren kann, und zweitens, weil seine Kommunikation mit anderen Schaden gelitten hat. Wenn sich das irgendwie seltsam anhören sollte, kann ich es auch anders ausdrücken. Beim ›neurotischen‹ Individuum werden gewisse Teile seines Ichs, die bewußtlos, unterdrückt oder dem Bewußtsein unzugänglich sind, blockiert, so daß sie nicht mehr mit dem Bewußtsein oder der steuernden Instanz des Individuums kommunizieren. Wenn diese These stimmt, gibt es Störungen bei der Kommunikation mit anderen, und so leidet der Betroffene an der eigenen Persönlichkeit und an seinen Beziehungen zu anderen Menschen. Die Aufgabe der Psychotherapie besteht darin, dem Menschen durch eine spezielle Beziehung zum Therapeuten zu helfen, eine gute, kommunikative Beziehung zu seinem eigenen Ich herzustellen. Wenn dieses Ziel erreicht ist, kann er auch mit anderen freier und wirkungsvoller kommunizieren.«[3]

Der Therapeut hat gelernt, eine Beziehung zu einem anderen aufzubauen, in der er ständig verständnisvoll zuhört. Er weiß einen Weg, in den gedanklichen Prozeß des anderen einzudringen – oder vielleicht sollte man eher sagen, daß er gelernt hat, in den »Bezugsrahmen« des anderen Menschen einzudringen. Um so weit zu kommen, muß man sich bemühen, die Weltsicht des Betreffenden zu verstehen, die Art und Weise, wie er die Dinge sieht. Der Therapeut blickt gleichsam durch die Brille des anderen, um dessen Sicht der Realität adäquat wahrnehmen zu können. Diese Bemühung erfordert es, seine eigene Sichtweise abzulegen, die eigenen Ideen und Weltsicht so weit wie möglich zu vergessen.

Genau darum bemüht sich der gruppenzentriert denkende Führer, wenn er den Äußerungen der Gruppenmitglieder zuhört. Er muß keine eigenen Ideen vermitteln, hat keine verborgenen Absichten und keine speziellen Ziele, deren Artikulation die Gruppenmitglieder erreichen soll: Folglich ist er sehr viel eher in der Lage, den Gesprächsbeiträgen anderer zu lauschen, ohne sich darum Sorgen machen zu müssen, wie diese letztlich auf die Gruppenmitglieder wirken. In gewisser Weise »gestattet« er es sich, den anderen verständnisvoll zuzuhören, weil er sich selbst davon befreit hat, Einfluß zu nehmen und die Diskussion innerhalb der Gruppe in eine bestimmte Richtung lenken zu wollen.

Diese Methode des Zuhörens erfordert bestimmte Einstellungen seitens des Führers. Er muß den *Willen* aufbringen, um die Weltsicht des Sprechers verstehen zu können. Die ernsthafte Absicht, »sich in den anderen hineinzuversetzen«, ist unabdingbar, genauso der Respekt vor seinen Gedanken, Gefühlen und Einstellungen.

Dies unterscheidet sich sehr stark von einer Methode, die den anderen dergestalt beeinflussen will, daß der Zuhörende versucht, sich die Weltsicht des Gesprächspartners zu eigen zu machen. Der gruppenzentriert denkende Führer hört nicht mit der Einstellung zu, »Sie sollten die Dinge anders sehen«, sondern er versucht, so zu denken: »Ich versuche zu verstehen, wie Sie die Dinge sehen.« Diese Einstellung unterscheidet sich auch von einer Haltung, die den Zuhörer zu Interpretationen verleitet oder »dahinter blickt«, was der Sprecher im Moment wahrnimmt. So ist es beispielsweise bei manchen Führern üblich, auf verborgene Bedeutungen zu achten, auf jene »unbewußten Aspekte der Kommunikation«, die der Sprecher nicht ausdrücklich artikulieren will. Hier handelt es sich um eine andere Methode des Zuhörens als diejenige, die wir beschreiben wollen. Der gruppenzentriert denkende Führer versucht, nur das herauszuhören, was gegenwärtig den Bewußtseinszustand des Sprechers prägt, und er hat keine Absicht, darüber hinaus etwas in seine Äußerungen hineinzulesen.

Testen, ob man zuhören kann. Da wir niemals sicher sein können, ob wir unser Gegenüber völlig verstanden haben, ist es wichtig, die Genauigkeit unseres Zuhörens zu überprüfen. In den meisten Situationen, in denen wir mit anderen zu kommunizieren versuchen, setzen wir unser Verständnis unglücklicherweise keinem Test aus. Folglich verstehen wir andere oft falsch oder verzerren in unserem Verständnis ihre Mitteilungen. Eine der besten Methoden, diese Mißverständnisse und Verzerrungen zu minimieren, besteht für den Zuhörer darin, daß er versucht, die Äußerungen des Sprechers in seiner eigenen Sprache zu wiederholen und dann zu überprüfen, ob diese Neuformulierung für den Sprecher akzeptabel ist. Das ist im Grunde genommen das, worum sich der an der Gruppe orientierte Leiter während der Anfangsphase der Entwicklung der Gruppe bemüht. Er nennt diese Methode das »Reflektieren von Gefühlen oder Bedeutungen«, um so zu vermitteln, daß er versucht, die Äußerungen des Sprechers so genau wiederzugeben, daß dieser zufrieden ist und spürt, daß man ihn verstanden hat.

Auch heute noch ist dies sehr schwierig. Der Leser, der genug Interesse aufbringt, um die Genauigkeit seines eigenen Zuhörens zu überprüfen, wird das folgende Beispiel interessant und aufschlußreich finden:

Stellen Sie sich eine Situation vor, in der Sie sich in einer kontroversen Diskussion befinden oder sich mit ihrem Gegenüber streiten. Schlagen Sie dem anderen vor, daß beide eine

Grundregel befolgen und dieser während der gesamten Diskussion treu bleiben. Diese Grundregel lautet so: Bevor ein Diskussionsteilnehmer ein Argument vorstellen oder eine eigene Meinung artikulieren kann, muß er zuerst die Meinung des vorigen Sprechers laut aussprechen. Er muß die Gedanken seines Gegenübers genau genug zu dessen Befriedigung wiedergeben, bevor er selbst seiner eigenen Meinung Ausdruck verleihen darf.

Wenn man dieses kleine Experiment, das mir der Semantiker S. I. Hayakawa empfohlen hat, ernsthaft durchführt, wird es zuerst Aufschluß darüber geben, daß es sehr schwierig ist, sich in den Bezugsrahmen eines anderen hineinzuversetzen. Auch wird es den Beteiligten eine neue Erfahrung vermitteln, die sie damit vertraut macht, daß Gefühle eine geringere Rolle spielen und Meinungsunterschiede minimiert werden können. Dazu kommt, daß jeder Diskussionsteilnehmer entdecken wird, daß sich seine eigene Sichtweise verändert, und er wird zugeben, daß er von dem anderen etwas Neues gelernt hat.

Das Risikoelement beim Zuhören. Das Aktive Zuhören erfordert nicht nur die feste Absicht, sein Gegenüber zu verstehen und dem anderen intensive Aufmerksamkeit zu widmen, die wir unseren Gesprächspartnern nur selten zuteil werden lassen; es verlangt auch ein gewisses Maß an Mut und Selbstsicherheit. Es ist nämlich ein Risiko mit dieser Art des Zuhörens verbunden. Wir laufen Gefahr, uns selbst zu verändern: Wenn wir einen anderen wirklich verstehen, kann es vorkommen, daß wir unsere eigenen Ideen und Einstellungen gegenläufigen Vorstellungen aussetzen. Wenn wir eine gegensätzliche Sichtweise völlig verstehen wollen, bedeutet dies, daß wir zumindest einen Moment lang durch die Brille unseres Gegenübers geblickt haben. In gewisser Weise haben wir uns bemüht, uns für einen Augenblick in seine Lage zu versetzen. Im Verlauf dieses Prozesses haben wir auf unser Urteil verzichtet und uns mit einer Bewertung zurückgehalten. Folglich riskieren wir, uns die Sichtweise des anderen zu eigen zu machen, wir begeben uns in die Gefahr, daß unsere Perspektive durch die unseres Gegenübers geändert wird. Wenn wir uns einer solchen Veränderung unserer Persönlichkeit aussetzen, erfordert das Mut, weil jeder von uns dazu neigt, sich einer Veränderung zu widersetzen. Es ist beunruhigend, wenn wir feststellen müssen, daß wir uns geirrt haben. Deshalb müssen wir über ein gerütteltes Maß an Selbstsicherheit verfügen, wenn wir uns auf eine Beziehung einlassen, in der sich unsere Persönlichkeit eventuell verändert.

Vielleicht ist es ein Glück, daß es für denjenigen, der das Risiko eingeht, einem anderen verständnisvoll zuzuhören, eine gewisse Kompensation gibt. Es ist seltsam, aber wenn man einem anderen zuhört, ermöglicht das eine Veränderung seiner Persönlichkeit. Dieser Befund ist durch die klinische Erfahrung von Psychotherapeuten bestätigt worden und wird auch durch ständig anwachsende Forschungsergebnisse zu diesem Thema untermauert. Patienten, die eine Reihe von Gesprächen mit einem klientenzentriert orientierten Therapeuten abgeschlossen haben, lassen deutliche Veränderungen in ihrer Einstellung gegenüber sich selbst und anderen erkennen. Es gibt auch Indizien dafür, daß sie vielleicht ihre Grundanschauung und ihre persönliche Lebensphilosophie ändern.

Die Fähigkeit des Zuhörens erleichtert auf eine sehr indirekte Weise eine Veränderung der Persönlichkeit des Sprechers. Wenn ein Mensch weiß, daß ihm jemand aufmerksam zuhört und ihn zu verstehen versucht, wird er sich vielleicht verstärkt bemühen, seine Einstellungen und Ideen klarer auszudrücken. Auf diese Weise wird er zu einem neuen Verständnis gelangen, und zwar einfach aus dem Grund, weil er seine eigenen Vorstellungen deutlicher artikuliert. Wenn ein Zuhörer versucht, einen anderen Menschen zu verstehen, ermutigt er diesen vielleicht, sich verständlicher auszudrücken. Dieser Sachverhalt erinnert an das alte Sprichwort, daß »wir nie wirklich etwas wissen, wenn wir es nicht einem anderen deutlich erklärt haben«.

Warum der gruppenzentriert denkende Führer zuhört. Bisher wurden bereits verschiedene Auswirkungen des Aktiven Zuhörens verdeutlicht. Es gibt aber noch viele Nebenwirkungen oder erwartbare Resultate, die mit dieser Art des Zuhörens verknüpft sind. An dieser Stelle ist es sinnvoll, einige der Auswirkungen zusammenzufassen, die der gruppenzentriert denkende Führer erwartet, weil er den Beiträgen der Mitglieder zuhört:

1. Die Gruppenmitglieder werden das Gefühl haben, daß ihre Beiträge so wertvoll sind, daß der Führer ihnen lauscht und sie versteht. Durch die Verminderung der Bedrohung, daß die Gruppenmitglieder sich persönlich abgewertet fühlen, sollte dies ihre aktive Teilnahme in großem Maße fördern.
2. Die Gruppenmitglieder werden stärker motiviert sein, ihre Ideen und Meinungen deutlicher auszudrücken, wenn sie wissen, daß ihnen jemand aufmerksam zuhört und ihre Vorstellungen erneut artikulieren wird, damit sie sie bestätigen können.
3. Die Gruppenmitglieder werden beginnen, ihre defensive Haltung aufzugeben, und sich für neue Meinungen öffnen. Sie werden flexibler denken und effektiver argumentieren. Dadurch sollte sich nicht nur das qualitative Niveau der Gesprächsbeiträge erhöhen, sondern auch die Kompetenz der gesamten Gruppe, Probleme zu lösen.
4. Wenn innerhalb der Gruppe Konflikte oder Kontroversen auftreten, ist es wahrscheinlicher, daß jedes Mitglied seinen Standpunkt ändert, statt ihn halsstarrig beizubehalten.
5. Wenn die Gruppenmitglieder feststellen, daß der Führer ihnen verständnisvoll zuhört, werden sie selbst den anderen Mitgliedern aufmerksamer und verständnisvoller zuhören.

6. Der Führer wird durch das Zuhören weitaus mehr lernen, als wenn er sich mit Vorträgen, Selbstdarstellungen oder anderen führerzentrierten Aktivitäten abgibt.

Dies sind einige der wichtigen Resultate, die der gruppenzentriert denkende Führer davon erwartet, daß er aktiv zuhört und sein Verständnis der Gesprächsbeiträge der anderen dadurch testet, daß er die Bedeutung ihrer Äußerungen sprachlich artikuliert. Jedes dieser Ergebnisse wird auf signifikante Weise dazu beitragen, daß sich seine langfristigen Ziele verwirklichen lassen. Erstens: Ein Klima, das von den Gruppenmitgliedern nicht als bedrohlich empfunden wird, fördert ihre kreative Mitwirkung. Zweitens: Es erleichtert die Kommunikation, so daß die Beiträge der verschiedenen Gesprächsteilnehmer von den anderen verstanden und von der Gruppe genutzt werden können.

Wie man den Gruppenmitgliedern das Gefühl vermittelt, daß sie akzeptiert werden

Eines der Hindernisse hinsichtlich einer kreativen Anteilnahme der Gruppenmitglieder besteht darin, daß diese Angst haben, verändert, beeinflußt, bewertet oder zurückgewiesen zu werden. Die Menschen sind nicht so frei, um in einer Atmosphäre etwas von sich selbst preiszugeben oder ihrer Einzigartigkeit Ausdruck zu verleihen, die sie als bedrohlich empfinden und in der sie mit Urteilen, Bewertungen, Kritik und moralisierenden Bemerkungen zu rechnen haben. Deshalb ist es eine wichtige Aufgabe des gruppenzentrierten Führers, ein Klima zu schaffen, das nicht als bedrohlich und zurückweisend empfunden wird.

Eine solche Atmosphäre läßt sich nicht auf einen Schlag schaffen. Eventuell kann es viele Sitzungen dauern, bis die Menschen sich akzeptiert und von der Bedrohung befreit fühlen, verändert oder bewertet zu werden. Wenn der Leiter konsequent bestimmte Reaktionen vermeidet und sich dafür stark auf bestimmte andere Verhaltensweisen stützt, kann dieser Prozeß beschleunigt werden.

Reaktionen, die den Eindruck vermitteln, daß andere verändert werden sollen. Es gibt bestimmte Reaktionen, bei denen die meisten Menschen darin übereinstimmen würden, daß sich mit ihnen die ziemlich offenkundige Absicht verbindet, ihre Verhaltensweisen in eine bestimmte Richtung zu lenken oder sie in irgendeiner speziellen Weise zu beeinflussen. Einige Beispiele dafür sind:

Befehlen, anordnen, auffordern, verlangen, verbieten

Sie müssen das tun.
Sie können das nicht tun.
Sie müssen vorsichtig sein.
Ich erwarte von Ihnen, daß Sie dies tun.
Beruhigen Sie sich.
Nehmen Sie diese Tatsachen nicht zu ernst.

Verpflichten, überreden, warnen, zur Vorsicht mahnen

Sie sollten dies tun.
Solche Dinge sollten Sie lieber nicht sagen.
Sie müssen Ihren Wortschatz verbessern.
Das sollten Sie besser nicht versuchen.

Bitten, flehen, wünschen, hoffen

Ich wünschte, daß Sie dies tun würden.
Bitte erledigen Sie das.
Können Sie das für mich erledigen?
Ich zähle darauf, daß Sie sich klar ausdrücken.

Vielleicht sollten Sie es einmal so versuchen.
Warum sehen Sie sich die Sache nicht noch einmal an?
Vielleicht würden Sie lieber über ein anderes Thema reden?
Vielleicht könnten Sie dies erledigen.

Wir haben es hier mit vier Kategorien von Reaktionsformen zu tun, die dem Sprecher häufig das Gefühl vermitteln, daß er nicht so akzeptiert wird, wie er ist, sondern daß ihm geraten wird, sich in irgendeiner Weise zu verändern. Man teilt ihm den eigenen Wunsch mit, daß er anders denken, empfinden oder sich verhalten möge. Der andere wird dann wahrscheinlich denken:

Ich muß mich ändern.
Ich sollte mich ändern.
Es wäre wünschenswert, wenn ich mich ändern würde.

Solche Einstellungen fördern nicht gerade das Gefühl, daß man akzeptiert wird. Der gruppenzentriert denkende Führer verzichtet folglich auf diese vier Reaktionsformen. Wie bereits erwähnt, wird er größeren Erfolg haben, wenn er sich von der Intention befreit hat, andere zu ändern, und wenn seine aufrichtige Einstellung darin besteht, andere so anzunehmen, wie sie sind. Es ist schwierig für einen Führer, auf Befehle, Überredungsversuche, Ratschläge und Bitten zu verzichten, solange er nicht die grundsätzliche Einstellung vertritt, andere zu akzeptieren, anstatt sie ändern zu wollen.

Indirekte Versuche, andere zu verändern. Hier geht es um andere Reaktionsformen, die auf eine etwas weniger direkte Weise den Wunsch vermitteln, daß der andere sich ändern soll. Dennoch können sie genauso bedrohlich wirken wie die vier Typen von Reaktionen, die zuvor behandelt wurden. Denken Sie beispielsweise an folgende Reaktionsweisen:

Kritisieren, verdammen, abwerten, moralisieren, urteilen

Es war dumm, das zu sagen.
Sie irren sich.
Es ist lächerlich, die Dinge so zu sehen.
Ihre Arbeit ist unterdurchschnittlich.
Sie verhalten sich nicht kooperativ.

Wenn man mit solchen Äußerungen reagiert, verrät das häufig die Absicht, den anderen beeinflussen zu wollen, neue Verhaltensweisen anzunehmen, indem man die alten »auslöscht« oder »bestraft«. Im Gegensatz zu den vier zuvor beschriebenen Reaktionsformen, mit denen die erwünschte Verhaltensweise artikuliert wurde, hat es dieser Typus von Reaktionen darauf abgesehen, unerwünschte Verhaltensweise zu unterbinden. Im Gegensatz zu »Sie sollten dies tun« heißt es dann seitens des Bewertenden: »Das sollten Sie nicht tun.« Beide Äußerungen vermitteln die Absicht, den anderen verändern zu wollen, und drücken ein Defizit aus, ihn so zu akzeptieren, wie er ist.

Man kann Menschen durch Bewertungen viel häufiger verängstigen, als allgemein angenommen wird. Diese Form der Bedrohung kann einen sofort einsetzenden und dauerhaften Einfluß auf das Verhalten der auf diese Weise kritisierten Menschen in einer Gruppe haben. Sie ziehen sich in sich selbst zurück, vermeiden die Teilnahme an den Aktivitäten der Gruppe oder verschwenden ihre Energien darauf, sich ständig gegen solche Attacken auf ihre Vorstellungen zu wehren. Wenn die Bewertung vom Führer geäußert wird, der häufig eine Autoritätsfigur darstellt, tendieren Menschen dazu, die ursprüngliche Einschätzung eher dem Führer als der Gruppe zuzuschreiben. Dies führt häufig zu einer Überabhängigkeit vom Führer, der die Vorstellungen oder die Verhaltensweisen der Gruppenmitglieder bewertet. Es gibt Gruppen, in denen die Mitglieder stark vom Leiter abhängig sind, weil er den Wert von Beiträgen einschätzt und die Teilnehmer Angst davor haben, selbst diese Verantwortung zu übernehmen.

Sollte der gruppenzentriert denkende Führer aber auch versuchen, *positive* Einschätzungen zu vermeiden? Die potentielle Bedrohung durch negative Bewertungen leuchtet jedem ein, aber was für Auswirkungen haben folgende Reaktionen?

Anerkennen, loben, belohnen, beruhigen, zustimmen, unterstützen

Das war eine gute Idee.
Das haben Sie gut gemacht.
Da haben Sie das Richtige gesagt.
Ich denke, daß Sie genau das Richtige getan haben.

Auch solche Äußerungen können einem anderen die Botschaft vermitteln, daß man ihn verändern will. Positive Bewertungen sind häufig ein Mittel, wünschenswerte Verhaltensweisen zu belohnen und den Hang zu ihnen zu »verstärken«. So soll sichergestellt werden, daß der Betreffende sich in Zukunft genauso verhalten wird. Andererseits stimmt es wahrscheinlich, daß Menschen positive Einschätzungen weniger bedrohlich finden als negative. Diese These greift aber nicht immer, weil eine anerkennende Bemerkung den Gelobten manchmal in Verlegenheit bringt und ihn vielleicht sogar etwas verängstigt, weil er selbst die positive Einschätzung seiner Idee oder seiner Verhaltensweise nicht teilt. Es gibt aber noch weitere mögliche Auswirkungen positiver Bewertungen, die man in Betracht ziehen sollte. Auch sie tendieren dazu, den Ursprung der Bewertung eher dem Führer zuzuschreiben, vielleicht noch eher als negative Diagnosen. Wenn der Führer einer Gruppe dazu neigt,

Beiträge der Gruppenmitglieder häufig zu loben, geht er das Risiko ein, diese zu ermutigen, sich auf sein Urteil hinsichtlich der Qualität der Beiträge zu verlassen. Weiterhin besteht die Gefahr, Gruppenmitglieder dergestalt zu beeinflussen, daß sie nur noch Beiträge beisteuern, von denen sie annehmen, daß sie die Zustimmung des Führers finden. Letztlich bleibt noch darauf hinzuweisen, daß der Führer, der häufig die Beiträge anderer lobt, eventuell eine solche Erwartung hinsichtlich seiner Akzeptanz aufbaut, daß es ihm leicht als Mangel an Zustimmung ausgelegt werden kann, wenn er nicht positiv auf das Feedback eines Gruppenmitglieds reagiert.

Informieren. Ein Führer kann Nicht-Akzeptanz eventuell auch dadurch vermitteln, daß er Informationen gibt. Das gilt besonders, wenn niemand nach den Informationen gefragt hat, manchmal aber auch, wenn sie offen gefordert worden sind. Natürlich hängt vieles von der Einstellung des Führers und davon ab, auf welche Art und Weise er Informationen vermittelt. Jeder weiß, was für einen Eindruck ein Mensch auslöst, der »alles weiß«: Wir werden zornig und ziehen uns für einen Augenblick in eine defensive Haltung zurück. Durch seine Methode, wie er andere informiert, wertet er deren Bedeutung ab. Seine Botschaft lautet folgendermaßen: »Ich weiß Bescheid, Sie aber haben keine Ahnung. Meine Denkweise ist korrekt, Ihre nicht.« Nicht-Akzeptanz kann auch – wenngleich in einem geringeren Maß – dann empfunden werden, wenn die Informationsvermittlung durch den Führer nicht so extrem dogmatisch ist. Die Menschen tendieren zur Ablehnung, wenn man sie »belehren« will, selbst dann, wenn der Leiter wirklich an ihre Interessen denkt.

Interpretationen. Eine weitere Reaktionsform, die oft einen Mangel an Zustimmung signalisiert, besteht darin, daß Schlüsse gezogen oder die Gefühle, Wahrnehmungen, Motive oder Wer-

te des anderen interpretiert werden. Die folgenden Reaktionen
können warscheinlich in diese Kategorie eingeordnet werden:

Sie sind zynisch.
Ich habe immer geglaubt, daß Sie es besser wissen.
Sie sagen das nur, weil Sie wütend sind.
Sie wollen wohl, daß wir Ihnen zustimmen.
Das kann doch unmöglich Ihre Meinung sein.

Obwohl man nicht behaupten kann, daß solche Reaktionen von
den betroffenen Menschen in jedem Fall so aufgefaßt werden,
daß sie nicht ausreichend akzeptiert wurden, wissen wir sowohl
durch klinische Erfahrungen als auch durch den gesunden Men-
schenverstand, daß Menschen oft defensiv und häufig sogar
feindselig reagieren, wenn man versucht, ihre Motive, Absichten oder inneren Gedanken zu interpretieren. Dabei spielt es keine Rolle, ob die Interpretation »stimmig« ist oder nicht. Wenn
man die Äußerung eines anderen deutet, vermittelt man dadurch
häufig eine Bewertung, den Eindruck, daß man nicht an den
Wert der Worte seines Gegenübers glaubt, oder sogar die Absicht, seine Gedanken oder Verhaltensweisen zu beeinflussen:
So kann die Äußerung, »Sie sind zynisch«, oft bedeuten, »Sie
sollten nicht zynisch sein«.

Eine wissenschaftliche Studie hat Resultate hervorgebracht,
die sich auf die Auswirkungen von Interpretationen auf das
sprachliche Verhalten der Testpersonen beziehen. Diese Ergebnisse stützen die klinischen Beobachtungen, daß Interpretationen Patienten tendenziell entmutigen, was ihre sprachlichen
Äußerungen im weiteren Verlauf der Therapie betrifft. Bergman
hat in seiner im Jahr 1951 publizierten Studie die wortgetreuen
Protokolle von Therapiegesprächen analysiert, um die Auswirkungen verschiedener Äußerungsformen seitens des Beraters
auf die Reaktionen des Patienten zu untersuchen. Er stellte fest,
daß Interpretationen durch den Berater (die zum Lehrprogramm

in der Vermittlung von klientenzentrierten Methoden gehören) *häufiger* den »Verzicht auf Selbsterforschung« zur Folge hatten und seltener »Selbsterforschung und Einsicht«, als es der Zufallsfaktor hatte erwarten lassen.

In einem wichtigen Aufsatz von Porter (1952) über das Wesen psychotherapeutischer Interpretationen beschreibt der Autor eine unveröffentlichte Studie von J. Rickard. Dieser untersucht die Auswirkungen der Interpretation anhand von Therapiegesprächen Freuds, Adlers, Horneys[4] und Rogers und kommt zu ähnlichen Resultaten wie Bergman. Rickards Studie wies darauf hin, daß die Interpretationen des Therapeuten »Widerstand« auslösten, der größer war, als es der Zufall zugelassen hätte.

Erschöpfende oder endgültige Beweise präsentieren diese Studien nicht, aber sie stützen die These, daß die Deutung der Gedanken oder Gefühle eines Menschen sehr stark dazu beiträgt, daß dieser auf den Ausdruck seiner Persönlichkeit verzichtet oder daß sich Widerstände in seinem Inneren aufbauen. Es scheint keine unzulässige Verallgemeinerung zu sein, daß diese aus individuellen Therapiegesprächen hervorgegangenen Ergebnisse sich wahrscheinlich verdoppeln würden, wenn man eine vergleichbare Studie über das Verhältnis zwischen den Mitgliedern einer Gruppe veranstalten würde. Dies ist zumindest die Position des gruppenzentrierten Führers, der sich permanent bemüht, eine Interpretation der Äußerungen der Gruppenmitglieder zu vermeiden.

Zusammenfassend kann man sagen, daß ein Führer den Mitgliedern seiner Gruppe vermittelt, daß er sie akzeptiert, indem er auf Äußerungen verzichtet, die einen direkten Versuch artikulieren, sie zu verändern, ihre Gesprächsbeiträge zu bewerten, ihre inneren Gedanken und Gefühle zu deuten und Bemerkungen zu vermeiden, die das Gefühl vermitteln, daß der Leiter den Gruppenmitgliedern »Bescheid gibt«. Wichtig ist die Einstellung des Führers, die Wirkung seiner sprachlichen Reaktionen auf die Gruppenmitglieder zu bedenken. Ihre Persönlichkeiten werden auch die Wahrnehmung der Bedeutung der Reaktion des Führers beinflussen. Um es einfach auszudrücken: Ein Leiter mit einer Einstellung, die auf Bewertung und der Nicht-Akzeptanz der Gruppenmitglieder beruht, kann dies seinen Schützlingen unabhängig von seinen sprachlichen Reaktionen vermitteln. Auf ähnliche Weise könnten einige Gruppenmitglieder so verunsichert sein, daß sie in jede Reaktion des Führers eine Bewertung oder Nicht-Akzeptanz hineininterpretieren.

Die »Verbindungsfunktion«

Eine weitere wichtige Fähigkeit des gruppenzentrierten Führers besteht in seiner »Verbindungsfunktion«. Wenn man sich in einer Gruppendiskussion von Angesicht zu Angesicht gegenübersitzt, geschieht es häufig, daß einer eine Meinung äußert und dann ein zweiter Gesprächsteilnehmer eine neue Idee artikuliert, ohne zu erkären, in welchem Zusammenhang sein Beitrag zu der ersten Äußerung steht. Die Gedanken der Gruppenmitglieder bleiben voneinander unabhängig und sind untereinander nicht verbunden. Gelegentlich meldet sich vielleicht jemand zu Wort und verknüpft seine Gedanken mit denen eines anderen, aber in der Regel beobachten wir verschiedene Gedankenströmungen innerhalb einer Gruppe, die voneinander unabhängig sind. Wenn der gruppenzentriert denkende Führer allerdings den Versuch unternimmt, die Verbindung zwischen den Kommentaren wahrzunehmen und die Gruppe dann über diese Relation informiert, scheint sich die Diskussion zu vereinheitlichen und gewinnt an Qualität, weil sich neue Gesprächsbeiträge darauf beziehen.

Die durch den Führer gestiftete »Verbindungsfunktion« steht in engem Zusammenhang mit seiner Aufgabe, die Bedeutung von Äußerungen der Gruppenmitglieder sprachlich zu wiederholen, und zwar, weil diese häufig das Verbindungsglied zu den dominanten Gedanken innerhalb der Gruppe oder den vorherigen Äußerungen repräsentieren. Das tatsächliche Verbindungsglied wird oft durch den Inhalt eines Beitrags verschleiert. Indem der gruppenzentriert denkende Führer aber die Bedeutung eines Kommentars verdeutlicht, erklärt er den Gruppenmitgliedern, in welchem Zusammenhang der letzte Gesprächsbeitrag zum vorherigen Diskussionsverlauf steht. Das Beispiel einer auf Tonband aufgezeichneten Gruppendiskussion soll dies verdeutlichen. In dem folgenden Auszug diskutiert die Gruppe darüber, wie eines ihrer Mitglieder, ein Sozialarbeiter, sich einer Anzahl Jungverheirateter annähern sollte, um sie zu gesellschaftlich relevanter Mitarbeit in ihrer Gemeinde zu motivieren[5]:

1. BILL: Ich wurde zu Beginn gern auf einen sehr ernsthaften Einwand zu sprechen kommen. Es geht um die unterstellte Annahme, daß die Teilnahme an Diskussionen in kirchlichen Gruppen oder örtlichen Versammlungen wertvoller und höher einzuschätzen ist, als wenn man zum Bowling geht. Ich habe diesen unterschwelligen Vorwurf empfunden. Warum sollten Männer nicht eher zum Bowling gehen als zu Versammlungen kirchlicher Gruppen ...

2. DON: Ich habe kein Verständnis für diesen Vorwurf.

3. BILL: Ich mit Sicherheit auch nicht. Ich würde gern die Ansicht meiner Frau zur Diskussion stellen, die auf dem weiblichen Standpunkt innerhalb unserer Gesellschaft beruht. Sie bevorzugt – und vielleicht ist das gar nicht so merkwürdig – bei weitem die Gesellschaft einer Gruppe von Männern im Gegensatz zu der von Frauen. Ich glaube nicht, daß dabei notwendigerweise sexuelle Motive ausschlaggebend sind. Sie behauptet, daß man fast immer voraussagen kann, was in einer Frauengruppe passieren wird.

4. JANE: Ja.

5. BILL: Unsere Gesellschaft preßt Frauen irgendwie in eine

Schablone. Meine Frau versteht es auch nicht, aber wenn sich eine Frauengruppe versammelt, gleicht eine so ziemlich der anderen. Und sehr häufig besuchen Frauen Gruppen nicht, weil sie Lust dazu haben, sondern aufgrund gesellschaftlicher Zwänge. Männer scheinen dagegen in einer viel freieren und ungezwungeneren Gesellschaft zu leben, in der sie sich selbständig entscheiden können, was und mit wem sie etwas unternehmen. In ...

6. FRANK: Ich glaube, daß Mrs. Adams [Bills Frau] die Anziehungskraft und die Vielfalt der männlichen Gesellschaft beträchtlich überschätzt.

7. Die Gruppenmitglieder lachen.

8. GRUPPENFÜHRER: Worauf wollten Sie hinaus, Bill? Ich bin mir nicht sicher, ob ich verstanden habe, was Sie ...[6]

9. BILL: Ein Großteil der Aktivitäten von Frauen in diesen gesellschaftlichen Gruppen beruht nicht darauf, daß sie sich freiwillig dafür entschieden haben. Ihre persönlichen Bedürfnisse werden nicht befriedigt. Das Ganze ist Teil einer Rolle, die unsere Gesellschaft ihnen irgendwie aufzwingt.

10. GRUPPENFÜHRER: Soll das ein Beispiel für Ihren ursprünglich erwähnten Einwand sein, daß wir bestimmte positive oder negative Werte mit diesen Interessen verbinden sollten, und Sie haben starke Bedenken gegen die These, daß ein bestimmtes Interesse einen höheren gesellschaftlichen Wert hat als ein anderes?[7]

11. BILL: Ich hatte den Eindruck, daß hier im Grunde genommen behauptet wurde, daß die Wahrnehmung der Bedürfnisse der Männer nicht so gut für sie wäre und ihre Interessen nicht befriedigen würde – genau wie die Dinge, an denen Männer kein Interesse haben. Und ich glaube irgendwie nicht, daß ...

12. CATHY: Wenn Frauen gemeinsam die Straße fegen würden, dann würden sie sich den ganzen Tag darum kümmern müssen. Die Männer arbeiten irgendwo anders. Sie sind we-

gen der Straßen nicht so besorgt wie ihre Frauen, sollten es aber sein. Im großen und ganzen sind die Mütter stärker als die Väter in Sorge, wenn es keinen Spielplatz für die Kinder gibt. Fragen dieser Art interessieren den Ehemann nicht unbedingt. Es scheint mir, daß Frauen hier ein viel stärkeres Interesse zeigen als ihre Männer, die auch aufgrund unserer Kultur sagen würden: »Warum denn, das ist die Aufgabe der Mutter.«

13. STU: Würden Sie hier noch weitergehen und behaupten, daß Frauen an gesellschaftlichen Problemen grundsätzlich und natürlicherweise ein größeres Interesse haben?

14. CATHY: Das sind keine natürlichen Interessen. Ich würde behaupten, daß unsere Kultur irgendwie ...

15. STU: Würden Sie angesichts unserer kulturellen Situation generell behaupten, daß Frauen beispielsweise politisch aktiver sind?

16. GRUPPENFÜHRER: Haben wir Cathy wirklich verstanden? Was mich betrifft, bin ich mir nicht sicher. Sehen Sie hier einen grundsätzlichen Unterschied zwischen den Interessen von Männern und Frauen, Cathy?[8]

17. CATHY: Ich sehe einen großen Unterschied, wenn es sich um Gruppen handelt, ja. Daß es vielleicht mehr Interesse an einer Nachbarschaftsgruppe gibt, speziell innerhalb der Arbeiterklasse, wo Ehefrauen und Mütter wahrscheinlich ein größeres Interesse an ihrer Umwelt haben.

18. GRUPPENFÜHRER: Würde das hinsichtlich der Verhaltensweisen des Gruppenführers bedeuten, daß ... Wollen Sie sagen, daß dies eine bessere Einschätzung der Bedürfnisse von Frauen wäre und daß wir Vorsicht walten lassen müssen, wenn wir die Interessen der Frauen gegen die der Männer abwägen?[9]

19. CATHY: Ich glaube, daß wir da vorsichtig sein müssen.

20. SAM: Ich würde gerne einen Einwand geltend machen. Ich frage mich, ob wir uns nicht wie die Mitglieder eines So-

ziologieseminars verhalten, indem wir der Interpretation soviel Bedeutung zusprechen. Meiner Ansicht nach entfernen wir uns von unserem ursprünglichen Ziel. Ich würde dieses Thema lieber ausklammern ...

21. CATHY: Sie haben recht.

22. SAM: Ich würde mich ja gerne zurückhalten, aber ich frage mich, ob wir hier nicht unsere Grenzen überschreiten. Auf diesem Gebiet haben wir keine Kenntnisse. Wir diskutieren über persönliche Dinge, die zur Klärung unserer Gesamteinschätzung nicht viel beitragen.

23. GRUPPENFÜHRER: Die Interpretation individueller Bedürfnisse gehört ihrer Meinung nach nicht zu unserem Thema, Sam?[10]

24. SAM: Nun, ich war gerade im Begriff, mich mit jeder Menge persönlicher Erfahrungen in die Diskussion einzumischen. Ich arbeite ständig mit diesen Gruppen und könnte einige Anekdoten erzählen, aber es ist mir klargeworden, daß das nicht relevant wäre.

25. STU: Es scheint mir, daß wir hier die Frage nach der Führungsrolle stellen und die analysieren. Wenn man eine Einstellung gegenüber der Führungsrolle akzeptiert – also zum Beispiel die Einstellung der Mitglieder des Gemeindezentrums oder die der Sozialarbeiter –, muß man Bescheid wissen und in der Lage sein, die Bedürfnisse der Menschen zu erkennen, wenn man eine Führungsrolle einnehmen will. Wenn sich hier eine andere Vorstellung der Führungsrolle durchsetzen sollte, können wir all diese Diagnosen aufgeben.[11]

26. SAM: Dann sollten wir die zwei Aspekte der Führungsrolle diskutieren und nicht irgendwelche Diagnosen.[12]

27. GRUPPENLEITER: Stu, Sie wollen nicht akzeptieren, daß dies die beste Führungsmethode ist – die Gruppe zu analysieren und dann die Bedürfnisse anderer zu befriedigen ...[13]

28. SAM: Ja. Das ist genau der Punkt, wo ich eher Zweifel
    habe.

Innerhalb einer Gruppe gibt es so viele Gedankenströmungen
wie Mitglieder. Man kann dies häufig im Anfangsstadium der
Gruppenentwicklung feststellen, wenn jedes Mitglied eigennützige Zwecke verfolgt, die Beiträge wahrscheinlich mehr ichbe-
zogen als gruppenbezogen sind und die Mitglieder ihre persönlichen Interessen über die des Kollektivs stellen. In dieser Phase ist die Verbindungsfunktion des gruppenzentriert denkenden
Führers extrem wichtig. Man könnte sagen, daß er, weil er die
Verbindungsmöglichkeiten erkennt, den Gruppenmitgliedern
hilft, Aufmerksamkeit für jene Elemente im Gesamtfeld der
Wahrnehmung zu erwecken, die diese zuvor nicht wahrgenommen haben. Der Führer hilft den Gruppenmitgliedern, den Ge-
sichtskreis ihrer phänomenalen Wahrnehmung, auf den sie reagieren, zu erweitern, und somit erhöht sich die Wahrscheinlichkeit, daß ihre Gesprächsbeiträge der gegebenen Situation angemessener sein werden.

Mißverständnisse hinsichtlich der Rolle des Gruppenführers

Weil sich die Rolle des gruppenzentriert orientierten Führers in
der Anfangsphase so von der eines traditionell denkenden Führers unterscheidet, ist es nicht weiter überraschend, daß sich bei
einigen Menschen gewisse Mißverständnisse ergeben haben.
Vielleicht hilft es dem Leser, einige dieser Mißverständnisse
kennenzulernen.

Ist »zuhören« gleichbedeutend mit »zustimmen«?

Ein Mißverständnis betrifft das »Aktive Zuhören«. Wenn ein gruppenzentriert denkender Führer zuhört und die Bedeutung der Äußerung eines Gruppenmitglieds wiedergibt, nimmt man häufig an, daß dies dem Sprecher den Eindruck vermittelt, daß der Führer *ihm zustimmt.* Dieses Mißverständnis ist erklärbar, weil wir uns an eine Art der Kommunikation gewöhnt haben, wo *tatsächlich* entweder Zustimmung oder Ablehnung artikuliert werden. Wenn wir uns mit anderen unterhalten, fällt unsere Reaktion unweigerlich positiv oder negativ aus. Wir neigen dazu, anderen einen Eindruck davon zu vermitteln, daß das, was sie sprachlich ausgedrückt haben, entweder richtig oder falsch, gültig oder ungültig, angemessen oder unangemessen ist. Vielleicht gehen wir auch noch weiter und nehmen in irgendeiner Art und Weise eine Bewertung des Sprechers vor: »Er ist ein tüchtiger Denker«, »Er hat gute Ideen«, oder »Er ist einer dieser sturen Konservativen«. Dazu kommt noch, daß die Tendenz, einem anderen beizupflichten oder sich seiner Meinung zu widersetzen, beträchtlich verstärkt wird, wenn sich das Gespräch um ein Thema dreht, das für die Teilnehmer mit starken Emotionen verbunden ist. Gefühle bringen unweigerlich mit sich, daß die Diskussionsteilnehmer wertende Bemerkungen machen werden.

Ein Beispiel: Jemand konfrontiert Sie mit der Aussage: »Ich denke, daß Lehrer mit kommunistischen Tendenzen von unseren Schulen verbannt werden sollten.« Ihre natürliche Reaktion wird so aussehen, daß Sie entweder Zustimmung oder Abneigung artikulieren: »So denke ich auch«, »Sie haben völlig recht«, oder »Es ist sehr gefährlich, wenn man in einem demokratischen Staatswesen so denkt.«

Unsere gesellschaftlichen Erfahrungen und unsere Erziehung verstärken die Neigung, immer in Dichotomien zu denken und alle Äußerungen anderer als richtig oder falsch, korrekt oder nicht korrekt zu kategorisieren. Vielleicht fördert selbst das

Wesen unserer Sprache diese Gewohnheit, entweder Zustimmung oder Abneigung ausdrücken zu müssen. Nur selten wird gelehrt, auf andere so zu reagieren, daß man weder Zustimmung oder Abneigung, sondern eher Verständnis signalisiert. Warum ist es so ungewöhnlich, daß jemand einfach auf die Mitteilung eines anderen antwortet: »Ich habe gehört, was Sie gesagt haben«, oder »Ich nehme an, daß Sie das ausdrücken wollten«?

Weil die Menschen daran gewöhnt sind, daß man ihnen entweder zustimmt oder ihre Meinung ablehnt, werden sie vielleicht *zunächst* eine verständnisvolle Reaktion oder eine, die ihre Äußerung reflektiert, mißverstehen und von einer zustimmenden Haltung ausgehen. Die Erfahrung von Psychotherapeuten zeigt, daß Reaktionen, die ein Gefühl der Akzeptanz und des Verständnisses vermitteln, die Kommunikation erleichtern, und wir haben aus ihren Erfahrungen gelernt, daß Menschen sehr bald den Unterschied zwischen Annahme und Zustimmung begreifen. Manchmal *fühlen* sie diesen Unterschied nur, während sie die Erfahrung machen, daß man sie versteht und sie ermutigt, sich selbst auszudrücken. Oft verstehen sie sogar *intellektuell,* daß der Zuhörer auf einzigartige Weise auf sie reagiert.

Ein Patient hat es gegenüber dem Autor dieser Zeilen, seinem Therapeuten, so ausgedrückt: »Sie stimmen mir nicht zu, verneinen meine Meinung aber auch nicht. Das ist ein seltsames Gefühl. Ich weiß, daß Sie mich verstehen, aber Sie teilen mir Ihre Meinung nicht mit. Dadurch habe ich die Chance, meine eigenen Gefühle weiter zu untersuchen.«

Ist die gruppenzentrierte Führungsrolle mit einer Laisser-faire-Methode identisch?

Einige Autoren haben die Rolle des gruppenzentrierten Führers mit der eines dem Laisser-faire-Prinzip verpflichteten verglichen, der einfach nichts tut. Damit wollen sie in der Regel ausdrücken, daß der gruppenzentrierte Führer so passiv, gleichgültig und wenig hilfreich ist wie der Laisser-faire-Führer aus den Iowa-Experimenten, in denen dieser Typ Führer mit seinen »demokratisch« oder »autoritär« gesinnten Gegenspielern verglichen wurde[14]. Die sich aus dieser Gleichsetzung ergebende Folgerung besteht darin, daß der gruppenzentrierte Führer (wie der Laisser-faire-Vertreter aus Iowa) ein unproduktives, anarchistisches und aggressives Klima innerhalb der Gruppe fördere.

Tatsächlich ist der gruppenzentriert denkende Führer weit davon entfernt, sich passiv oder indifferent zu verhalten. Er tut sich nicht durch »Nichtstun« hervor. Seine Rolle ist sehr aktiv und anstrengend, was alle bestätigen können, die sich einmal an dieser Aufgabe versucht haben. Den Gesprächsbeiträgen aller Gruppenmitglieder aufmerksam zuzuhören, der ernsthafte Versuch, andere aus ihrer Perspektive zu verstehen, und der Test, die Genauigkeit des eigenen Verständnisses durch die Wiedergabe der Äußerung des Sprechers (zu dessen Zufriedenheit) zu überprüfen – all dies erfordert nicht nur ein großes Maß an Energie, sondern auch ein intensives Engagement des Führers hinsichtlich der Kommunikationsprozesse innerhalb der Gruppe. Er hört nicht passiv, sondern aufmerksam zu, und versetzt sich aktiv in die Gedanken der Gruppenmitglieder.

Desinteressiert kann er gar nicht sein, weil es ansonsten unmöglich wäre, andere zu verstehen. Er überläßt die Gruppe auch nicht sich selbst, weil er einen dynamischen Einfluß auf die Kommunikation innerhalb der Gruppe nimmt.

Ist die Wiedergabe der Bedeutung von Gesprächsbeiträgen eine mechanische Technik?

Wenn der gruppenzentrierte Führer seine Rolle wahrnimmt, die Bedeutung von Äußerungen anderer wiederzugeben, erntet er häufig Reaktionen, die diese Methode einfach als mechanische und künstliche Technik denunzieren, die durch den Leiter stur oder auf eine unnatürliche oder zwanghafte Weise angewendet wird. Wenn man es so sieht, wird man diese Methode als Technik betrachten, die die Gruppenmitglieder »durchschauen« und nicht mögen. Der Autor kennt diese Kritik: »Niemand mag es, wenn man ihm wie ein Papagei alles nachplappert.« Dann gibt es natürlich noch die üblichen Witze:

Wenn ein Gruppenmitglied fragt, wo es ein Glas Wasser kriegen kann, wird der gruppenzentriert denkende Leiter mit Sicherheit antworten: »Sie wollen wissen, wo Sie ein Glas Wasser kriegen können?« Das Gruppenmitglied bleibt frustriert und durstig zurück.

Es stimmt, daß die Wiedergabe der Bedeutung von Gesprächsbeiträgen eine sture und mechanische Technik sein und den Gruppenmitgliedern anfangs seltsam und unnatürlich erscheinen kann, besonders dann, wenn einige der folgenden Bedingungen erfüllt sind:

1. Wenn der Führer gerade erst auszuprobieren beginnt, auf diese Art zu reagieren, und es noch nicht ausreichend gelernt hat, die Methode natürlich und leichthändig zu praktizieren.
2. Wenn der Gruppenführer nicht den ernsthaften Willen zeigt, den Bedeutungen der Gesprächsbeiträge aufmerksam zu lauschen.
3. Wenn er einfach den Inhalt (den tatsächlichen Wortlaut) der Äußerung des Sprechers wiedergibt, anstatt deren Bedeutung mit eigenen Worten zu artikulieren.
4. Wenn der Führer den grundlegenden Zweck nicht verstanden hat, warum man die Bedeutung von Meinungsäußerungen wiedergibt.

Nach den Erfahrungen, was die Ausbildung von Führern betrifft, kann kein Zweifel daran bestehen, daß bei dieser Methode, auf andere ohne Bewertung zu reagieren, die Äußerungen der Gruppenführer häufig mechanisch und unnatürlich klingen, wenn sie versuchen, die Gedanken der Gruppenmitglieder wiederzugeben. Bei jemandem, der das Golfspielen erlernt, wird der Schlag zunächst auch unnatürlich und mechanisch wirken, und die ersten Versuche des Führers, die Inhalte von Gesprächsbeiträgen wiederzugeben, werden genauso befangen und »gezwungen« wirken. Wie der Golfer wird er aber bald merken, daß er seine neue Technik natürlicher und weniger mechanisch beherrscht, wenn er durch die Praxis mehr Erfahrungen gesammelt hat.

Wenn er nicht wirklich den Wunsch verspürt, den Standpunkt des anderen zu verstehen, wird es dem Führer schwerfallen, effektiv zu sein, wenn er versucht, die Gedanken anderer zu artikulieren. Es ist schwierig (und zweifellos nicht ganz aufrichtig), sprachlich Verständnis zu vermitteln, wenn man in Wirklichkeit eine andere Einstellung hat. Unter solchen Bedingungen wird der Antwortende seine wirklichen Einstellungen und Absichten gewöhnlich nicht verschweigen. Ohne die Absicht, den anderen verstehen zu wollen, wird es nur selten wahres Verständnis geben, und der Versuch, die Bedeutung der Äußerung eines anderen wiederzugeben, endet in der papageienhaften Wiederholung seiner Worte statt in der Artikulation ihrer wirklichen Bedeutung.

Wenn man mehr Praxis gesammelt hat, die Beiträge von Gruppenmitgliedern zu verstehen und ihre Äußerungen wiederzugeben, läßt nach und nach der Hang nach, wie ein Papagei ihre Worte zu wiederholen. Hat ein Führer erst einmal mehr Erfahrungen darin gesammelt, seine wichtige Funktion wahrzunehmen, wird die Wiedergabe der Bedeutung von Äußerungen anderer zu seiner zweiten Natur werden. Seine Reaktionen werden mehr und mehr charakteristisch für seine eigene Sprechweise sein. Um sich selbst zu verdeutlichen, daß er den anderen verstanden hat, wird der erfahrenere Führer dessen Äußerungen in seiner eigenen Sprache formulieren. Das ist dann bald der einzig wirkliche Test hinsichtlich der Genauigkeit, wie gut er den anderen verstanden hat.

Letztlich wird ein Führer seine Rolle wirkungsvoller wahrnehmen können, wenn er den Sinn dieser Wiedergabe der Bedeutung von Äußerungen anderer versteht, und wie der Vorgang die Kommunikation erleichtert. Es handelt sich dabei schlichtweg um ein Mittel, durch das der Zuhörer sein Verständnis überprüft und dieses dem Sprecher vermittelt. Bei vielen Kommunikationsvorgängen besteht an der Bedeutung des Gesagten für den Zuhörer keinerlei Zweifel. Folglich ist keine Überprüfung erforderlich, weil der Führer sich sicher ist, daß er den Sinn der Äußerung verstanden hat, und für den Sprecher kein Zweifel daran besteht, daß er richtig verstanden worden ist. Eine Äußerung wie »Ich habe in der letzten Nacht ein Buch gelesen« wird nur selten eine spezielle Anstrengung verlangen, um dem Sprecher das Gefühl zu vermitteln, daß man ihn verstanden hat. Die Wiedergabe einer solchen Äußerung wird dem Sprecher eventuell seltsam und unnatürlich erscheinen. Andererseits gibt es viele Gelegenheiten, bei denen der Sprecher das Bedürfnis verspürt zu wissen, daß der Zuhörer ihn verstanden hat. Das gilt beispielsweise, wenn er etwas ausdrückt, das schwer in Worte zu fassen ist (ein Gefühl), oder wenn er zweifelt, ob der Zuhörer seine Worte verstehen und akzeptieren kann. Äußerungen wie »Meine Lektüre in der letzten Nacht hat mich wirklich beunruhigt«, »Zum ersten Mal seit zwei Jahren habe ich gestern nacht ein Buch gelesen«, oder »Ich habe in der letzten Nacht etwas gelesen, das meine Argumente unterstützt und deine widerlegt«, sind vielleicht angemessener, damit der Führer die Bedeutung der Äußerung wiedergeben kann, so daß Zuhörer und Sprecher sich vergewissern können, daß zwischen ihnen eine wirkliche Kommunikation stattgefunden hat.

Zusammenfassung der Charakteristika des gruppenzentriert denkenden Führers

Um alle beschriebenen Aspekte der Persönlichkeit eines gruppenzentrierten Führers kurz zusammenzufassen, findet sich hier nun eine Liste verknappter Statements, die seine Philosophie und Verhaltensweisen beschreiben. Diese Thesen repräsentieren nur eine gegenwärtig aktuelle Konzeption dieser Führungsrolle, die sich durch künftige Erfahrungen und Forschungsergebnisse ändern kann.

Die verschiedenen Charakteristika des gruppenzentriert denkenden Führers wurden mit denen des führungszentrierten gegenübergestellt. Das Ziel besteht nicht darin, einen divergierenden Standpunkt genau wiederzugeben, weil das eine risikoreiche Angelegenheit ist. Mit dieser kurzen Gegenüberstellung soll lediglich die Beschreibung des gruppenzentriert denkenden Führers verdeutlicht werden.

Die Liste ist nicht erschöpfend, weil sie zusammengestellt wurde, um die Charakteristika in diesem Beitrag zusammenzufassen, nicht aber als detaillierte und allumfassende Information dienen soll.

Zwei verschiedene Methoden, kleine Gruppen zu führen

Grundlegende Thesen zur Führungsphilosophie

Gruppenzentrierter Führer	Führungsorientierter Leiter
1. Die effektivste Gruppe ist diejenige, in der jedes Mitglied sein volles Potential entfalten kann.	1. Die effektivste Gruppe ist diejenige, in der jedes Mitglied sein volles Potential entfalten kann.

Gruppenzentrierter Führer	Führungsorientierter Leiter
2. Spontanes und kreatives Verhalten der Mitglieder ist auf lange Sicht am nützlichsten für die Gruppe.	2. Spontanes und kreatives Verhalten der Mitglieder ist auf lange Sicht am nützlichsten für die Gruppe.
3. Die Gruppe verfügt über die Fähigkeit, vernünftige Entscheidungen zu treffen und effektive Lösungen für ihre Probleme zu finden.	3. *Reife* Gruppen verfügen über die Fähigkeit, vernünftige Entscheidungen zu treffen und effektive Lösungen für ihre Probleme zu finden.
4. Die Gruppe lernt am besten, das Potential jedes Mitglieds zu nutzen, wenn sie nicht von einem offiziellen Führer oder irgendeiner anderen Autorität abhängig ist.	4. Die Gruppe lernt am besten, das Potential jedes Mitglieds zu nutzen, wenn sie zunächst von ihrem Führer abhängig ist.
5. Neu gebildete Gruppen verfügen über die Geschicklichkeiten und Fähigkeiten, sich selbstbestimmt und eigenverantwortlich zu verhalten, zögern aber, diese auch anzuwenden.	5. Neu gebildete Gruppen verfügen eventuell noch nicht über die Geschicklichkeiten und Fähigkeiten, sich selbstbestimmt und eigenverantwortlich zu verhalten; folglich müssen sie durch ihren Führer belehrt werden.
6. Auf lange Sicht wird es am nützlichsten für die Gruppe sein, wenn sie ihre Ziele selbst bestimmt.	6. Vom Führer (einer neuen Gruppe) definierte Ziele werden auf lange Sicht nützlicher sein, obwohl gelegentlich eine Gruppe reif genug sein kann, ihre Ziele selbst zu bestimmen.

Gruppenzentrierter Führer	Führungsorientierter Leiter
7. Eine signifikante und dauerhafte Änderung muß von den Mitgliedern selbst eingeleitet werden. Widerstand gegen Veränderung resultiert häufig aus der Einwirkung externen Drucks und fremder Einflüsse.	7. Durch die Ideen, Einsichten und das Wissen des Führers kann eine Veränderung begünstigt werden.
8. Demokratische Ziele rechtfertigen nicht den Einsatz undemokratischer Mittel. Durch undemokratische Methoden kann man kein demokratisches Verhalten lehren. Dies ist nur möglich, wenn die Mitglieder die Erfahrung gelebter Demokratie machen.	8. Demokratische Ziele rechtfertigen auch den Einsatz manipulativer und autoritärer Methoden. Der Führer muß seine Autorität wahren, um Einfluß auf die Gruppe zu nehmen, so daß diese die gewünschten Ziele erreicht.
9. Eine eigenständig eingeleitete Veränderung ist am wirkungsvollsten in einem psychologischen Klima zu realisieren, das als nicht bedrohlich empfunden wird und in dem die Mitglieder sich akzeptiert fühlen.	9. In einem nicht bedrohlichen, durch die Akzeptanz des einzelnen geprägten psychologischen Klima ist es unwahrscheinlich, daß die Gruppenmitglieder sich verändern, ohne daß der Führer ihnen eine bestimmte Richtung weist.

Gruppenzentrierter Führer	Führungsorientierter Leiter
10. Die Führung einer Gruppe ist nicht das Privileg oder die exklusive Rolle einer Person, sondern sie wird von der Gruppe auf das Mitglied übertragen, das ihre Interessen am besten wahrnehmen kann, indem es sie in eine bestimmte Richtung lenkt.	10. Die Leitung einer Gruppe sollte demjenigen übertragen werden, der über die meiste Erfahrung, das größte Wissen, die größte Reife und die meisten Fähigkeiten verfügt.
11. Wenn jemand die Situation einer Gruppe so definiert, daß sie »einen Führer« braucht, stellt das die Gruppe vor eine zusätzliche Aufgabe: Entweder muß sie die Grenzen akzeptieren, die ihr vom Führer aufgezwungen werden, oder ihn absetzen (auf physische oder psychologische Weise).	11. Die Situation einer Gruppe sollte immer so definiert werden, daß sie »einen Führer« braucht. Die Gruppenmitglieder fordern eine hierarchische Struktur, weil sie ansonsten ängstlich wären.

Der gruppenzentrierte Führer ...	Der hierarchisch orientierte Führer ...
1. ... gestattet es der Gruppe, ihre eigenen Interessen zu definieren, und bemüht sich, während dieses Prozesses die gruppeninterne Kommunikation zu erleichtern.	1. ... bemüht sich, so viel wie möglich über die Interessen der Gruppe herauszufinden, um Situationen herbeizuführen, in denen ihre Interessen befriedigt werden.
2. ... erlaubt es der Gruppe, ihre eigenen Erfahrungen zu planen, und bemüht sich, während dieses Prozesses die gruppeninterne Kommunikation zu erleichtern.	2. ... plant spezielle Lernsituationen und/oder Gruppenerfahrungen, aus denen die Mitglieder Einsichten gewinnen können.
3. ... vermeidet es, für die Gruppe Entscheidungen zu treffen, wenn man von denen absieht, die es anfangs erleichtern, die Gruppenmitglieder einander näherzubringen.	3. ... trifft Entscheidungen für die Gruppe, wenn diese zu unreif zu sein scheint, selbst eine korrekte Entscheidung zu fällen.
4. ... bereitet sich so vor, daß seine eigenen Beiträge innerhalb der Gruppe qualitativ besser werden.	4. ... bereitet sich so vor, daß er seine eigenen Gesprächsbeiträge verbessern und sich Gedanken über die Bedürfnisse der Gruppe machen kann.

Der gruppenzentrierte Führer ...	Der hierarchisch orientierte Führer ...
5. ... bemüht sich, seinen besonderen Status zu verlieren, so daß er an der Entscheidungsfindung teilnehmen kann, ohne daß seine Beiträge von den Gruppenmitgliedern auf besondere Weise betrachtet werden.	5. ... nutzt die mit seinem besonderen Status innerhalb der Gruppe verbundene Möglichkeit der Einflußnahme, um Entscheidungen herbeizuführen oder die Gruppe in eine bestimmte Richtung zu lenken.
6. ... delegiert die Verantwortung an jedes Gruppenmitglied, um es zu aktiver Teilnahme zu motivieren. Er versucht, die Entwicklung einer Gruppe durch ein Klima der Permissivität und der Akzeptanz zu fördern, indem er sich so permissiv und akzeptierend wie möglich verhält.	6. ... erleichtert die Teilnahme der Mitglieder durch subtile oder direkte Methoden, alle in die Gruppenaktivitäten einzubinden.
7. ... setzt Grenzen nach Maßgabe seiner eigenen Fähigkeiten, die Aktionen der Gruppe zu akzeptieren.	7. ... setzt Grenzen unter dem Aspekt, was am besten für die Gruppe ist.

Der gruppenzentrierte Führer ...	Der hierarchisch orientierte Führer ...
8. ... will wie jedes andere Gruppenmitglied seine Beiträge einbringen und versucht zu vermeiden, daß die Gruppe ihn als den *einzigen* oder *vorgesetzten* Gesprächsteilnehmer sieht.	8. ... will, daß die Gruppenmitglieder ihn als einen Menschen mit speziellen Fähigkeiten sehen; in der Regel übernimmt er diese Rolle.
9. ... versucht, die ausdrücklich geäußerten Wünsche der Gruppenmitglieder zu verstehen, daß er eine spezielle Rolle einnimmt, aber er fühlt sich nicht immer gezwungen, diesen Wünschen zu entsprechen.	9. ... stimmt gewöhnlich den Wünschen der Mitglieder an ihn zu, eine besondere Rolle zu übernehmen, oder versucht, die anderen zu überzeugen, daß eine andere Rolle besser ist.
10. ... versucht nicht, andere zu beeinflussen oder eine bestimmte Rolle zu übernehmen.	10. ... beeinflußt oder manipuliert die Gruppenmitglieder direkt, damit sie eine bestimmte Rolle übernehmen.
11. ... bemüht sich, das Niveau der von den Gruppenmitgliedern geäußerten Gedanken nicht zu transzendieren, weil er das Gefühl hat, daß die einzig bedeutungsvollen Einsichten diejenigen sind, die von den Gruppenmitgliedern selbst beigesteuert werden.	11. ... interpretiert die Verhaltensweisen der Gruppenmitglieder, um ihnen Einsichten mitzuteilen, auf die sie selbst vielleicht nicht gekommen wären.

Der gruppenzentrierte Führer ...	Der hierarchisch orientierte Führer ...
12. ... versucht, nicht als Führer aufzutreten, weil er der Ansicht ist, daß die Gruppenmitglieder in diesem Fall nicht völlig frei sind, sie selbst zu sein, und oft unterwürfig, unkritisch, feindselig oder mit Widerstand auf seine Äußerungen reagieren werden.	12. ... versucht, als ihr Leiter angesehen zu werden, weil er glaubt, daß er so besser in der Lage sein wird, die Situation zu kontrollieren und die Interessen der Gruppe zu befriedigen.
13. ... übernimmt keine spezielle Verantwortung, begreifen zu müssen, wie die Gruppe ihre eigenen Errungenschaften oder ihre Fortschritte bewertet.	13. ... übernimmt Verantwortung dafür, daß innerhalb der Gruppe Bewertungen vorgenommen werden.
14. ... bemüht sich, seine »offizielle Rolle« aufzugeben, so daß er dem Abhängigkeitsbedürfnis der Gruppe begegnen und seine Sorge hinsichtlich der Resultate der Aktionen der Gruppe reduzieren kann.	14. ... bemüht sich, seine »offizielle Rolle« zu festigen, um größeren Einfluß auf die Aktivitäten der Gruppe nehmen zu können.

Der gruppenzentrierte Führer ...	Der hierarchisch orientierte Führer ...
15. ... übernimmt keine spezielle Verantwortung dafür, die Angst innerhalb der Gruppe zu vermindern und Spannungen aufzulösen. Seiner Ansicht nach sind diese Phänomene innerhalb einer Gruppe unvermeidbar.	15. ... übernimmt Verantwortung dafür, daß Ängste innerhalb einer Gruppe abgebaut und Spannungen aufgelöst werden. Er glaubt, daß diese Phänomene das Erreichen von Zielen verhindern und deshalb vermieden werden müssen.

V. Bestimmen Sie Ihre eigene Zukunft oder Sie werden von ihr bestimmt

> Folgen Sie nicht den ausgetretenen Pfaden; gehen Sie
> lieber dort, wo es noch keinen Pfad gibt, und hinterlas-
> sen Sie Ihre eigene Spur.
>
> *Anonym*

Bis man die Techniken des Synergetischen Paradigmas sicher beherrscht, ist es ein weiter Weg. Das Streben nach mehr Kompetenz, um wirkungsvolle Beziehungen zu anderen Menschen aufzubauen, ist ein Prozeß, der ständige Praxis, ununterbrochene Weiterbildung und laufende Verbesserung erfordert. Somerset Maugham hat es so formuliert: »Nur mittelmäßige Leute sind immer in Höchstform.«

Die Zeit ist reif, diesen Weg zu beschreiten. Aber die Initiative liegt bei Ihnen. Niemand kann das für Sie tun. Jene Personen und Unternehmen, die die ausgefahrenen Gleise nicht verlassen, verlieren täglich an Terrain. Und das ist noch gar nichts im Vergleich zu dem, was die Zukunft bringen wird. Es ist wirklich ganz einfach. Sie werden im neuen Spiel nicht überleben, ohne die neuen Spielregeln zu lernen.

Das ist etwa so, als ob Sie Ihr Leben lang Fußball gespielt haben. Sie und Ihr Unternehmen haben ein bestimmtes Erfolgsniveau auf der Basis der Fußballregeln erreicht. Die Grundlagen des Spiels wurden Ihnen beigebracht, oder Sie haben sie sich selbst angeeignet. Sie kennen alles ganz genau, von der Größe und den Linien des Spielfeldes über die Beschaffenheit des

Balls und den Spielablauf bis zur Zählweise. Außerdem wissen Sie, wie man spielen muß, vom Stürmen und Überwinden des Gegners über die Verteidigung bis zum Elfmeter und dem Abseits. Ihr ganzes Unternehmen ist rund um diesen Sport aufgebaut, und all seine Strategien, seine Schulungen, seine Sprache und sein Anreizsystem basieren auf dem Fußballspiel.

Nehmen wir nun an, Sie wachen eines Tages auf und erfahren, daß das gesamte Team an einen neuen Besitzer verkauft wurde, dem eine Reihe von Oberliga-Baseball-Mannschaften gehört. Sie und Ihre Teamkollegen spielen nun Baseball. Denken Sie an die Veränderungen, die das mit sich bringen würde. Alles, was Sie kennen und was Ihnen vertraut ist, müssen Sie nun über Bord werfen. Neue Spielregeln müssen gelernt und neue Fertigkeiten entwickelt werden. Und eine neue Kultur muß sich herausbilden, um das Spiel zu unterstützen, das Sie jetzt spielen – nämlich Baseball.

So tiefgreifend müssen die Veränderungen im Verkauf sein. Der Paradigmenwechsel im Verkauf hat ein völlig neues Spiel hervorgebracht. Sie mögen sich wünschen, daß das nie geschehen wäre. Sie können den guten alten Zeiten nachtrauern. Sie können vor den Tatsachen die Augen verschließen. Und Sie können sich dagegen sträuben, soviel Sie wollen. Tatsache ist jedoch, daß der herkömmliche Ansatz zu beengend, beschränkend – einfach gänzlich ungeeignet ist. Sich den Veränderungen zu verschließen bedeutet, Ihr ganzes Überleben in dieser Branche aufs Spiel zu setzen. Die Geschichte ist voll von Menschen und Unternehmen, die einen Paradigmenwechsel nicht überlebt haben, weil sie unfähig waren, sich an die neuen Regeln anzupassen.

Es gibt eine ganze Reihe von Gründen, warum es dem einzelnen ebenso wie ganzen Unternehmen so schwerfällt, diese Notwendigkeit zur Veränderung klar zu erkennen. Zahlreiche Hindernisse beeinträchtigen die Fähigkeit, die notwendigen Informationen zu sammeln und zu analysieren, um den Zugang zu einer neuen Herangehensweise zu finden. Tatsächlich erleben Sie möglicherweise gerade an sich selbst eine solche Barriere gegenüber dem dramatischen Wandel, der im Verkauf notwendig geworden ist. Eines steht jedenfalls fest: In Ihrem Unternehmen bestehen zumindest ein, wahrscheinlich aber mehrere solcher Hindernisse.

Blindheit aufgrund von Paradigmen

Erinnern Sie sich daran, daß unsere Paradigmen wie Filter funktionieren, durch die wir das Leben betrachten. Dabei tendieren wir dazu, Informationen so zu verzerren, daß sie in unsere Paradigmen passen, oder sie andernfalls ganz von uns zu weisen. Wir sind blind gegenüber solchen Informationen, die dort nicht hineinpassen. Um hierfür den Beweis zu erbringen, bitten wir die Teilnehmer an unseren Seminaren, sich im Raum umzusehen und sich alles, was blau ist, zu merken. Danach müssen sie die Augen schließen und alles aufzählen, das sie gesehen haben und das orange war. Die typische Reaktion darauf ist, daß sie sich an überhaupt keine orangefarbenen Dinge erinnern können. Sie waren auf Blau konditioniert und daher blind für alles andere.

Ihre Paradigmen funktionieren ebenso. Ihre Konditionierung hinsichtlich des Verkaufs könnte Sie blind machen gegenüber der Notwendigkeit für die zahlreichen Veränderungen, die das neue Paradigma erforderlich macht. Einzelne und ganze Unternehmen werden dazu neigen, sich über die Aussagen dieses Buches lustig zu machen oder sie von vornherein abzulehnen. Das trifft insbesondere auf jene zu, die mit dem herkömmlichen Verkaufsansatz sehr erfolgreich waren. Ihnen wird es schwerer fallen, das aufzugeben, womit sie bislang Erfolg hatten, und das Risiko eines Übergangs zu neuen Spielregeln auf sich zu nehmen.

Die Blindheit aufgrund von Paradigmen macht Sie zum Gefangenen Ihrer Vergangenheit und nimmt Ihnen viele neue Chancen in Ihrem Leben. Solange Ihre Paradigmen sich nicht verändern, bleibt Ihre Zukunft klar vorhersehbar.

Die Schuld auf andere oder auf äußere Umstände schieben

Sobald sich die Dinge nicht so entwickeln, wie sie sollten, ist die natürliche Reaktion, andere, außerhalb der eigenen Person gelegene Phänomene für die schlechten Ergebnisse verantwortlich zu machen. Der beliebteste Sündenbock ist zur Zeit die Wirtschaftslage. In unseren Seminaren erklären Verkäufer lang und breit, warum die allgemeine wirtschaftliche Situation ihre Leistungsfähigkeit beeinträchtige. Sie geben auch der Konkurrenz, dem Produktdesign, der Qualität, dem Preis, dem schlechten Kundenservice, ihrem Vorgesetzten, der Marketingabteilung und sogar der Regierung die Schuld. Unternehmen bedienen sich ebenfalls solcher Ausflüchte, oder aber sie machen ein schwarzes Schaf ausfindig, jemanden aus dem Unternehmen, dem sie das Ausbleiben des Erfolges in die Schuhe schieben können. Es ist erstaunlich, wie viele fähige Manager gekündigt werden, wo es doch in Wirklichkeit das System ist, das versagt hat.

Wenn Sie aufhören, äußere Umstände für Ihre Ergebnisse verantwortlich zu machen, werden Sie eher in der Lage sein zu erkennen, daß das herkömmliche Paradigma im Verkauf vor dem Bankrott steht. In der Folge werden Sie Ihre eigene Fähigkeit entdecken, Ihre Paradigmen zu verändern und die Verantwortung für Ihr Leben selbst in die Hand zu nehmen. Sobald Sie diese Tatsache akzeptiert haben, werden Sie besser motiviert sein, die neuen Fertigkeiten in die Tat umzusetzen. Und Ihre Leistungen werden sich erheblich verbessern.

Härter arbeiten

Ein weiteres Hindernis beim Paradigmenwechsel ist die Härter-arbeiten-Mentalität. Das geht in etwa so: Wenn die Umsätze im Keller sind und Sie mehr arbeiten, werden sich logischerweise die Verkaufszahlen verbessern. Das stimmt aber nicht, wenn sich das ganze Spiel verändert hat. Anstatt zu akzeptieren, daß es neue Spielregeln gibt, und sich die dazu erforderlichen, neuen Fertigkeiten anzueignen, glauben viele Verkäufer und Verkaufsleiter immer noch, daß harte Arbeit die richtige Antwort ist. Das ist genauso, als ob man die Fußballmannschaft noch härter trainieren lassen würde, obwohl sie doch jetzt Baseball spielen soll.

Abstreiten

Wieder andere Personen und Unternehmen werden ihren Wandel dadurch abblocken, daß sie abstreiten, daß es überhaupt ein Problem gibt. Sie sind ganz einfach nicht gewillt, sich mit diesen Problemen oder Fragen auseinanderzusetzen oder auch nur zuzugeben, daß es vielleicht neue Möglichkeiten gibt, um die bestehende Situation zu verbessern. Also verfolgen diese Leute stur ihren Weg. Sie haben Angst, Rat oder Unterstützung von Außenstehenden anzunehmen, da dies als ein Zeichen der Schwäche gewertet werden könnte. Ihr Motto lautet: »Ich muß es um jeden Preis auch so schaffen.« Viele erfolgreiche Verkäufer leugnen die Veränderungen am Markt einfach. Sie sitzen in den ausgefahrenen Gleisen fest, denen sie ihren bisherigen Erfolg zu verdanken haben, und fürchten sich davor, nun umdenken zu müssen. Unternehmen tun dasselbe, wenn sie jemanden, der Probleme beim Namen nennt, als »teamfeindlich« brandmarken oder eine Atmosphäre schaffen, in der es üblich ist, »den Boten für die Nachricht zu prügeln«. In beiden Fällen lautet die Botschaft: »Halten Sie Ihre Nase schön brav am Boden, und rühren Sie nicht an Problemen oder offenen Wunden. Tun Sie einfach Ihren Job, und verursachen Sie keine Wellen.«

Eine Revolution hat stattgefunden, die für alle Zeiten die Art, wie wir verkaufen, verändern wird. Diese Revolution hat weitreichende Auswirkungen auf Unternehmen und deren Mitarbeiter. Die neuen Standards für Verkaufserfolg werden in Zukunft von denen gesetzt werden, die sich rasch und effektiv an die Spielregeln und Techniken, die das neue Spiel mit sich bringt, anpassen. Es ist höchste Zeit, aktiv Ihre eigene Umgebung zu gestalten, statt sich den Beschränkungen der gegenwärtigen Situation zu unterwerfen.

Ein Paradigmenwechsel eröffnet neue Chancen. Kolumbus hat durch seine Entdeckung der Neuen Welt und den damit verbundenen Paradigmenwechsel neue Möglichkeiten eröffnet, die sich die Bürger der zivilisierten Welt der damaligen Zeit niemals hätten träumen lassen. Hätten Sie einen durchschnittlichen Händler der Zeit vor 1492 über die märchenhaften Reichtümer, die neuen Produkte und die möglichen Chancen, die die Neue Welt bot, befragt, so hätte er Ihnen nur im Rahmen seiner damaligen Vorstellungswelt antworten können. Die meisten wären wohl unfähig gewesen, die Chancen zu begreifen, die vor ihnen lagen. Für den Großteil der Menschen ist es schwierig, über die Grenzen ihrer gegenwärtigen Paradigmen hinauszudenken.

Das ist so, als würden Sie eine Raupe auffordern, zu fliegen. Die Raupe könnte nicht einmal beschreiben, wie es ist, zu fliegen. Sie würde antworten, daß Raupen nicht fliegen. Sie sind Krabbeltiere. Und außerdem, hätte Gott gewollt, daß Raupen fliegen, so hätte er ihnen Flügel gegeben. Die Raupe kann sich also unter der Möglichkeit zu fliegen gar nichts vorstellen. Erst nachdem die Raupe einen Verwandlungsprozeß durchlaufen hat und zum Schmetterling geworden ist, könnte sie beschreiben, wie es ist, zu fliegen. Schmetterlinge wissen, wie Raupen fliegen lernen.

Stellen Sie sich einen Augenblick lang das Leben eines Verkäufers im neuen Verkaufsparadigma vor. Vergegenwärtigen Sie sich dabei die folgenden Aussichten.

Sie lieben Ihren Beruf als Verkäufer. Er erlaubt Ihnen, ein großes Einkommen mit einer Tätigkeit zu erzielen, die Ihnen Freude bereitet. Ihre Arbeit ist anregend, herausfordernd und eine Quelle großer Befriedigung in Ihrem Leben. Sie haben ein Gefühl von Erfüllung und Selbstvertrauen. Ihr Stolz auf das, was Sie tun, ist für alle in Ihrem Umfeld erkennbar. Diese Begeisterung für Ihre Arbeit wirkt sich auch auf andere Bereiche Ihres Lebens aus. Die Menschen bewundern Ihre Lebensfreude und Ihre Vitalität.

Einen der erfreulichsten Aspekte Ihrer Tätigkeit stellen die Beziehungen zu anderen dar. Ihre Kunden behandeln Sie bei der Kaufentscheidung als Partner. Sie vertrauen auf Ihren Rat und Ihre Mitwirkung. Diese Beziehungen zu Ihren Kunden wurzeln in einem offenen Fluß ehrlicher Kommunikation ohne Hintergedanken. Sie werden getragen von einer Wertschätzung für und der Rücksichtnahme auf die Bedürfnisse des jeweils anderen. Wenn Probleme auftauchen, werden sie direkt angesprochen und im beiderseitigen Einvernehmen zwischen Ihnen und Ihrem Kunden gelöst, wobei der gegenseitige Respekt und die Wertschätzung für die Beziehung im Vordergrund stehen. Ihr Glaube an den Aufbau synergetischer Beziehungen macht es Ihnen leicht, neue Kunden zu gewinnen. Sie können dabei verstärkt auf Hinweise und Referenzen von Freunden und bestehenden Kunden zurückgreifen.

Ihre Beziehungen innerhalb Ihres Unternehmens und zu jenem Personenkreis, mit dem Sie während des Verkaufsprozesses zusammenarbeiten, sind ebenso stark. Ihr Vorgesetzter unterstützt und versteht Sie. Gleichzeitig fordert er Sie und spornt Sie zu immer besseren Leistungen an. Er agiert als Ihr Trainer für Spitzenleistungen, und Sie vertrauen ihm und schätzen seine Anregungen. Die Beziehung zu Ihrem Vorgesetzten ist ein

Vorbild für den Rest des Unternehmens. Andere Abteilungen unterstützen Ihre Anstrengungen. Der Geist der Zusammenarbeit und das Gefühl, Teil eines echten Teams zu sein, bestärken Ihr persönliches Bekenntnis zur Kundenzufriedenheit. Jedes Mitglied des Teams fühlt sich für seinen Anteil am Erfolg gewürdigt.

Ihre persönliche Entfaltung und Ihre Entwicklung sind Ihnen ein Anliegen. Es macht Ihnen Freude, neue Wege zur Verbesserung Ihrer Leistung zu entdecken. Sie nehmen regelmäßig an Verkaufsschulungen teil, die entweder von Ihrem Unternehmen oder von anderen Stellen finanziert werden. Diese Seminare sind interessant, aufregend und herausfordernd. Sie lernen dabei nicht nur die neuen Instrumente zur Verbesserung Ihrer beruflichen Leistung kennen, sondern erfahren auch, wie Sie diese Fertigkeiten und Konzepte auf andere Bereiche Ihres Lebens anwenden können. Sie haben das Gefühl, daß die Schulungen Ihnen Gelegenheit bieten, Ihr Persönlichkeitsbild weiter abzurunden.

Sie arbeiten in einer Unternehmenskultur, die auf den Dienst am Kunden ausgerichtet ist. Die Rolle, die dabei den Verkäufern zukommt, wird allseits anerkannt. Das Team von Kollegen, mit dem Sie arbeiten, hat gemeinsame Ziele, gleichzeitig wird aber der Beitrag jedes einzelnen gewürdigt. Das Team versteht sich sowohl auf visionäres Denken als auch auf dessen praktische Umsetzung. Sie und Ihre Teamkollegen sind sich einig in Ihrem Bekenntnis zu Qualität, Kundenzufriedenheit und hervorragenden finanziellen Ergebnissen. Sie fühlen sich als Teil einer Gemeinschaft von Menschen, in der jeder dem anderen etwas bedeutet und alle gemeinsam einen Beitrag für das Unternehmen und seine Kunden leisten.

Diese Schilderung handelt nicht vom Himmel, vom Nirwana oder von einem fernen Utopia. Sie zeigt, was im Rahmen des neuen Paradigmas des Verkaufs möglich ist. Wenn Ihnen das heute undenkbar erscheint, ist das ganz normal. Erinnern Sie sich: Auch Raupen wissen nicht, wie man fliegt. Und denken Sie an die Worte von Mahatma Gandhi: »Zu glauben, daß das, was in der Geschichte noch nicht vorgekommen ist, überhaupt nie geschehen wird, heißt, an der Würde des Menschen zu zweifeln.«

Sehen wir uns nun jeden Eckpfeiler des Paradigmenwechsels im Verkauf genauer an. Dabei werden wir Beispiele kennenlernen, wie manche Menschen und Unternehmen sich auf das neue Spiel einstellen und sich so gut auf die Zukunft vorbereiten.

Die Beziehung zwischen Verkäufer und Käufer

Wenn Sie sich nicht dazu bekennen, eine entscheidend andere Art von Beziehung zu Ihren zukünftigen Käufern und Kunden aufzubauen, können Sie am Markt nicht überleben. Einige Bestimmungsfaktoren des Geschäftslebens, die in den 80er und frühen 90er Jahren entstanden sind, haben eine neue Art von Beziehung zwischen Verkäufer und Käufer erfordert. Aus Gesprächen mit unseren Kunden und anderen Leuten wissen wir, daß die Zukunft noch stärker in diese Richtung weist, mit noch weniger Spielraum für Fehler und daher noch höheren Einsätzen.

Michael Bender war in den späten 80er Jahren bei der Firma AC Delco, einem Tochterunternehmen von General Motors, verantwortlicher Manager für Verkaufsschulungen. Er erkannte die Notwendigkeit, den Verkauf an das Händlernetz auf ganz neue Art und Weise anzugehen, und es gelang ihm, das Management auf seine Seite zu ziehen. In der Folge organisierte er die Teilnahme von mehr als tausend Personen aus dem Verkauf und den Kundendienstabteilungen an unseren Seminaren über Synergetischen Verkauf und Kundendienst.

Mittlerweile arbeitet er als selbständiger Unternehmensberater in Frankreich. Auch heute noch ist er von dem neuen Verkaufsmodell überzeugt. Er konnte den Nutzen des neuen Modells nicht nur bei AC Delco beobachten, sondern sieht nunmehr sogar einen noch dringenderen Bedarf dafür am Markt. Bender sagt:

> Die Herausforderung, mit denen Verkäufer konfrontiert sind, sind so vielfältig und nachhaltig, daß die alte strategische Herangehensweise, die mit vorgefertigten Lösungen arbeitet, nur zu einer Störung der Kommunikation führen kann. Die Folge sind kräftige Umsatzeinbußen, und schließlich steht das Überleben des ganzen Unternehmens auf dem Spiel. Man kann sagen, daß es heutzutage geradezu ein kategorischer Imperativ ist, Verkäufer intensiv zu schulen und mit guten Grundkenntnissen des Synergetischen Paradigmas auszustatten.

Er fährt fort, indem er hervorhebt, wie die Unbeständigkeit des Geschäftslebens sich auch auf die Käufer auswirkt:

> Man darf nicht vergessen, daß die sich rasch verändernden Märkte den Käufer ebenso beunruhigen wie den Verkäufer. Er wird wesentlich mißtrauischer gegenüber Vertretern, die weiterhin mit denselben alten Verkaufsmethoden arbeiten.

Ein anderer Pionier bei der Entdeckung der Vorteile des Synergetischen Paradigmas ist Alex Kerr von der Firma SaskTel (Saskatchewan Telecommunications). Als zuständiger Leiter für Marketingschulungen führte er 1985 die Seminare über Synergetischen Verkauf bei SaskTel ein. Sein Ziel dabei war es, Verkäufer und andere Mitarbeiter gut auf den heiß umkämpften Markt vorzubereiten, in dem das Unternehmen nach der Deregulierung der Telekommunikationsbranche in Kanada zurechtkommen mußte. Seit dieser Zeit haben mehr als zweitausend

Angestellte aus dem ganzen Unternehmen an diesem Programm teilgenommen. Kerr sagt:

> Der Markt der neunziger Jahre ist sogar noch wettbewerbs-intensiver, als wir ursprünglich dachten. Der Schlüssel zum Erfolg liegt in der Fähigkeit eines Unternehmens, synergetische Beziehungen zu seinen Kunden zu unterhalten. Die Schulungen, die wir für unsere Mitarbeiter zwischen 1985 und 1990 abgehalten haben, haben dafür den Grundstein gelegt. Die Techniken des Synergetischen Verkaufs müssen entstaubt und immer wieder neu in der Unternehmenskultur verankert werden.

Die Herausforderungen des Geschäftslebens der Zukunft werden den Druck auf die Beziehung zwischen Verkäufer und Käufer nur weiter erhöhen. Sehen wir uns einmal die wichtigsten Fragen an, mit denen sich Unternehmen in den kommenden Jahren auseinandersetzen müssen und die eine ständige Verbesserung der Beziehung zwischen Verkäufern und ihren Kunden notwendig machen.

Da gibt es zum einen den Trend zum Total Quality Management, das die Bedeutung einer kundenorientierten Unternehmenskultur hervorhebt. Dabei handelt es sich weder um eine vorübergehende Modeerscheinung noch um die Managementphilosophie des Monats. TQM bedeutet eine Entwicklung in Richtung einer neuen Art zu arbeiten. W. Edwards Deming, unbestritten einer der führenden Vertreter der Qualitäts-Schule, fordert eine Metamorphose, eine Transformation in der Art und Weise, wie ein Unternehmen nach innen und außen agiert. Nur so könne es in Zukunft erfolgreich überleben. Dies ist ein schrittweiser Prozeß ständiger Verbesserung, der das ganze Gewebe der Unternehmenskultur durchdringen muß. Er ist nicht eines Tages plötzlich zu Ende. Ein wesentliches Element jedes TQM-Programms ist die Beziehung, die Verkäufer und sonstige Mitarbeiter zu den Kunden haben. Ehrliche und offene Kommunikation und eine wirkungsvolle Problemlösungskompetenz sind unabdingbar für Verkäufer, die in einer solchen Umgebung agieren.

Zusätzlich erfordert die gestiegene technologische Komplexität von Produkten und Dienstleistungen heute längerfristige und intensivere Beziehungen zwischen Verkäufern und Käufern. Es deutet nichts darauf hin, daß sich daran in Zukunft etwas ändern wird. Dasselbe gilt auch für den steigenden Trend, maßgeschneiderte Produkte und Dienstleistungen anzubieten. Der Verkäufer oder sein Unternehmer kann es sich nicht länger leisten, einfach einen Verkauf abzuschließen und weiterzuziehen. Die Wechselwirkungen in den Beziehungen zwischen verschiedenen Unternehmen erfordern eine noch stärkere Bindung. Verläufer und Käufer werden gezwungen sein, ein tieferes Verständnis für die Belange der jeweils anderen Firma zu entwickeln. Dies erfordert den Austausch von Informationen, die bisher als Geschäftsgeheimnisse galten. Käufer werden bei der Auswahl ihrer Geschäftspartner viel selektiver vorgehen. Die Fehlertoleranz sinkt in einem heißumkämpften Markt, und Irrtümer werden zu teuer, um Kaufentscheidungen noch auf die leichte Schulter nehmen zu können.

Der Trend zur Herausbildung von Partnerschaften mit Alleinlieferanten wird sich in dem Maße fortsetzen, in dem die Technologie komplexer wird. Ebenso wird die Entwicklung neuer Produkte und Dienstleistungen mit Hilfe neuer Technologien den Bedarf nach stärkeren Beziehungen zwischen Verkäufern und Käufern weiter erhöhen.

Schließlich werden die kulturellen Komponenten, die auf einem globalen Markt zu berücksichtigen sind, engere Beziehungen zwischen Verkäufer und Käufer erfordern. Verkäufer werden nicht nur lernen müssen, auf neue Weise mit der Beziehung zum Kunden umzugehen, sondern sie werden das zusätzlich in einer Umgebung tun müssen, die von kultureller Vielfalt geprägt ist. Michael Bender ist ein Experte, was den Einfluß kultureller Unterschiede betrifft. Er war zehn Jahre bei der europäischen Abteilung von General Motors tätig, bevor er zu AC Delco wechselte. Über globale Märkte sagt er das folgende:

> Unternehmen wetteifern darum, sich jenseits von internationalen Grenzen zu betätigen. Die Gefahr dabei ist, daß sie bei ihren Plänen nicht bedenken, was es heißt, in einem solchen Umfeld erfolgreich zu agieren. Bedauerlicherweise glauben allzu viele, daß sie lediglich ihre gewohnte Mentalität auf das neue Geschäft übertragen müssen. So etwas kann nur in einer Katastrophe enden, weil die ortsansässigen Kunden [in Europa] diese Herangehensweise nicht akzeptieren.

Eine solche Business-as-usual-Mentalität, von der Bender spricht, spiegelt die herkömmliche Einstellung zur Beziehung zwischen Verkäufer und Käufer wider. Bender erläutert weiter:

> Die meisten Probleme beim Verkauf über Kulturgrenzen hinweg entstehen nicht durch Meinungsverschiedenheiten, sondern durch Mißverständnisse zwischen dem Käufer und dem Verkäufer. Das trifft insbesondere dann zu, wenn beide Teile dieselbe Sprache sprechen und sich in dieser Sprache fließend unterhalten können. Verkaufsrepräsentanten passen sich in einer multikulturellen Situation besser den Gegebenheiten an. Ein europaweit agierender Verkäufer muß seine alten Methoden hinter sich lassen und sich im Synergetischen Paradigma bewegen, um Erfolg zu haben.

Was Bender damit ausdrücken will, ist wiederum, daß die Globalisierung der Märkte nach einem neuen Gefühl des gegenseitigen Verstehens und der Zusammenarbeit zwischen Verkäufern und Käufern verlangt.

Die Probleme, mit denen sich Unternehmen und Verkäufer heute auseinandersetzen müssen und die zur Herausbildung einer neuen Form von Beziehung zwischen Verkäufer und Käufer geführt haben, sind aber nur die Spitze des Eisberges im Vergleich zu dem, was die Zukunft bringen wird. Wer nicht jetzt schon die notwendigen Veränderungen im Umgang mit diesen Beziehungen vornimmt, wird bald nicht mehr mitspielen. Wer diese Veränderungen auch in Zukunft nicht umsetzt, wird erst gar nicht ins Spiel kommen.

Die Beziehungen zwischen Verkäufern und ihren Vorgesetzten

Die Beziehung zwischen Verkäufern und ihren Vorgesetzten ist wahrscheinlich jener Bereich, in dem sich das Synergetische Paradigma am nachhaltigsten auf die Verkaufsergebnisse auswirken kann. Für die meisten Verkäufer ist diese Beziehung ein ständiger Quell der Frustration und Verärgerung. Das untergräbt die persönliche Motivation, Kreativität, Begeisterung und Überzeugung. Im besten Fall stellen sich solche Beziehungen für Verkäufer als neutral oder gerade erträglich dar, jedenfalls aber nicht als Ansporn, bessere Ergebnisse zu erzielen. Selten kommt es vor, daß ein Verkäufer das Verhältnis zu seinem Vorgesetzten als eine positive, bestärkende Partnerschaft beschreibt.

Die Botschaft hier ist ganz einfach und unmißverständlich: Die Beziehung zwischen Verkäufern und ihren Vorgesetzten muß sich radikal verändern, um die Leistung sowohl des einzelnen als auch des gesamten Unternehmens zu maximieren. Es gibt keine andere Möglichkeit, die Dinge zu betrachten. Diese Transformation muß grundlegend und durchdringend sein.

Dabei sind mehrere Punkte zu beachten. Erstens erfordert das neue Verhältnis zwischen Verkäufer und Käufer, daß die Beteiligten in der Lage sind, selbst Entscheidungen zu treffen. Die Käufer wollen nicht mit »Laufburschen« zu tun haben. Sie wollen mit einem Verkäufer zusammenarbeiten, der auf seine Tätigkeit durch entsprechende Schulung ausreichend vorbereitet ist und der über die Autorität verfügt, solche Entscheidungen zu treffen, die für die Partnerschaft relevant sind. Auch verlangen die sich ständig verändernden Märkte eine größere Autonomie für die Verkäufer. Das Spiel erfordert von seinen Akteuren auf dem Spielfeld die Befugnis, Entscheidungen eigenmächtig zu fällen.

Zweitens verlangen die Verkäufer selbst nach einem radikalen Wertewandel am Arbeitsplatz. Sie wollen ebenso wie ihre Kollegen in anderen Abteilungen des Unternehmens mehr Verantwortung und größere Selbstbestimmung. Sie wollen größeren Einfluß auf Entscheidungen nehmen, die sie betreffen. Darüber hinaus wollen sie, daß ihre Arbeit für sie befriedigender wird und mehr Selbstverwirklichung und Anerkennung mit sich bringt. Der Verkäufer von heute, und noch vielmehr der von morgen, möchte, daß seine Meinungen, sein Verhalten und seine Überzeugungen anerkannt und mit Respekt behandelt werden. Verkaufsleiter müssen in der Lage sein, ein Betriebsklima zu schaffen, in dem diese Bedürfnisse erfüllt werden können.

Für die meisten Unternehmen lautet die typische Lösung zur Verbesserung der Beziehung zwischen Verkäufern und ihren Vorgesetzten »Ermächtigung«. Ermächtigung (*empowerment*) des Verkäuferstabes ist in aller Munde, in Seminaren, bei jährlichen Verkäufertreffen und bei Managerkonferenzen. Aber »Ermächtigung« ist zumeist eine Farce. In den meisten Unternehmenskulturen kommt es einem eher vor, als ob sie etwas sei, das dem Verkäufer aufoktroyiert wird. Es ist nur eine andere Form von Kontrolle. Das ist auch der Grund, warum viele Verkäufer es lediglich als weiteren Versuch des Unternehmens auffassen, sie dazu zu bewegen, das zu tun, was die Geschäftsleitung will. Die typische Ermächtigung wird als subtile Form der Steuerung und Manipulation empfunden.

In unseren Seminaren für Verkaufsleiter bitten wir diese, den Begriff »Ermächtigung« zu definieren. Wir erhalten dann Antworten wie: »Ermächtigung bedeutet, die Verkäufer dazu zu bringen, härter zu arbeiten oder produktiver zu werden, ihre Quoten zu erfüllen, mehr Verantwortung zu übernehmen, ihre Probleme selbst zu lösen, häufiger die Initiative zu ergreifen, sich weiterzubilden, um so ihre Leistung zu steigern.« Diese Antworten haben alle einen gemeinsamen Nenner: Sie spiegeln die Interessen der Verkaufsleiter wider. Es geht offensichtlich darum, den anderen dazu zu bringen, etwas zu tun, das man selbst für erforderlich hält. Vergessen wird dabei, daß der andere Widerstand leisten wird, wenn er selbst keinerlei Einfluß auf den Prozeß hat.

Ermächtigung ist tatsächlich der Schlüssel zur Umwandlung der Beziehung zwischen Verkäufern und ihren Vorgesetzten, die für die Märkte von Heute und als Vorbereitung für die Zukunft so wichtig ist. Im Synergetischen Paradigma nimmt Ermächtigung jedoch eine andere Bedeutung an. Wahre Ermächtigung bedeutet, ein Klima zu schaffen, in dem Menschen ermutigt werden, ihre Fähigkeiten zu entfalten. Dazu gehören die Anerkennung der Gegenseitigkeit von Beziehungen ebenso wie persönliches Wohlbefinden; Selbstbestimmung und Eigenverantwortung zuzulassen; und die Möglichkeit zu schaffen, selbstbeschränkende Überzeugungen zu überprüfen und zu ändern. Das Schlüsselwort dabei lautet *Gegenseitigkeit*. Ein Umfeld persönlicher Ermächtigung ist eines, in dem beide an seiner Gestaltung mitwirken.

Unsere Kultur legt eine Menge Wert auf die Führungsrolle des Managers, aber auch seine »Gefolgschaft« trägt eine gewisse Verantwortung. Das ist der Grund, warum es nicht allein Sache des Verkaufsleiters ist, die Beziehung zwischen Verkäufern und ihren Vorgesetzten zu verändern. Ein Verkäufer muß selbst auch Verantwortung übernehmen bei der Umgestaltung der Beziehung zu seinen Vorgesetzten.

Verkäufer tendieren dazu, Macht an ihre Vorgesetzten abzugeben, um sich dann zu beklagen, wenn die Dinge nicht so laufen, wie sie sollten. Das ist allgemein ein typisches Verhalten für Gefolgsleute. Denken Sie etwa daran, wie ein einzelner Mensch, nämlich der Präsident der Vereinigten Staaten, für die wirtschaftlichen Turbulenzen des Landes verantwortlich gemacht wird. Gefolgsleute ernennen einen Führer und erwarten dann von ihm, daß er sie rettet, oder sie warten auf einen Führer, der sie aus ihren Schwierigkeiten herausführt. Es ist viel einfacher, unsere Macht an jemand anderen abzugeben und ihm dann für alles Schlechte die Schuld zu geben, als persönlich Verantwortung für unser eigenes Leben zu übernehmen. Oft fürchten Verkäufer die Autorität, die ihr Vorgesetzter verkörpert. Sie verhalten sich viel zu passiv in der Beziehung. Damit eine »Ermächtigung des Verkäuferstabes« funktionieren kann, müssen die Verkäufer willens sein, die Verantwortung, die damit verbunden ist, zu akzeptieren.

Gleichzeitig müssen Verkaufsleiter ihre Rolle bei der Veränderung dieser Beziehung annehmen. Der herkömmliche Ansatz im Verkaufsmanagement hat sich überlebt. Verkaufsleiter müssen eine Reihe neuer Fertigkeiten entwickeln, um in der heutigen Zeit ihre Leistung steigern zu können. Immerhin besteht die eigentliche Aufgabe eines Managers darin, Bedingungen zu schaffen, in denen der einzelne seine eigenen Fähigkeiten zum Tragen bringen und sein eigenes inneres Potential ausschöpfen kann, wodurch die persönliche Effizienz maximiert wird. Das beste Vorbild dafür ist vielleicht ein Trainer.

William Marre, Mitbegründer und ehemaliger Generaldirektor des Covey Leadership Institute, arbeitet mittlerweile als selbständiger Unternehmensberater. Er hat sich auf die Entwicklung von Trainerfähigkeiten für Manager spezialisiert. Marre ist der Meinung, daß Manager begreifen müßten, was der Begriff »trainieren« wirklich beinhaltet. Er sagt:

Die Art von Training, die heutzutage zur Verbesserung des Verkaufsergebnisses nötig ist, hat nichts zu tun mit einem autoritären Stil, den die meisten Leute damit verbinden. Das ist der Stil, wie er etwa im Fußball zur Anwendung kommt, wo der Trainer auf der Pressetribüne sitzt, von der er einen besseren Überblick über das Spiel hat und Spielanweisungen erteilt. Das ist kein Stil der Ermächtigung. Ein besseres Vorbild für das Training von Verkäufern ist da schon jenes des Tennistrainers. Die Regeln dieses Spiels lassen keine Anweisungen während des Spiels selbst zu. Statt dessen hilft der Tennistrainer dem Spieler bei der Vorbereitung auf das Spiel und gibt ihm anschließend ein Feedback zu der erbrachten Leistung.

Ein Trainer im Sinne von Marre ist jemand, der die Voraussetzungen schafft und für Bedingungen sorgt, unter denen der einzelne Spitzenleistungen erbringen kann. Dieser Trainingsstil läßt Raum für jene Selbstbestimmung und Eigenverantwortlichkeit, die Verkäufer sich wünschen. Das ist wahre Ermächtigung.

Das Verhältnis zwischen Verkäufern und ihren Vorgesetzten muß sich verändern, um jene Verkaufsleistung hervorzubringen, die in der heutigen Hochdruck-Geschäftswelt verlangt wird. Verkaufsleiter müssen es in ihrer neuen Trainerrolle zur Meisterschaft bringen. Sie müssen zuerst viel von dem, was ihnen bislang über Management beigebracht wurde, wieder vergessen und offen werden für neue Herangehensweisen. Darüber hinaus müssen sich auch die Verkäufer zu einem produktiveren Verhältnis zu ihren Vorgesetzten bekennen. Sie müssen persönliche Verantwortung übernehmen, um eine bestärkende Beziehung entwickeln zu können, die ihnen eine Maximierung ihrer Leistung ermöglicht.

Das Verhältnis zu anderen Personen, die am Kauf- und Verkaufsprozeß beteiligt sind

Die immer komplexer werdenden Märkte führen bei Verkäufern zu immer neuen Gefühlen der Frustration. In beinahe jedem Marktbereich sind heutzutage mehr Personen als früher am Verkaufsprozeß beteiligt. In großen Unternehmen gibt es typischerweise zahlreiche Angestellte und ein kompliziertes System von Kundendienstabteilungen, deren Arbeit Verkauf und Lieferung von qualitativ hochwertigen Produkten beeinflußt. Überall, angefangen von Kleinunternehmern bis zu Immobilienmaklern und Versicherungsvertretern, steigt die Zahl der Beteiligten, ob bei der Verkaufsabwicklung oder beim Kundendienst.

Verkaufserfolg hängt in der heutigen Zeit, und noch viel stärker in der Zukunft, von der Fähigkeit des Verkäufers ab, die Arbeit zahlreicher Personen zu koordinieren, über die er keine Befehlsgewalt hat. Er hat tagtäglich mit einem unabhängigen Netzwerk von Einzelpersonen zu tun, von denen jede ihre eigenen Interessen verfolgt. Selbst wenn alle darin übereinstimmen sollten, daß ihr oberstes Ziel die Zufriedenheit der Kunden ist, haben sie sicherlich jeweils unterschiedliche Vorstellungen darüber, wie man gute Ergebnisse erzielt, und möglicherweise sogar unterschiedliche Auffassungen darüber, wie diese Ergebnisse zu messen seien. Erfolg hängt in hohem Maße von der Fähigkeit des Verkäufers ab, produktive Partnerschaften zu anderen aufzubauen und zu erhalten, die seinen Verkaufsprozeß mittragen.

In diesem Zusammenhang muß unterschieden werden zwischen *Übereinstimmung* und *Abstimmung*. Diese Unterscheidung ist wesentlich. Unter Übereinstimmung versteht man einen Zustand, in dem sich die Beteiligten in einer verträglichen oder harmonischen Beziehung zueinander befinden. Dazu gehören üblicherweise gegenseitige Anerkennung und Einvernehmen; das Fehlen von Zwietracht oder Konflikten. Übereinstimmung nimmt den Status quo hin, weil eine Veränderung das Risiko einer Mißstimmung in sich bergen würde. Dieser Zustand erzeugt demnach Konformität.

Abstimmung hingegen ist ein schöpferischer Akt. Sie ist eine Kunst, die die vorhandenen Kräfte in eine Richtung lenkt, sie auf dieselbe Wellenlänge bringt. Sie ist von Natur aus synergetisch. Mit anderen Worten: Die erzielten Ergebnisse sind größer als die Einzelbeiträge aller Beteiligten. Abstimmung erfordert, sich mit den Unstimmigkeiten auseinanderzusetzen, die normalerweise unter der Oberfläche der Übereinstimmung brodeln.

Typischerweise arbeiten Verkäufer nur deshalb mit Einzelpersonen oder Gruppen harmonisch und verträglich zusammen, weil eine unausgesprochene Übereinkunft besteht, nicht an den bestehenden Unstimmigkeiten zu rühren. Oft schon haben wir von Kunden gehört, wie toll ihr Teamwork funktioniert, weil jeder mit dem anderen wunderbar auskommt. Das allein ist bereits ein Alarmzeichen. Immer, wenn wir die Übung über unausgesprochene Kommunikation in unseren Seminaren durchführten, kam ein gewaltiger Groll zum Vorschein, der unter der Oberfläche der Beziehungen verborgen lag. Es gelang uns dann, die Probleme zu lösen und Abstimmung herbeizuführen, wodurch das jeweilige Team wesentlich produktiver wurde.

Die beiden folgenden Beispiele verdeutlichen diese Unterscheidung visuell.

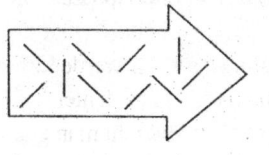

Übereinstimmung

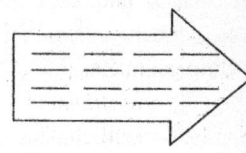

Abstimmung

In einer Beziehung zu einer anderen Person innerhalb oder außerhalb Ihres Unternehmens, die Ihre Verkaufsleistung mitbestimmt, bleiben bei der Übereinstimmung ungelöste Probleme bestehen. Diese bilden ein Labyrinth, das Sie erst durchdringen müssen, um Ihre Aufgabe erfüllen zu können. Möglicherweise fallen Ihnen auf der Stelle drei Punkte ein, mit denen Sie nicht einverstanden sind und die Ihre Leistung beeinträchtigen. Dennoch gelingt es Ihnen immer wieder, sie zu umgehen, um nach außen die Übereinstimmung aufrechtzuerhalten. Viele dieser Hindernisse machen die »So-ist-es-nun-mal«-Realität aus, mit der Sie Tag für Tag leben müssen.

Vier Schritte sind erforderlich, um Abstimmung mit Einzelpersonen oder Gruppen von Personen zu erzielen, die Einfluß auf Ihren Verkaufserfolg haben:

1. Sie müssen eine klare Vision haben und ein uneingeschränktes Bekenntnis zu guten Verkaufsergebnissen und zu einem hohen Maß an Kundenzufriedenheit ablegen.
2. Akzeptieren Sie auf keinen Fall den Status quo, die normale Vorgehensweise. Seien Sie bereit, neue Chancen zu entdecken und höhere Ebenen persönlichen und wirtschaftlichen Erfolges zu erreichen.
3. Seien sie authentisch in Ihrer Kommunikation. Sagen Sie die Wahrheit, und wagen Sie sich ruhig an die »heiligen Kühe« heran, die Ihren Erfolg behindern.
4. Lösen Sie die Probleme, die zutage treten, und bemühen Sie sich dabei, ein Ergebnis zu finden, bei dem beide Seiten gewinnen.

Die Herausforderungen, denen Verkäufer heutzutage gegenüberstehen, einschließlich der Bedeutung der Kundenzufriedenheit, des starken Wettbewerbs auf den Märkten, der Notwendigkeit, rasche Antworten auf Kundenanfragen zu finden, der Technologie und der Auswirkungen der Globalisierungstendenzen, setzen ein neues Verständnis von Zusammenarbeit voraus. Einfache Übereinstimmung genügt nicht mehr.

Abstimmung mit anderen führt zu jenem Niveau an persönlicher Leistung und wirtschaftlicher Effizienz, das in den kommenden Jahren zum Überleben notwendig sein wird.

Verkaufsschulung

Verkaufsleiter und sonstige Manager, aufgepaßt: Wenn Sie nicht gleich heute damit beginnen, Ihr Personal zu schulen und weiterzubilden, ist die Wahrscheinlichkeit groß, daß demnächst ein anderer auf Ihrem Sessel sitzt.

Verkäufer, aufgepaßt: Wenn Sie sich nicht um Ihre persönliche Weiterbildung kümmern, egal, ob Ihr Unternehmen die Kosten dafür trägt oder nicht, werden Sie künftig wohl kaum dieselben Ergebnisse erzielen wie bisher.

Schulung darf nicht länger als netter Zeitvertreib betrachtet werden, den man sich leistet, sofern die Zeit und das Geld dafür vorhanden sind. Die Entwicklung der eigenen Fähigkeiten ist überlebensnotwendig. Die technologische Komplexität, die Geschwindigkeit, mit der sich Veränderungen vollziehen, und der scharfe Wettbewerb auf den Märkten lassen Aus- und Weiterbildung sowohl für den einzelnen als auch für Unternehmen zur Priorität werden.

Auf den heutigen Märkten, und noch viel stärker in der Zukunft, können Unternehmen nicht über den Preis oder durch technologische Wettbewerbsvorteile konkurrieren. Die Basis für Konkurrenzfähigkeit sind die Beziehungen, die Verkäufer und andere Mitarbeiter in ihren Kunden aufbauen, und die Qualität des Kundendienstes, den sie anbieten. Wenn Sie beim Service konkurrieren wollen, sind die Menschen Ihr wichtigstes Kapital.

Wo Wert auf die Menschen gelegt wird, ist Schulung ein Muß. Die Frage lautet nicht mehr, ob Verkäufer geschult werden sollten oder nicht. Die richtige Art der Schulung ist Voraussetzung zum Überleben.

Diese Herausforderungen des heutigen Wirtschaftslebens erfordern eine neue Unterscheidung im Bereich der Schulung. Die herkömmliche Schulungsmethode für Verkäufer konzentriert sich darauf, Schwächen festzustellen, in die man einhaken kann, sowie Tips und Techniken zu vermitteln, wie man sich in diesen Bereichen verbessern kann. Diese Form der Schulung, die wir leistungsorientierte Schulung nennen, erhöht die Leistung innerhalb eines bestimmten Paradigmas. Aber sie regt die Leute nicht dazu an, ihre Paradigmen zu hinterfragen und so wahre Durchbrüche in ihrer Leistung zu erzielen. Eine solche Schulung mag zwar Verhaltensänderungen bewirken. Diese Veränderungen bewegen sich aber immer innerhalb der überkommenen Vorstellungen. Im besten Fall führt eine solche Schulung zu geringfügigen Verhaltenskorrekturen.

Transformationsorientierte Schulung hingegen verändert das Paradigma, von dem der Mensch geleitet wird. Das ermöglicht es dem einzelnen, jenseits der unsichtbaren Beschränkungen der bestehenden Paradigmen zu gelangen. Dadurch bewirkt sie eine wesentliche Leistungssteigerung. Schulungen dieser Art bestehen üblicherweise aus drei Komponenten. Erstens wird den Teilnehmern Gelegenheit gegeben, ihre bestehenden Paradigmen zu hinterfragen. Dadurch werden sie in die Lage versetzt zu begreifen, welche Grenzen ihre Paradigmen ihnen setzen und welche Konsequenzen diese Beschränkungen mit sich bringen. Das ist ein entscheidender Schritt, um die Restriktionen ihrer bisherigen Konditionierung überwinden zu können. Zweitens ermöglicht transformationsorientierte Schulung dem einzelnen, neue Paradigmen zu entwickeln, die ein anderes Verhalten erfordern. Dadurch wird ein Quantensprung an Leistungssteigerung bewirkt. Schließlich muß die Schulung die nötigen Techniken vermitteln, um diese neuen Verhaltensmuster zu entwickeln.

Das folgende Beispiel soll Ihnen diese Unterscheidung näherbringen. Elefantenbabys im Zirkus werden an einen Pflock gebunden, der in den Boden gerammt ist. Weil sie noch nicht stark genug sind, um den Pflock aus dem Boden zu ziehen, lernen sie rasch, daß ihr Bewegungsspielraum auf die Länge des Seils beschränkt ist. Sie sind darauf konditioniert, zu glauben, daß sie nicht weiter gehen könnten. Auf diese Weise können auch erwachsene Elefanten durch das Anbinden an einen Pflock unter Kontrolle gehalten werden; obwohl sie leicht in der Lage wären, den Pflock aus der Erde zu ziehen und wegzugehen, versuchen sie es gar nicht. Sie wurden bereits als Jungtiere darauf konditioniert, zu glauben, daß sie nicht stark genug seien. Unsere bisherige Konditionierung, unsere Paradigmen, bewirken bei uns genau dasselbe.

Herkömmliche, leistungsorientierte Schulung bringt den Leuten bei, wie sie sich innerhalb der Grenzen ihrer bestehenden Welt, wie sie sie kennen, besser bewegen können – mit anderen Worten, innerhalb der Länge des Seils, durch das sie an den Pflock gebunden sind. Transformationsorientierte Schulung hinterfragt ihre Überzeugungen und ihre Konditionierungen. Sie erlaubt den Menschen, sich jenseits der vorgegebenen Grenzen ihrer bisherigen Erfahrungen zu bewegen.

Aber nicht nur Verkäufer bedürfen der Schulung in der Fähigkeit, synergetische Beziehungen aufzubauen. Jedermann sonst, von der Geschäftsleitung bis zu den Sachbearbeitern in den Kundendienstabteilungen, muß für das neue Modell geschult werden. Das ist eine unabdingbare Voraussetzung für die Umgestaltung der Unternehmenskultur, die erforderlich ist, um die Transformation zu ermöglichen.

So etwas geht nicht von einem Tag auf den anderen. Die Umgestaltung muß auch eine laufende Auffrischung der synergetischen Fertigkeiten und wiederholte Schulungen beinhalten, um kontinuierliche Verbesserung zu erzielen. Um im Synergetischen Paradigma effizient arbeiten zu können, müssen die Leute vieles von dem verlernen, was sie sich in der Vergangenheit angeeignet haben. Verkäufer sind auf bestimmte Verhaltensweisen konditioniert, um im herkömmlichen Modell erfolgreich sein zu können. Jetzt wird ihnen der Boden unter den Füßen weggezogen. Die dramatischen Veränderungen, die nun notwendig geworden sind, bringen Risiken und Unannehmlichkeiten mit sich. Ängste, die mit der Transformation verbunden sind, müssen überwunden werden. Diese Tatsache unterstreicht die Anforderung an Führungskräfte, ihre Rolle in Richtung eines Trainers zu verändern.

Schließlich müssen die Schulungsmaßnahmen besser mit dem Rest des Verkaufsapparates abgestimmt werden, um Verkäufer gut auf den Markt vorzubereiten. Deborah Twadell, Stellvertretende Direktorin der Mortgage Guaranty Insurance Corporation und derzeitige Vorsitzende der National Society of Sales Training Executives, drückt es so aus:

> Verkaufsschulung muß in die strategische Planung integriert werden. Andernfalls wird sie immer drei Schritte hinter den aktuellen Entwicklungen zurückbleiben. Es sollte ein Schulungsplan ausgearbeitet werden, der künftigen Bedarf vorhersieht, um die Unternehmensentwicklung zu unterstützen. Auf diese Art und Weise kann Schulung so gestaltet und der Verkaufsorganisation vermittelt werden, daß sie mit den Marktentwicklungen übereinstimmt.

Für die Zukunft gilt das Gesagte allemal. Sie verlangt daher (1) nach einem Bekenntnis zu mehr Verkaufsschulung und verstärkter persönlicher Weiterbildung, (2) nach mehr transformationsorientierter Schulung statt normaler Leistungssteigerungsseminare, und (3) nach der Einbindung der Schulungsfunktion in die strategische Unternehmensplanung, um zu gewährlei-

sten, daß die richtige Botschaft zur rechten Zeit verkündet
wird.

Unternehmenskultur

Es ist an der Zeit, daß die Unternehmen ihrer Verantwortung gerecht werden, eine anregende und unterstützende Unternehmenskultur zu gestalten, in der sich engagierte Mitarbeiter weiterentwickeln können. Unternehmen haben die Wahl. Entweder
planen sie gewissenhaft die notwendigen Veränderungen, oder
sie werden durch die Anforderungen des Geschäftslebens dazu
gezwungen werden. Eine Änderung der Unternehmenskultur ist
ein wesentlicher Schritt bei der Transformation des Verkaufs,
der so wichtig ist, um in Zukunft konkurrenzfähig zu werden
oder zu bleiben.

Die vielleicht beste Art, die Bedeutung der Unternehmenskultur zu beschreiben, ist die folgende Erklärung von Joan
Holmes, der Vorsitzenden von The Hunger Project, einer ge-
meinnützigen Organisation, die es sich zum Ziel gesetzt hat, den
chronischen und anhaltenden Hunger auf der Erde bis zum Jahr
2000 zu beenden. Der Erfolg dieser Organisation hängt von ihrer Fähigkeit ab, kulturelle Gegebenheiten und tradierte Denk-
muster über Hunger und Hungersnöte zu verändern. Die Leiter
von The Hunger Project haben viel Zeit damit verbracht, kulturelle Einflüsse auf das Denken und die Handlungsweise von
Menschen zu studieren. In einer Rede, die sie 1988 vor einer
weltweiten Konferenz von privaten Hungerhilfsorganisationen
hielt, sagte Holmes:

Es ist unser Zeitalter, der Zeitgeist, der unsere Handlungen
beschränkt, festlegt und bestimmt, weil er unsere Daseins-
form beschränkt und bestimmt. Der Zeitgeist, unser Zeitalter, bestimmt, was wir als möglich ansehen, und er be-

stimmt, was wir als erreichbar betrachten. Wir werden von diesem Zeitgeist bestimmt – unvermeidlich. Er bestimmt, was wir denken. Er bestimmt, was wir sagen, unsere Wahrnehmungen, unsere Werturteile, unsere Schlußfolgerungen, unsere Handlungen. Er bestimmt alles.

Holmes spricht hier über die Macht von Paradigmen, und ihre Bemerkungen über den »Zeitgeist« gelten ebenso für die Unternehmenskultur. Später fügte sie in ihrer Rede noch hinzu:

> Wir müssen immer daran denken, daß die Person, mit der wir sprechen, das Produkt dieses Zeitgeistes ist. Diese Person wird nur das denken, was innerhalb dieses Zeitgeistes zulässig ist. Es ist natürlich einfacher, von der Person enttäuscht zu sein als vom Zeitgeist. Aber diese Person ist ein hervorragendes Beispiel für die Arbeit, die vor uns liegt. Sobald ein neuer Zeitgeist dieser Person gestattet, andere Dinge zu denken, wird er oder sie das tun, weil wir alle Produkte eines Zeitgeistes sind, der bestimmte Gedanken zuläßt.

Die Bemerkungen von Holmes treffen den Nagel auf den Kopf, was die Bedeutung einer Veränderung der Unternehmenskultur betrifft, um den Wechsel zum Synergetischen Paradigma im Verkauf zu ermöglichen.

Zum einen bestimmt die Unternehmenskultur den Verkaufserfolg; zweitens ist die Neugestaltung der Unternehmenskultur deshalb so wichtig, weil Verkäufer ein Produkt ihrer Umgebung sind. Durchbrüche zu neuen Gipfeln des Verkaufserfolges werden möglich, wenn die Hindernisse und Barrieren des herkömmlichen Paradigmas ausgeschaltet werden, das jedem Gewinner einen Verlierer zuordnet.

Einen Grund für viele dieser Hindernisse stellt die traditionelle Unternehmenshierarchie dar. Wie wir im ersten Kapitel beschrieben haben, wirkt sich Hierarchie beengend und hinderlich auf den Umgang mit den Anforderungen des modernen Wirtschaftslebens aus. Aus diesem Grund beginnen zahlreiche innovative Unternehmen, neue Organisationsformen zu entwickeln.

Chuck Hitzemann, Generaldirektor von DuPont de Nemours »Agro« A/S, einer skandinavischen Tochterfirma des DuPont-Konzerns, hat eine neue Unternehmensstruktur eingeführt. Dabei wurde das Organigramm des Unternehmens auf den Kopf gestellt, und es wurden kleine, selbstbestimmte Verkäuferteams eingerichtet.

An der Spitze des Organigramms stehen nun die Kunden, um die Mitarbeiter ständig daran zu erinnern, für wen sie in Wirklichkeit arbeiten. Danach kommen die Verkäufer, die in direktem Kontakt mit den Kunden stehen. Die nächste Ebene wird von den Mitarbeitern gebildet, die den Verkäufern unmittelbar zuarbeiten; anschließend kommen die Mitarbeiter aus der Verwaltung, die andere unterstützende Aufgaben erfüllen. Schließlich, am unteren Ende des Organigramms, steht der Generaldirektor, Hitzemann, dessen Rolle darin besteht, die Belegschaft bei der Ausübung ihrer jeweiligen Aufgaben zu unterstützen.

Wichtiger als das Umdrehen eines Organigramms waren jedoch die Durchführung und die Umsetzung. Hitzemann sagt, daß drei Voraussetzungen erfüllt sein müssen, um das Konzept in die Praxis umzusetzen.

Erstens müssen die betroffenen Mitarbeiter die nötige Reife für eine solche Maßnahme aufweisen. Ein Großteil von ihnen hatte schon eine ganze Weile zusammengearbeitet. Dadurch hatte sich ein starkes Teambewußtsein anstelle individueller Egos entwickelt. Wenngleich ihre Verkaufsmethoden recht unterschiedlich waren, wurden diese Unterschiede gegenseitig respektiert. Sie schienen aufrichtig gewillt zu sein, voneinander zu lernen.

Das zweite Geheimnis ist laufende und hochwertige Kommunikation. Kommunikation ist zweifelsohne das Gleitmittel für eine solche Arbeitsweise. Die Techniken des Synergetischen Verkaufs hinsichtlich Kommunikation und des Aufbaus von Beziehungen übten hier eine Schlüsselfunktion bei der Umsetzung des Planes aus. Das Modell der zwei Gewinner stellte den Kontext her; daraufhin sorgten die Kommunikationsfähigkeiten dafür, daß die »umgedrehte Hierarchie« und die »selbstbestimmten Teams« in der täglichen Praxis tatsächlich funktionieren konnten.

Die Mitarbeiter unterstützten sich laufend gegenseitig mit ihrem Wissen und Können.

Die dritte Komponente war die Rolle des Direktors. Hitzemann sagt, daß die Autoritätsperson als Unterstützung angesehen wurde, nicht als Polizist. Wichtig war dabei, daß die Mitglieder des Teams spüren konnten, daß er vom neuen Modell persönlich überzeugt war. Das geschah auf mehrere Arten.

Es begann damit, daß er Fehler während des Umlernprozesses in Kauf nahm. Fehler treten in jedem Lern- oder Umdenkverfahren auf. Angst vor Repressionen aber wird die nötige Risikobereitschaft für die erfolgreiche Umsetzung einer Veränderung dieser Größenordnung verringern oder ganz ausschließen. Es war also wichtig, eine Atmosphäre zu schaffen, die die Leute dazu ermunterte, Risiken einzugehen. Nur so können wir uns weiterentwickeln. Um diesen Punkt zu unterstreichen, empfiehlt Hitzemann, daran zu denken, wie ein Kind das Gehen erlernt. Wenn das Kind hinfällt (also einen Fehler macht), schimpfen die Eltern nicht. Statt dessen umarmen sie das Kind und sagen: »Macht nichts, versuchen wir es noch einmal.« Es wird ermutigt zum Fehlermachen. Das ist dieselbe Einstellung, die ein sicheres Umfeld für Hitzemanns Mitarbeiter schuf, in dem sie Risiken eingehen und sich mit dem neuen Modell anfreunden konnten.

Zusätzlich war es wichtig, die Wachsamkeit zu erhalten. Ohne ständige Erinnerung wäre es allzu leicht gewesen, in alte Verhaltensweisen und Gewohnheiten zurückzufallen. Die Visionen von den neuen Beziehungen und den Techniken des Zuhörens und der authentischen Kommunikation waren in den täglichen Gesprächen innerhalb des Unternehmens ständig präsent. Es war kein Befehl von oben, der die Veränderung ermöglichte, sondern es waren vielmehr laufende, bestätigende Gespräche, die sie langsam Realität werden ließen.

Darüber hinaus war es von entscheidender Bedeutung, daß die Manager mit gutem Beispiel vorangingen. Taten sagen mehr als Worte. Das neue Beziehungsmuster war so anders, daß einige Mitglieder des Teams anfangs ihre Zweifel an der Ernsthaftigkeit der ganzen Sache hatten. Als sie aber sahen, wie Hitzemann und seine Kollegen den Lernprozeß selbst durchliefen und die neuen Fertigkeiten in ihrer täglichen Arbeit anwendeten, konnten die Mitglieder des Teams erkennen, daß der Vorstoß wirklich ernstgemeint war, und machten begeistert mit. So hatte sich wieder gezeigt, daß eine Veränderung dieser Art nicht von oben angeordnet werden kann.

Hitzemann und sein Team erzielten hervorragende Erfolge mit dem neuen Modell. Die Mitglieder des Teams sagten ihm bei seinem Abschied, daß sie zusätzlich zu den besseren Verkaufserfolgen mehr Freude an der Arbeit empfänden, ihre Aufgabe mit mehr Begeisterung erfüllten und dadurch eine höhere Selbstachtung erlangt hätten.

Selbstbestimmte Teams von Verkäufern haben eine Menge Vorzüge. Forschungsergebnisse haben bereits den Erfolg von Kleingruppen in anderen Unternehmensbereichen nachgewiesen. Welchen besseren Bereich aber kann es in einem Unternehmen für eine Gruppe von hochmotivierten, engagierten und selbstbestimmten Mitarbeitern geben als die Verkaufsabteilung? Diese Verkaufs-»Superteams« würden auch für die nötige Unterstützung zur weiteren Entwicklung und Verbesserung der Unternehmenskultur sorgen. Dadurch könnte es zu einem Quantensprung in den Verkaufsergebnissen kommen, wie er im herkömmlichen Modell nicht denkbar wäre.

Eine Restrukturierung der Unternehmensorganisation verspricht zwar viele Vorteile, weil sie viele Beschränkungen des traditionellen Hierarchieschemas beseitigt. Aber das wesentliche Element ist und bleibt die Qualität der Beziehungen. Jede Unternehmensstruktur wird effizienter sein, wenn sie auf den Prinzipien des Synergetischen Paradigmas beruht.

Zusätzlich zur Unternehmensstruktur müssen alle Abläufe, die innerhalb der bisherigen Unternehmenskultur entwickelt und umgesetzt wurden, überprüft werden. Das betrifft Fragen wie das System der Zielvorgaben, das Anreiz- und Entlohnungssystem und die Leistungsbeurteilung. Die Basis all dieser Programme muß verändert werden, um den grundlegenden Prinzipien des neuen Paradigmas gerecht zu werden. Wenn das nicht geschieht, wirken sie sich kontraproduktiv auf die Transformation aus.

Zusammenfassung des Kapitels

1. Einzelpersonen und Unternehmen, die den Status quo im Verkauf hinnehmen und sich nicht auf das neue Paradigma einstellen, gefährden ernsthaft ihre Überlebenschancen in den kommenden Jahren.
2. Die Hindernisse, um den Bedarf nach Veränderung klar erkennen zu können, sind:
   • Blindheit aufgrund von Paradigmen;
   • die Schuld auf andere oder auf äußere Umstände zu schieben;
   • eine Härter-arbeiten-Mentalität;
   • abzustreiten, daß es überhaupt ein Problem gibt.
3. Das neue Paradigma birgt Chancen, die die Vorstellungskraft der meisten Verkäufer übertreffen.
4. Einige der Probleme, mit denen Unternehmen und ihre Mitarbeiter in Zukunft konfrontiert werden und die nach einer

neuen Art von Beziehung zwischen Verkäufer und Käufer verlangen, sind

- der Trend zum Total Quality Management;
- die technologische Komplexität der Produkte und Dienstleistungen;
- kulturelle Fragen, die im Zusammenhang mit der Globalisierung der Märkte auftreten.

VI. So helfen Sie Patienten im Endstadium

> »›Sanft in jene gute Nacht‹ einzugehen, mit ungebrochener Würde und intaktem Selbstgefühl, ist gewiß ebenso moralisch akzeptabel wie ›gegen das Erlöschen des Lichts‹ zu wüten.«
>
> *Timothy Quill, 1993, Death with Dignity*

Roy, ein 35jähriger Verkäufer, war an rasch fortschreitender Leukämie erkrankt. Er wurde ambulant behandelt und wohnte zu Hause mit seiner Frau und zwei Töchtern im Teenageralter. Seine Angehörigen unterstützten ihn vorbildlich, alles wurde offen und direkt besprochen, niemand ließ sich von den körperlichen Problemen ängstigen, und Roy sprach freimütig über die Möglichkeit, ja Wahrscheinlichkeit seines Todes. Als die routinemäßige Chemotherapie nichts mehr bewirkte, wurde er zu einer weiteren Behandlung mit noch stärkeren Medikamenten ins Krankenhaus gebracht. Unglücklicherweise riefen diese Medikamente verschiedene Komplikationen hervor. Er bekam eine Blutungsneigung, die zu einem Hämatom in der Brustwand führte. Unter der Haut sammelte sich so viel Blut an, daß eine Drainage gelegt werden mußte. Die Wunde infizierte sich und mußte einige Zeit lang täglich auf sehr schmerzhafte Weise behandelt werden, bevor sie heilte. Als nächstes bekam er eine Hepatitis, die höchstwahrscheinlich durch eine der notwendigen Bluttransfusionen übertragen worden war und die ihn noch mehr schwächte. Er verfiel in eine tiefe Depression und empfand große Wut auf seine Ärzte und Angehörigen.

Roy kam nie wieder nach Hause. Er verwünschte seinen früheren Entschluß, weitere Behandlungsmaßnahmen durchführen zu lassen. Er starb im Krankenhaus, nach drei Monaten physischer und psychischer Qualen auf Grund von Maßnahmen, denen er – in der Hoffnung, eine radikale Therapie würde sein Leben um einige Monate verlängern – selbst zugestimmt hatte. An seinem Schicksal wird deutlich, wie schwierig es zu entscheiden ist, ob man immer weiter versuchen soll, eine Krankheit zu besiegen, obwohl kaum mehr Hoffnung auf Heilung besteht, oder ob man die Unausweichlichkeit des Todes akzeptiert und die letzten Tage damit verbringt, sein Leben in Frieden und Liebe zu vollenden. Bei solchen Entscheidungen kann ein einfühlsamer Betreuer eine große Hilfe sein, indem er dem Patienten, der sich seinem Problem stellt, durch aktives Zuhören hilft, seine eigene Lösung zu finden.

Nach einer längeren Krankheit, wenn der Patient die Phasen des Leugnens, der Wut und der Depression bereits bewältigt hat, nähert sich ein Zeitpunkt, an dem es für alle Beteiligten offensichtlich wird, daß das Ende unmittelbar bevorsteht. Der Übergang kann sich allmählich oder sehr abrupt vollziehen und wird eventuell, aber nicht notwendigerweise, von einer Zunahme der Schmerzen begleitet. Manchmal tritt eine Phase des Annehmens ein, in der der Patient zur Ruhe kommt, zu kämpfen aufhört und seine Umgebung wissen läßt, daß er bereit ist, loszulassen. Er hat mit seinen Angehörigen und Freunden zur Genüge gesprochen und wünscht nun vielleicht, allein gelassen zu werden oder daß nur jemand still bei ihm sitzt. Diese Zeit ist normalerweise nicht schön; es kann eine traurige und dennoch friedvolle Zeit sein. Viele Menschen dämmern zwischen Schlafen und Wachen vor sich hin, während sie dem Tod entgegengleiten. In dieser Phase haben die Angehörigen manchmal mehr Unterstützung nötig als der Patient, und es kann sein, daß ihnen das Loslassen viel schwerer wird.

Dies ist keine allgemeingültige Beschreibung des Sterbens. Manche Menschen hören niemals auf zu kämpfen und überwinden nie ihren Hader mit dem Schicksal oder Gott oder sich selbst. Doch je heftiger sie sich gegen das unvermeidliche Ende wehren, je mehr sie den Gedanken daran zu verdrängen suchen, desto schwieriger wird es für sie, in Frieden und Würde das letzte Stadium zu erreichen, in dem sie ihr Los annehmen. Angehörige und medizinisches Personal können diese problematische Einstellung noch verstärken, wenn sie diese als mutig interpretieren und den Sterbenden darin bestärken, bis zum letzten Augenblick zu kämpfen, oder ihm suggerieren, aufzugeben sei feige oder ein Im-Stich-Lassen der Familie.

Über das Sterben zu sprechen ist heute aus verschiedensten Gründen schwieriger als früher. Zum einen sterben alte Menschen heute selten zu Hause, so daß kaum jemand direkte Erfahrungen mit dem Tod hat und Sterben nichts Natürliches mehr ist. Obwohl wir die Tatsache, daß wir alle sterben müssen, mit dem Verstand akzeptieren, sind die meisten von uns nicht bereit, die Gewißheit des eigenen Todes zu akzeptieren. Ein weiterer Grund ist, daß wir heute so hohe Erwartungen an die Medizin haben und meinen, die Ärzte könnten alles heilen. Es ist ein Schock, erkennen zu müssen, daß wir davon noch weit entfernt sind. Und schließlich hat die große Mehrheit der Menschen in den entwickelten Ländern den früher so starken Glauben an ein Leben nach dem Tode verloren, mit dem sich viele unserer Vorfahren an ihrem Lebensende trösteten.

Trotz der seit kurzem erfolgenden Bemühungen um eine Humanisierung der Ausbildung junger Ärzte während des Studiums und des Praktikums im Krankenhaus können viele Mediziner mit den emotionalen Aspekten des Sterbens noch immer nicht so gut umgehen wie mit den physischen Aspekten der Krankheiten. Außerdem sind Ärzte oft nicht bereit zu akzeptieren, daß ihre technischen Mittel zur Rettung des Patienten wirkungslos bleiben; sie würden ihre Anstrengungen gern noch verdoppeln, auch wenn es sehr viel angemessener wäre, den Sterbenden der liebevollen Pflege und Fürsorge seiner Freunde und Angehörigen zu überlassen. Wenn die Medizintechnologie dann schließlich ausgereizt ist, hat sich bei den Freunden und Familienangehörigen oft bereits das Gefühl eingestellt, ihre eigene Rolle sei ausgespielt, und sie halten sich, in Erwartung weiterer Interventionen der Mediziner, vom Geschehen fern.

Sarah hatte Brustkrebs im fortgeschrittenen Stadium. Ihr Arzt erklärte ihr, eine weitere Chemotherapie sei wenig aussichtsreich, dagegen sei die Wahrscheinlichkeit, daß sie Übelkeit, Erbrechen und Haarausfall auslösen werde, sehr hoch. Ihre Angehörigen bedrängten sie, unbedingt weiterzumachen, und der Druck war so groß, daß sie ihm beinah schon nachgegeben hätte. Doch eine etwas ältere Tante der Patientin, die ein sehr enges Verhältnis zu ihr hatte, erkannte, was da vor sich ging – daß nämlich der Wunsch der Familie, Sarah möge weiterleben, eigennützige Gründe hatte. Indem sie Sarah lange zuhörte und zurückspiegelte, was sie verstanden hatte, half sie der Kranken zu erkennen, was geschah, und sich dann gegen weitere Behandlungsmaßnahmen zu entscheiden. Sobald die Entscheidung gefallen war, wuchs die Familie wieder zusammen, und Sarahs letzter Lebensmonat verlief relativ schmerzfrei. Sie führte lange Gespräche mit einer Reihe von Angehörigen, mit denen sie früher Konflikte gehabt hatte. Sie starb einen sanften, friedlichen Tod und schien ein Gefühl der Vollendung erreicht zu haben.

Verzweifelte Abwehr verursacht häufig mehr Leiden als vorzeitige Akzeptanz. In diesem Stadium geraten Patienten oder Angehörige in eine hektische »Wir dürfen nichts unversucht lassen«-Verfassung. Diese Einstellung hat nicht nur in finanzieller Hinsicht einen hohen Preis; der Patient bezahlt dafür auch mit verstärkten Beschwerden und mit dem Verlust von Zeit, die er mit engen Freunden oder Angehörigen hätte verbringen können, sowie mit dem Verlust von Zärtlichkeit und Sensibilität, die sich dabei hätte entwickeln können.

Das Problem hierbei ist, daß der Patient oder die Angehörigen (oder auch beide) eventuell noch nicht soweit sind, die Hoffnung aufzugeben, und von den Ärzten erwarten, daß sie ihre Bemühungen unbedingt fortsetzen. Auch wenn der Kranke des Kämpfens müde ist und die Stufe der Zustimmung bereits erreicht hat, scheint sich seine Familie noch lange an die verzweifelte Hoffnung auf Besserung oder Heilung zu klammern. Dies ist ein weiterer geeigneter Augenblick, um mit den Angehörigen zu sprechen und ihnen aktiv zuzuhören.

Wenn dabei eine alternative Heilmethode vorgeschlagen wird, die ungefährlich und nicht zu teuer ist und die Energiereserven des Patienten nicht allzu sehr belastet, ist es oft hilfreich, wenn der Arzt die Idee unterstützt, zum Beispiel durch eine aussagende Ich-Botschaft wie: »Ich habe keine Erfahrung mit der Sache, aber vielleicht ist es den Versuch wert.« In diese Kategorie fallen Therapien wie spezielle Diätformen, Akupunktur, Visualisation und Meditation.

Zur Unterstreichung des bereits Gesagten: Patienten sterben im allgemeinen so, wie sie gelebt haben. Wenn sie immer aufgeschlossen und freundlich waren, bleiben sie es bis an ihr Ende, während chronische Nörgler sich bis zum letzten Tag über alles mögliche beschweren. Der größte Fehler von Partnern, Freunden oder medizinischen Betreuern ist es, das Problem des Patienten zu ihrem eigenen zu machen und dessen Einstellung verändern zu wollen, damit er friedlicher stirbt. Sie haben damit selten Erfolg, und außerdem schadet es der Beziehung. Es ist die Sprache der Nicht-Annahme, die die Menschen voneinander entfernt.

Wenn Sie eine Beziehung zu einem sterbenden Patienten aufnehmen wollen, ist es am wichtigsten, ihm zu verstehen zu geben, daß Sie ihm wirklich zuhören wollen. Sie müssen ihm also zuerst durch aussagende Ich-Botschaften zeigen, daß Sie bereit sind, mit ihm über jedes Thema zu sprechen, bei dem er sich wohl fühlt, und daß Sie sich nicht dem konspirativen Schweigen anschließen wollen, es sei denn, er wünscht dies. Natürlich können Sie auch eine offen formulierte Frage verwenden, zum Beispiel »Wie empfinden Sie, was mit Ihnen geschieht?« Daraufhin beschwert sich der Patient vielleicht über das Essen oder die Schwestern, oder er reagiert darauf mit einer Mitteilung tief empfundener Gefühle, je nachdem wie groß sein Vertrauen zu dem Sprecher ist und wieweit er bereit ist, sich seine geheimsten Gefühle einzugestehen oder sie zu akzeptieren. LeShan schlägt vor, daß danach eine Reihe von offenen Fragen folgen sollten, um dem Patienten zu zeigen, daß Ihnen bei einem Gespräch über Gefühle aller Art wohl ist. Eine forschende offene Frage kann den Gedankenaustausch vertiefen: »Welcher Tagesabschnitt scheint sich jetzt am längsten hinzuziehen?« – »Woran müssen Sie dann denken?«

Ein Sterbender nimmt von zahllosen Dingen Abschied, und seine Freunde und Angehörigen können ihm dabei helfen, wenn sie sich dessen bewußt sind. Auch dies ist eine gute Gelegenheit zur Ausübung des aktiven Zuhörens. Der Patient nimmt Abschied von sich selbst, seinen Ambitionen, seinen Hoffnungen; von geliebten Menschen, von Menschen, die er vergebens zu lieben versuchte; selbst von Zielen, die er nie erreicht hat. Ein Begleiter kann ihn ermutigen, über seine Beziehungen zu sprechen, auch über eventuelle Unzulänglichkeiten und was gesagt werden müßte, um die Gräben zu schließen – auch dies ist ein wichtiger Weg, um zu innerem Frieden zu gelangen. Es kann sehr wohltuend sein, sich selbst wie den anderen vergeben zu können, sofern dies möglich ist, doch diese Gefühle lassen sich schwerlich erreichen, ohne sie gegenüber anderen Menschen zu verbalisieren, Menschen, die Verständnis und Akzeptanz beweisen. Wenn wir über ein Problem *sprechen,* können wir unsere inneren Stimmen eher verstehen und zu neuen gefühlsmäßigen Einsichten gelangen, als wenn wir es mit uns allein durch *Nachdenken* lösen wollen.

Als George, der an fortgeschrittenem Dickdarmkrebs litt, in das Endstadium eintrat, wurde er in die Hospiz-Abteilung des Veteranenkrankenhauses überführt, wo der Autor (W. S. E.) ihn häufig besuchte. Auch wenn er nun die meiste Zeit schlief, konnte er im Wachzustand durchaus noch klar denken. Das folgende Gespräch wurde durch eine offene Frage angeregt.

W. S. E.: George, ich war noch nie dort, wo Sie jetzt sind. Wie ist das so?

G. (mit einem schwachen Lächeln): Von einem Tunnel mit einem hellen Licht am Ende ist nichts zu sehen. Ich bin sehr müde, doch ganz ruhig. Ich habe meiner Frau und meinen Söhnen alles gesagt, was ich sagen wollte, und ich bin bereit, abzutreten. Leider versuchen sie mir immer noch Mut zuzusprechen, den Kampf nicht aufzugeben, und ich wünschste, sie würden damit aufhören.

W.S.E.: Würde es Ihnen etwas ausmachen, wenn ich das weitergebe?

G.: Nein, tun Sie das ruhig.

Ich redete danach mit seinen Angehörigen, die draußen gewartet hatten, während ich bei George war. Seine Bitte überraschte sie zwar etwas, doch sie waren einverstanden, ihm zu sagen, daß sie seinen Wunsch akzeptierten. George starb noch in derselben Nacht.

Entscheidungen können durch eine Ethik-Kommission erleichtert werden, wie im Fall von John:

John war ein Witwer von 85 Jahren. Er hatte fortgeschrittenen Prostatakrebs, der ein progressives Nierenversagen und

schwere Knochenschmerzen verursachte. Seine Angehörigen brachten die Frage auf, ob nicht eine Dialyse gemacht
werden könne. Sie – zwei Söhne und eine Tochter – waren
dafür. Der Patient konnte sich nicht entscheiden, aber er hatte Bedenken gegen die Operation, die für den Anschluß an
das Dialysegerät nötig war. Die Ärzte rieten ab, weil diese
Maßnahme ein ohnehin qualvolles Dasein nur um einige Tage oder höchstens Wochen verlängert hätte und es keine
Chance gab, seine Primärerkrankung, den Prostatakrebs, zu
heilen oder zu bessern.

Aus solchen Situationen, die heute an der Tagesordnung sind,
ergeben sich juristische, ethische und menschliche Probleme,
die sich nicht so leicht lösen lassen. Vom Standpunkt des Ge-
setzgebers sollten die Patienten, sofern sie geistig dazu in der
Lage sind, die Entscheidung selbst treffen. Doch wie kann man
beurteilen, ob jemand im Vollbesitz seiner geistigen Kräfte ist?
Wenn der Patient Ihnen Name, Alter, Adresse, das Datum und
den Namen des derzeitigen Präsidenten der Vereinigten Staaten
nennen kann, bedeutet das auch, daß er in der Lage ist, Entscheidungen über eine Therapie zu treffen? Muß ein Arzt den
Forderungen eines Patienten oder seiner Angehörigen, ihn um
jeden Preis weiterzubehandeln, nachgeben, auch wenn er weiß,
daß die Maßnahmen nichts mehr ändern? Und müssen einmal
begonnene Maßnahmen immer weiter fortgesetzt werden, selbst
wenn der Patient im Koma liegt oder keinerlei Fortschritte mehr
macht? Die meisten Krankenhäuser haben heute eine Ethik-
kommission, die zwar keine Entscheidungen treffen, doch sich
helfend in die Kommunikation zwischen den verschiedenen
Parteien einschalten kann, in der Hoffnung, dabei Entscheidungen herbeizuführen, die für alle Beteiligten annehmbar sind.
   In Johns Fall organisierte die Ethik-Kommission einen Ge-
sprächstermin, bei dem der Patient, seine Angehörigen und seine Ärzte anwesend waren. Nachdem jeder seine Bedürfnisse,

Meinungen und Empfehlungen vorgetragen hatte, entwickelte sich ein Konsens, daß nämlich eine Dialyse sowie andere aggressivere Maßnahmen nicht mehr angezeigt wären und nun eine verstärkte Schmerzbehandlung und intensivere Pflege Vorrang haben sollten. Für John und seine Angehörigen stand danach fest, daß damit die richtige Richtung für seinen Fall eingeschlagen wurde. Einer seiner Söhne nahm John zu sich nach Hause, wo er von einem Pflegedienst betreut wurde, bis er nach drei Wochen verstarb.

Die Autonomie des Patienten wird heute von der Ärzteschaft und den Gerichten respektiert. Ärzte und Krankenhäuser empfehlen allen Personen, insbesondere älteren oder chronisch kranken, eine Vorausverfügung zu treffen oder ein Patiententestament zu hinterlegen, worin sie bekunden, ob sie im Fall einer finalen Krankheit, bei der sie selbst nicht mehr entscheidungsfähig sind, mit Intensivmedizin behandelt werden wollen. Patientenverfügungen können für Ärzte und Angehörige eine entscheidende Hilfe bedeuten, wenn der Patient dem Tode nahe ist, aber sie sind oft nicht so weit gefaßt, daß alle Situationen berücksichtigt sind. Würde zum Beispiel ein komatöser älterer Patient, der eine Lungenentzündung entwickelt, eine lebensverlängernde Antibiotikabehandlung wünschen? Normalerweise fällt eine derartige Behandlung nicht unter den Begriff »Intensivmedizin«, so daß das Patiententestament keine Hilfe für die Ärzte und Angehörigen ist. Vielleicht ist es für den Patienten nützlicher, einem Familienangehörigen oder Freund, zu dem er Vertrauen hat, eine Entscheidungsvollmacht für Gesundheitsfragen zu erteilen. Die betreffende Person sollte sich über möglichst viele Situationen kundig machen und zu erfahren versuchen, was der Patient jeweils tun würde. In vielen amerikanischen Bundesstaaten gibt es bereits Gesetze, nach denen Patiententestamente und Entscheidungsvollmachten dieser Art legal und durchsetzbar sind.

Da viele Angehörige der Heilberufe Hemmungen haben,

über ihren eigenen Tod zu sprechen oder vor anderen die Möglichkeit des Sterbens zu erwähnen, gibt es noch immer sehr viele Patienten, die in einem verwirrten Zustand in das finale Stadium eintreten und von denen niemand weiß, welche Entscheidungen sie treffen würden. Daraus ergeben sich sowohl Konflikte innerhalb der Familien als auch zwischen den Angehörigen und den behandelnden Ärzten.

Wenn Sie einen Patienten, den Sie begleiten, auf seine Wünsche ansprechen wollen, ist es das Beste, das Gespräch mit einer selbstoffenbarenden Äußerung zu eröffnen. Schildern Sie ihm Ihre eigenen Gefühle zu dem Thema, und ermutigen Sie ihn, seine Meinung zu äußern, wie in diesem Beispiel:

>Meine Eltern hatten uns keine Anweisungen bezüglich ihrer Wünsche gegeben, bevor sie geistig verwirrt waren, und deshalb wußten wir nicht, welche Meinung sie sich in den letzten Jahren gebildet hatten. Damit dies bei mir nicht auch passiert, habe ich für meine Angehörigen aufgeschrieben, was ich mir wünsche, nämlich daß bei mir keine lebenserhaltenden Maßnahmen angewendet werden sollen, wenn meine geistigen Kräfte irreversibel erloschen sind. Ich möchte nur gut gepflegt werden und möglichst schmerzfrei sein, aber ich will keine Antibiotika, künstliche Ernährung usw. Ich habe mich gefragt, wie Sie dazu stehen. Haben Sie schon einmal über solche Fragen nachgedacht? Ich würde gern wissen, welche Wünsche Sie haben.«

Auch hier gilt, daß eine Offenbarung Ihrer Gefühle, gefolgt von aktivem Zuhören, besser als alle anderen Techniken, die uns zur Verfügung stehen, geeignet ist, Patienten mit ihren eigenen Empfindungen in Kontakt kommen zu lassen.

Es war lange Zeit eines der wichtigsten Ziele der Medizin – und der Ärzte und Krankenschwestern –, den Patienten so lange wie möglich am Leben zu erhalten, ohne Rücksicht auf

Schmerzen, auf den Verlust der Würde und auf sonstige unangenehme Dinge, die der Patient zu erleiden hatte. Der Tod eines Patienten wurde als Versagen empfunden, und es spielte keine Rolle, ob er oder seine Angehörigen ihn vielleicht begrüßt hätten. Die moderne Technologie hat es den Ärzten ermöglicht, Menschen weit länger am Leben zu erhalten, als es Mitgefühl und Sensibilität geboten erscheinen lassen. Die Ärzte mühen sich mit juristischen Fragen und ethischen Überlegungen ab, um herauszufinden, wann der Zeitpunkt des Loslassens gekommen ist. Wie bereits gesagt, können Vorausverfügungen da sehr nützlich sein, doch inzwischen kommt es immer häufiger zu einem weiteren Dilemma, daß nämlich Patienten daran denken, ihr Leben selbst zu beenden, weil sie nur noch einen langen, qualvollen Weg vor sich sehen. Vielfach bitten sie dann in solchen Situationen ihren Arzt darum, ihnen bei diesem letzten Akt zu helfen, sei es, daß er ihnen Medikamente verschreiben oder eine Spritze geben soll. Ärzte dürfen aus juristischen und ethischen Gründen nicht auf aktive Weise bei einem Selbstmord helfen, doch es ist zulässig, Geräte abzustellen und Medikamentengaben zu beenden, wenn sie keine Heilung mehr bewirken können. Heute denken viele Aids-Kranke an eine Selbsttötung oder praktizieren sie, um den sich lange hinziehenden Prozeß des Sterbens abzukürzen. Die Ärzte müssen für sich selbst entscheiden, wie sie damit umgehen. Es besteht kein Zweifel, daß viele Leute, insbesondere die älteren, gern ein gewisses Mitspracherecht bei ihrem Sterben ausüben würden und die Entscheidung nicht völlig dem medizinischen Team überlassen wollen.

Derek Humphrys Buch *Final Exit* (1991), das überraschend zu einem Bestseller wurde, zeigte den Lesern einen praktikablen Ausweg und vermittelte ihnen das Gefühl einer gewissen Macht. Höchstwahrscheinlich wären Selbsttötungen oder Selbstmordgedanken seltener, wenn die letzten Tage schmerzfreier und angenehmer gestaltet würden und vor allem weniger einsam. Durch zwei neuere Bestrebungen wird dies praktikabler.

- Die erste ist die Bewegung zur Gründung von Hospizen, die ausschließlich der Pflege von Sterbenden gewidmet sind, je nach Wunsch des Patienten in einer besonderen Krankenhausabteilung oder zu Hause. Um für eine Hospiz-Pflege in Frage zu kommen, muß eine ärztliche Schätzung vorliegen, daß die Lebenserwartung des Patienten maximal sechs Monate beträgt.
- Die zweite Bewegung, die noch jüngeren Datums ist, ist die neue Disziplin »Palliativmedizin« für Kranke, bei denen keinerlei Heilungschancen mehr bestehen. Zur Zeit gibt es nur wenige Fortbildungsmöglichkeiten dafür, doch sind mehrere im Planungsstadium.

Das amerikanische Gesundheitswesen hat die palliative Pflege und das Hospiz-Konzept nur sehr langsam akzeptiert. Überweisungen durch Hausärzte oder niedergelassene Onkologen sind selten – meistens sorgen Nachbarn, Verwandte oder Freunde dafür. Ärzten wie Patienten und deren nächsten Angehörigen fällt es sehr schwer, die Hoffnung aufzugeben.

Eine weitere Schwachstelle im Gesundheitswesen und dessen Umgang mit unheilbar Kranken besteht darin, daß viele Ärzte Schmerzen nicht sehr gut behandeln. Ein Arzt sagte dazu: »Ich habe Angst, daß es zu einer Sucht kommt oder daß der Patient immer größere Dosen benötigt oder sogar eine Überdosis nimmt. Nach meiner Ansicht ist es besser, den Patienten etwas leiden zu lassen, als solche Komplikationen zu riskieren.« Dies war lange Zeit die vorrangige Einstellung der Ärzteschaft. Dabei sind Suchtgefahr, Toleranz und absichtliche Überdosierung keine ernsthaften Probleme bei Sterbenden. Inzwischen ist die Schmerztherapie zu einem Forschungsgebiet geworden, und die Wissenschaftler lernen damit immer mehr darüber, wie sie Schmerzen lindern können, ohne daß der Patient verwirrt oder benommen wird. Zunehmend überlassen Ärzte jetzt auch im Rahmen des Mitbestimmungsmodells ihren Patienten die Kon-

trolle über ihre Schmerzmittel innerhalb gewisser Sicherheits-
beschränkungen. Dies sollten Familienbetreuer wissen und dort,
wo die Möglichkeit dazu besteht, eine patientenkontrollierte
Schmerztherapie fordern.

Sterbende wissen im allgemeinen eher als ihre Angehörigen,
daß ihr Ende bevorsteht, und sie sind bereit loszulassen. Es kann
sehr traurig sein, wenn dies ein liebevolles Abschiednehmen
verhindert. Anscheinend werden mehr Fehler gemacht, wenn
man verzweifelt versucht, jemandem am Leben zu erhalten, als
wenn man ihn zu früh losläßt. Auch hier ändern sich die Dinge
allmählich.

Wir möchten dieses Kapitel mit zwei humorvollen Zitaten
abschließen. Fünf Tage vor seinem Tod im Jahre 1981 rief der
Schriftsteller William Saroyan bei der Nachrichtenagentur As-
sociated Press an und hinterließ folgendes Statement: »Jeder
muß einmal sterben, aber ich habe immer geglaubt, in meinem
Fall würde eine Ausnahme gemacht. Was nun?« Und Ronald
Reagans Bemerkung, als er mit einer Schußwunde in der Brust
in den Operationssaal gerollt wurde: »Ich hoffe, der Chirurg ist
Republikaner.« Dieser Humor zeigt, wie lebendig man selbst im
Angesicht des Todes sein kann.

Das Gordon-Modell und Persönlichkeits-
entwicklung

VII. Die Planung persönlicher Effektivität

> Entdeckungen haben ihre Auswirkungen. Eine neue Vorstellung von uns selbst oder über einen Aspekt unserer Beziehungen zu anderen erschüttert alle unsere Vorstellungen, selbst diejenigen, die mit der ersten nur lose verknüpft sind. Wie unmerklich das auch immer geschehen mag – sie verändert unsere gesamte Orientierung. Und irgendwann im Zuge dieser Konsequenzen verändert sie auch unser Verhalten.
>
> *Patricia McLaughlin*

Ein letzter, wichtiger Schritt in Ihrem Bemühen, mehr Verantwortung für Ihr Leben zu übernehmen und eine größere Zahl Ihrer Bedürfnisse zu befriedigen, ist die Planung – eine Aktivität freier, selbstbestimmter Individuen, die voraussetzt, daß Sie – und nicht äußere Kräfte – darüber entscheiden, was Sie tun werden. Wenn Sie Pläne machen und an ihre Ausführung gehen, sagen Sie im Grunde genommen: »Von allen Möglichkeiten, Alternativen, Richtungen und Gelegenheiten, die sich mir bieten, entscheide ich mich bewußt für jene, die meinen Bedürfnissen, Wertvorstellungen und Zielen am ehesten entsprechen. Damit übernehme ich die Verantwortung für meine Entscheidungen und für die Auswirkungen, die sie für mich und andere haben.«

Planen bedeutet für manche Menschen, daß sie sich Einschränkungen auferlegen. Sie setzen es gleich mit festgelegt und

»eingesperrt« sein. Menschen, die selten planen, halten sich für frei. Sie sind keinem Vorschlag zugänglich, der ihnen nahelegt, einem vorher festgelegten Plan zu folgen. Natürlich kann man Planung auch übertreiben, jede Einzelheit festlegen und keinen Platz für Spontaneität und Unerwartetes lassen. Doch Planung muß nicht zwanghaft und starr sein. Sie kann zur befreienden Erfahrung werden. Statt Veränderungen ausgeliefert und in die Pläne anderer eingespannt zu sein, können Sie Kontrolle über die Art und Weise gewinnen, wie Sie Ihre Zeit verbringen, und Ihr Leben nach Ihren eigenen Bedürfnissen und Wertvorstellungen gestalten.

Ob wir uns darüber klar sind oder nicht – wir planen bis zu einem gewissen Grad. Täten wir es nicht, würde es chaotisch in unserm Leben zugehen. Selbst Menschen, die sagen »Ich plane nie« oder »Ich hasse es zu planen« würden vermutlich bei einer genauen Analyse ihres Tagesablaufs feststellen, daß sie zumindest versuchen, ihre Beschäftigungen in eine gewisse Ordnung zu bringen.

Doch wie viele von uns haben Vertrauen zu ihrer Fähigkeit, Pläne zu machen und sie erfolgreich auszuführen? Wenn wir sehen, wie oft die »wohlüberlegten Pläne« nicht klappen, fragen wir uns wahrscheinlich, was für einen Sinn der Versuch haben soll, die Dinge zu ordnen und zu organisieren, wo es doch so viel einfacher ist, sie einfach laufenzulassen. Doch wenn die Dinge nicht so laufen, wie wir es gerne hätten, ist im allgemeinen nicht das Schicksal oder die Widrigkeit der Verhältnisse daran schuld, sondern unzulängliche Planung. Wie effektive Kommunikation und Problemlösung ist auch effektive Planung ein *Prozeß*, der verschiedene Stufen durchläuft und Nachdenken, Fertigkeit und Übung verlangt.

Planung kann Ihnen die Möglichkeit bieten, sich zu entfalten und zu entwickeln, Ihre Möglichkeiten vollständig und uneingeschränkt zu nutzen. Der Psychologe Abraham Maslow nennt diesen Idealzustand persönlicher Erfüllung »Selbstverwirklichung«. Entdeckt hat er ihn an gesunden, erfolgreichen Menschen, die auf allen Ebenen einen Großteil ihrer Bedürfnisse befriedigen konnten.

Maslowsche Bedürfnishierarchie

Maslow hat festgestellt, daß sich menschliche Bedürfnisse auf fünf Ebenen anordnen lassen. Wenn ihnen die Befriedigung auf irgendeiner dieser Ebenen versagt bleibt, wird dadurch ihre persönliche Entfaltung und Entwicklung beschränkt. Er brachte die fünf Ebenen in eine Hierarchie, die von den grundlegendsten zu den komplexesten Bedürfnissen aufsteigt:

Ebene I: Physiologische Bedürfnisse

Dies sind Grundbedürfnisse wie Nahrung, Wärme, Unterkunft – Bedürfnisse, deren Deckung für das biologische Überleben erforderlich ist.

Wenn uns die Befriedigung dieser Bedürfnisse versagt ist, werden sie so beherrschend, daß wir uns kaum noch für irgend etwas anderes interessieren.

Ebene II: Sicherheitsbedürfnisse

Wenn für die Überlebensbedürfnisse gesorgt ist, meldet sich das Bedürfnis nach Sicherheit. Wir brauchen das Gefühl, daß uns keine körperliche Gefahr und kein seelischer Kummer droht, daß wir uns sicher bewegen und uns ohne Furcht vor Bestrafung oder Lächerlichkeit äußern können. Wenn wir in Angst leben, sind unsere Energien auf unseren Schutz gerichtet. Wir können kaum etwas leisten.

Ebene III: Soziale Bedürfnisse

Wir alle brauchen Beziehungen zu anderen. Auf dieser Ebene bedürfen wir des Gefühls der Zugehörigkeit – zu einer Familie, Gruppe, Gemeinschaft. Wir brauchen Nähe, Anerkennung, Verständnis und die Fähigkeit, Liebe zu geben und zu empfangen.

Bleibt uns auf dieser Ebene Bedürfnisbefriedigung versagt, fühlen wir uns oft entfremdet, unausgefüllt, freudlos, bindungslos, isoliert.

Ebene IV: Bedürfnisse nach Wertschätzung

Hier rückt eine andere Gruppe von Bedürfnissen in den Blick – der Wunsch, produktiv und schöpferisch zu sein, etwas zu leisten. Diese Bedürfnisse sind wichtig für unser Selbstwertgefühl. Sie sind befriedigt, wenn wir uns ein Ziel setzen und es erfolgreich realisieren. Kommen diese Bedürfnisse zu kurz, verlieren wir an Selbstachtung und sind uns unserer Fähigkeit, für unsere Bedürfnisbefriedigung sorgen zu können, nicht mehr sicher.

Ebene V: Selbstverwirklichungsbedürfnisse

Wenn es den Menschen gelingt, ihre Bedürfnisse auf den Ebenen I – IV zu decken, sind sie motiviert, Selbstverwirklichung oder persönliche Erfüllung anzustreben. Laut Maslow sind selbstverwirklichte Menschen solche, deren Lebenserfahrungen reicher, bewußter, umfassender, ganzheitlicher sind und mehr Augenblicke von überwältigender Freude, Harmonie und Verständnis aufweisen. Er nennt sie »Gipfelerfahrungen«.

Beim Setzen von Zielen sollten Sie zuerst anhand dieser Hierarchie feststellen, welche Bedürfnisse Ihnen wichtig sind.

Kurz- und langfristige Ziele

Wenn Sie überlegen, welche Ziele Sie sich für die Befriedigung Ihrer Bedürfnisse setzen sollen, kann es nützlich sein, sie in zwei Kategorien aufzuteilen – in kurzfristige und langfristige. Ein kurzfristiges Ziel ist jedes Vorhaben, das sich innerhalb von dreißig Tagen verwirklichen läßt – ein paar Pfund abzunehmen, Autofahren zu lernen, das Wohnzimmer zu verändern oder eine Teilzeitbeschäftigung zu finden. Ein langfristiges Ziel läßt sich nicht in dreißig Tagen erreichen – etwa eine berufliche Beförderung, eine Magisterprüfung, genügend Geld sparen, um ein Auto zu kaufen, ein Buch schreiben.

Kurzfristige Ziele sind natürlich leichter zu entwerfen und zu verwirklichen. Sie werden sich eher an eine Diät von dreißig Tagen als an eine von dreißig Monaten halten. Eine Zielsetzung, die so weit in die Zukunft reicht, daß Sie sich ihre Verwirklichung kaum vorstellen können, hat etwas Entmutigendes. Langfristige Ziele werden dann überschaubarer, wenn man sie in eine Reihe kurzfristiger Zielsetzungen zerlegt, so daß man seine Fortschritte ständig überprüfen kann.

Der Planungsprozeß in sechs Schritten

Die Planung persönlicher Leistungsfähigkeit folgt demselben Grundmuster von sechs Schritten, das den Problemlösungsprozeß bestimmt.

Schritt I: Ziele setzen, die Ihre Bedürfnisse oder Wünsche erfüllen

Nachdem Sie sorgfältig analysiert haben, wie Sie Ihre Zeit bezüglich Ihrer gegenwärtigen Bedürfnisse und Wünsche nützen, können Sie damit beginnen, einige Ziele festzusetzen. Dies ist fraglos der wichtigste (und zeitraubendste) Schritt des Planungsprozesses.

Achten Sie darauf, daß Ihre Ziele Ihren *gegenwärtigen* Bedürfnissen exakt entsprechen. Die Formen früherer Zeiteinteilung sind unter Umständen nicht mehr befriedigend oder erfüllend. Sie können sogar überholt und hinderlich sein. Wenn sich Ihre Lebenssituation verändert, entweder, langsam (Sie werden befördert) oder dramatisch (Sie sind Hausfrau und Mutter, und das letzte Kind schickt sich an, das Haus zu verlassen), so können einschneidende Anpassungsprozesse in Ihrem Denken und Planen erforderlich werden.

Sorgen Sie dafür, daß Ihre Ziele exakt das widerspiegeln, was Sie zu erreichen wünschen, nicht das, von dem Sie glauben, daß Sie es wünschen *müssen,* oder das, was *jemand anders* für Sie wünscht. Viele unglückliche Menschen gehen ungeliebten Berufen und Beschäftigungen nach, weil sie meinen, sie müßten gesellschaftlichen Erwartungen entsprechen, oder weil sie dem unbefriedigten Ehrgeiz eines anderen, oft eines Elternteils, folgen.

Frauen entscheiden sich häufig vor allem deshalb für bestimmte Rollen und/oder Berufe – Hausfrau, Mutter, Krankenschwester, Lehrerin –, weil sie traditionell für Frauen bestimmt sind. Und wenn Menschen mittleren Lebensalters anderen Sinnes werden, ist ein oft genannter Grund: »Ich bin in die Fußstapfen meines Vaters (oder meiner Mutter) getreten. Jetzt möchte ich etwas tun, das mir Spaß macht.«

Vergewissern Sie sich, daß Ihre Ziele realistisch sind. Häufig macht die Fähigkeit des Menschen zu realistischer Zielsetzung den Unterschied zwischen Zufriedenheit und Unzufriedenheit aus. Mit »realistisch« meinen wir Ziele, die unseren inneren Bedürfnissen tatsächlich entsprechen und im Bereich unserer Möglichkeiten liegen. Beispielsweise ist es nicht realistisch, mit fünfunddreißig zu beschließen, Konzertpianistin oder Tennisprofi zu werden. Es könnte in diesem Alter jedoch durchaus realistisch sein, wenn Sie beschließen, ans College zurückzukehren, um einen Magistergrad zu erwerben. In einer realistischen Zielsetzung sind persönliche Grenzen wie persönliche Ansprüche berücksichtigt.

Wenn Sie sich selbst Ziele setzen, sollten Sie daran denken, daß langfristige Ziele im allgemeinen eher dazu geeignet sind, Bedürfnisse der höheren Ebene zu befriedigen. Effektive soziale Beziehungen und produktive Leistungen erfordern gewöhnlich einen erheblichen Zeitaufwand. Die meisten biologischen und Sicherheitsbedürfnisse können rascher gedeckt werden. Außerdem betreffen kurzfristige Ziele oft Bedürfnisse, die in unseren persönlichen Spielraum fallen und zu deren Befriedigung es nicht der Mitarbeit anderer bedarf (während diese zur Erfüllung der meisten langfristigen Ziele erforderlich ist).

Zur Identifikation der Ziele, die Ihre Bedürfnisse befriedigen, empfehlen wir Ihnen, die Maslowsche Hierarchie zu benutzen. Wenn nicht zumindest einige Ihrer Zielsetzungen über die Ebenen I und II hinausgehen, wenn sie keine Gelegenheit zur persönlichen Entfaltung im Sinne von Selbstverwirklichung bieten, werden sie wohl kaum einen gewichtigen Beitrag zu Ihrer persönlichen Erfüllung leisten. Wenn Sie Ihre Ziele vor allem auf den unteren Ebenen auswählen, kann das bedeuten, daß Sie sich unterschätzen oder daß Sie sich vor Mißerfolg zu schützen suchen. Schrauben Sie lieber Ihre Ansprüche herunter, als daß Sie es riskieren, ein höhergestecktes Ziel zu verfehlen.

Doch wenn Sie nicht bereit sind, ein gewisses Risiko einzugehen und nach dem zu greifen, was Sie wirklich brauchen und wünschen, werden Sie nie die ganze Fülle und das ganze Ausmaß Ihrer Möglichkeiten kennenlernen. Sie werden sich um die Gelegenheit bringen, Leistung und Befriedigung auf höheren Ebenen zu erzielen. Sie werden sich die Erfahrung der Selbstverwirklichung vorenthalten.

Nehmen wir an, unter den unbefriedigten Bedürfnissen, die

Sie ausgemacht haben, befindet sich folgendes: Sie langweilen sich, sind ruhelos und auf unbestimmte Weise unzufrieden. Sie haben das Bedürfnis nach geistiger Anstrengung, nach intellektueller Entwicklung. Wir können die noch verbleibenden Schritte zur Planung persönlicher Leistungsfähigkeit anhand dieses Bedürfnisses durchspielen:

Schritt II. Einfälle sammeln

Dies ist die Brainstormingphase, in der Sie eine möglichst lange Liste von Einfällen, Alternativen und Maßnahmen zur Erreichung Ihres Ziels zusammenstellen sollen. Entwickeln Sie Kreativität und Phantasie! Nehmen Sie auch Einfälle auf, die Ihnen im Moment »ausgefallen« vorkommen mögen. Fragen Sie andere, die Ihnen vielleicht helfen können. Ziehen Sie Ihre eigene Erfahrung zu Rate und die anderer Menschen, wenn sie bereit sind, ihre Gedanken und Kenntnisse mit Ihnen zu teilen. Schreiben Sie jeden Einfall auf, den Sie selbst haben oder der Ihnen von anderen vorgeschlagen wird. Ihre Liste kann folgende Maßnahmen zur Befriedigung des Bedürfnisses nach geistiger Anstrengung enthalten:

- Mehr interessante Bücher lesen.
- Collegekurse belegen.
- Zu Vorträgen und Debatten gehen.
- Interessante Leute zu Vorträgen in Ihrer Kirche oder Ihrem Klub einladen.
- Sich privat ein bestimmtes Wissensgebiet erarbeiten.
- Einen Freundeskreis zu einem Leseklub organisieren, der sich einmal im Monat trifft.
- Sich darüber informieren, was andere interessant finden.
- Interessante, kontroverse Fernsehprogramme ansehen.
- Einer bestimmten Organisation beitreten – etwa einer politischen oder religiösen Vereinigung.

- Interessante Debatten und Diskussionen im Familienkreis anregen.
- Einen Kollegenkreis ins Leben rufen, der in der Mittagspause, nach der Arbeit oder zu anderen Zeiten zusammenkommt.
- Interessante Magazine und Zeitschriften abonnieren.

Schritt III: Einfälle bewerten

Wenn alle Einfälle gesammelt und geordnet worden sind, müssen Sie diejenigen streichen, die aus dem einen oder anderen Grund nicht durchführbar erscheinen. Analysieren, vergleichen und kontrastieren Sie jede der verbleibenden Ideen, bis Sie sicher sind, daß ein Einfall – oder eine Kombination von Einfällen – Ihrer Situation entspricht.

Bewerten Sie jede Maßnahme, und erarbeiten Sie mögliche Lösungen. Etwa:

- Einen Collegekurs belegen (in der Nähe gibt es ein College, in dem Sie für wenig Geld Kurse im Rahmen der Erwachsenenbildung belegen können).
- Einen Freundeskreis zu gründen versuchen, der einmal im Monat zusammenkommt, um über interessante Themen zu diskutieren.
- Interessante Bücher in der Bibliothek ausleihen.

Erörtern Sie in dieser Phase Ihre Pläne mit Ihrem Mann und Ihren Kindern. Überlegen Sie, inwieweit diese durch die Pläne betroffen sind, welche Probleme für sie durch den Kurstermin, durch Gruppentreffen bei Ihnen zu Hause usw. entstehen werden.

Schritt IV: Ausführung planen

In dieser Phase bereiten sie die Ausführung vor. Zu Ihrer Entscheidung gehören die Pläne:

- Sich für einen Collegekurs einschreiben.
- Freunde und Bekannte anrufen, um eine Diskussionsgruppe ins Leben zu rufen.
- Zweimal im Monat in die Bibliothek gehen, um mindestens ein interessantes Buch auszuleihen.

Schritt V: Ausführung

Nun ergreifen Sie die notwendigen Maßnahmen zur Durchführung Ihres Handlungsplans. Um einen Anfang zu machen,

- prüfen Sie das Vorlesungsverzeichnis, wählen Sie einen interessanten Kurs aus, und schreiben Sie sich ein;
- rufen Sie Freunde an, um sie für die Diskussionsgruppe zu interessieren, und setzen Sie den Zeitpunkt für das erste Treffen fest;
- leihen Sie das erste Buch in der Bibliothek aus.

Schritt VI: Bewertung der Ergebnisse

Wichtig ist, daß Sie Ihre Fortschritte bei Annäherung an das Ziel überprüfen. Sie müssen sichergehen, jeden Schritt in Übereinstimmung mit dem ursprünglichen Plan auszuführen. Der Verzicht auf solche Bewertung erhöht die Gefahr, daß Sie das Ziel aus den Augen verlieren. Unvermeidlich werden Sie auf dem Weg zu einem Ziel Augenblicke der Entmutigung erleben. Manchmal werden Sie von Ihrem Plan abgelenkt werden. Komplikationen und Verzögerungen können unabwendbar sein – ein Krankheitsfall in der Familie oder ein privates Problem, das Vorrang vor allem anderen hat. Vielleicht erhalten Sie auch

Informationen, die Sie veranlassen, den einen oder anderen Teil Ihres Plans zu überdenken.

Bewerten Sie Ihren Plan bald nach Beginn seiner Durchführung und später in regelmäßigen Abständen, um sicherzugehen, daß er Ihrem Bedürfnis nach mehr geistiger Anregung genügt. Wenn nicht, ziehen Sie Alternativen in Erwägung. Möglicherweise stellen Sie fest, daß die drei von Ihnen gewählten Tätigkeiten mehr Zeit verlangen, als Sie ursprünglich investieren wollten. Sie können sich entscheiden, eine zu streichen.

Im Falle einer unvermeidlichen Verzögerung sollten Sie die Zeitplanung einfach entsprechend abändern und wie vorher fortfahren. Ein brauchbarer, sorgfältig durchdachter Plan sollte flexibel genug sein, um notwendig werdenden Terminverschiebungen angepaßt werden zu können. Leitprinzip ist: Halten Sie sich so eng wie möglich an Ihren ursprünglichen Zeitplan, doch wenn Ihnen wirklich daran gelegen ist, Ihr Ziel zu erreichen, sollten Sie Ihren Plan nicht fallenlassen, wenn Sie zur Abänderung von Fristen gezwungen sind.

Das gleiche Prinzip gilt, wenn sich ein Teil Ihres Planes als undurchführbar erweist. Wenn dies geschieht, verlieren manche Menschen das Vertrauen in den ganzen Plan und kommen zu dem Schluß, das Ziel sei eben nicht erreichbar. Die Schwierigkeit kann einfach darin liegen, daß sich die Teile nicht zum Ganzen fügen. Vielleicht muß der eine oder andere Teil umgearbeitet werden.

Es kann auch notwendig sein, daß Sie auf einen der bereits hinter Ihnen liegenden Schritte zurückkommen.

Wie viele andere Dinge in der »Frauenkonferenz« verlangt auch die Planung persönlicher Leistungsfähigkeit Zeit, Nachdenken, Geduld und Ausdauer. Doch wenn Sie Verantwortung für Ihr Leben übernehmen und durch Ihr assertives Handeln Ziele erreichen, die Ihnen wichtige Bedürfnisse decken, kann das sehr lohnend sein.

VIII. Mit Angst umgehen

> Die positiven Aspekte des Selbst entwickeln sich in
> dem Maße, wie der Mensch sich angsterregenden Er-
> lebnissen stellt, sie durchsteht und überwindet.
>
> *Rollo May*

Bei der Beschreibung effektiven zwischenmenschlichen Handelns haben wir nachdrücklich darauf hingewiesen, wie wichtig
es ist, sich selbst zu erkennen und zu verstehen, Verantwortung
für das eigene Leben zu übernehmen und die eigenen Bedürfnisse, Wünsche und Probleme in Ich-Botschaften mitzuteilen,
die die eigene Position klar zum Ausdruck bringen, ohne anderen Vorwürfe zu machen oder sie anzuklagen.

Es mag Ihnen jetzt nicht nur möglich, sondern sogar leicht
erscheinen, die verschiedenen Ich-Botschaften zu senden und
auf Zuhören umzuschalten. Vermutlich wissen Sie, *wie* ehrliche
Selbstdarstellung praktiziert wird. Warum ist dann ein scheinbar
so einfaches Verfahren häufig so schwer durchzuführen? Das
Haupthindernis für ehrliche Selbstdarstellung ist Angst: Wir
werden von Angstgefühlen so überwältigt, daß wir handlungsunfähig und gelähmt sind. Neue Möglichkeiten sind immer mit
einem gewissen Maß von Angst verknüpft. Die Aussicht, jemand zu werden, der zu ehrlicher Selbstdarstellung fähig ist, der
Verantwortung für das eigene Leben und seine Beziehung zu
anderen übernimmt, ruft Angst hervor, weil *Sie nicht wissen,
was dabei herauskommt.* Angst steht in einer so unmittelbaren
Beziehung zu Effektivität im zwischenmenschlichen Bereich,
daß man ihre Rolle unbedingt verstehen muß. Dann können Sie

sie kontrollieren und mehr Verantwortung für Ihr Leben übernehmen.

Was ist Angst?

Angst ist Furcht, Besorgnis, Bedrängnis, Unbehagen oder Unruhe, die uns überkommt, wenn wir in irgendeiner Weise das Gefühl haben, daß unsere persönliche Sicherheit bedroht ist. Angstgefühle haben Signalcharakter: ein Problem muß gelöst werden, irgend etwas stimmt nicht, wir müssen irgend etwas unternehmen, um unser psychologisches Gleichgewicht zurückzugewinnen. Da Angst ein so bedrängendes Gefühl ist, hat man uns gelehrt, sie zu vermeiden, sie nicht zur Kenntnis zu nehmen, ihr auszuweichen und sie zu leugnen. Wir alle haben unsere Erfahrung mit dem Versuch gemacht, mit der Angst auf diese Weise zu verfahren, und wir wissen, daß er nicht viel nützt. Die Angstgefühle verschwinden nicht. Sie werden vielmehr um so schlimmer, je länger wir es hinauszögern, uns ihnen zu stellen und sie wirklich zu bewältigen!

Erinnern Sie sich an die Situationen, da Sie von einer Begegnung gekommen sind und sich viel schlechter als vorher gefühlt haben, weil der Mut zum Handeln Sie im Stich gelassen hat. An wie viele verpaßte Gelegenheiten können Sie sich erinnern, an wie viele Chancen, Freundschaft oder Liebe zu gewinnen, eine neue Stellung zu finden oder interessante Erfahrungen zu machen – Chancen, die Sie nicht zu nützen wußten, weil Sie unfähig waren zu sagen, was Sie fühlten? Die Worte, die vielleicht alles verändert hätten, blieben ungesagt, wollten nicht heraus, weil Zweifel und Verwirrung sie daran hinderten. »Panisch bin ich gewesen«, denken Sie später. Wie jemand gesagt hat, ist das traurigste Wort, das die Sprache kennt: »Es hätte sein können«, und Angst ist häufig für solche verpaßten Gelegenheiten verantwortlich.

Wir wissen alle, daß Angst sich auch in Körpersymptomen niederschlägt: feuchte Hände, kalter Schweiß auf der Stirn, schweißnasse Unterarme, zitternde Hände oder Knie, ein Flattern in der Magengegend, angespannte Nackenmuskeln, angespannte Lippen, Kiefer oder Schläfen, eine zittrige oder sich überschlagende Stimme, rascher Herzschlag, ein trockener Mund, schnelles flaches Atmen, Verdauungsstörungen, Migräne, Erschöpfung. In solcher Verfassung sind wir völlig unfähig, unseren Wünschen entsprechend zu handeln oder zufriedenstellende Beziehungen zu unterhalten. Eine ETW-Teilnehmerin berichtet von ihrer Erfahrung mit der Angst:

»Ich komme aus einer sehr zurückhaltenden Familie, wo nie irgend jemand seine Gedanken oder Gefühle direkt geäußert hat. Als Kind habe ich gelernt, meinen Eltern zu erzählen, was sie hören wollten. Ich ließ sie für mich entscheiden und wurde, was sie von mir erwarteten. Ich übernahm dieses Verhalten in meine Ehe. Sieben Jahre lang versuchte ich, der Rolle der ›perfekten Hausfrau‹ zu entsprechen. Mein Mann war durch seinen Beruf zu längeren Geschäftsreisen gezwungen, die gelegentlich Monate dauerten. In diesen Zeiten des Alleinseins begann ich mir darüber klarzuwerden, daß ›ich‹ gar nicht existierte, daß ich mein ganzes Leben eine Verlängerung oder ein Abklatsch von jemand anderem gewesen bin. Diese Empfindungen, die sich da in mir regten, verwirrten mich sehr. Ich versuchte sie zu unterdrücken, weil sie mir Schuldgefühle einflößten. Wozu dieser Ärger und Groll, wo ich doch alles hatte? Ich bekam Migräneanfälle und verspürte Taubheit in Gesicht, Händen und Füßen. Ich litt unter Schlaflosigkeit und versteckte mich auf der Toilette, damit meine Kinder mich nicht weinen hörten. Davon überzeugt, an einer tödlichen Krankheit wie einem Gehirntumor oder multipler Sklerose zu leiden, ging ich von Arzt zu Arzt. Als alle Untersuchungen nichts erbrachten, fürchtete ich, ich sei geisteskrank. Glücklicherweise überwies man mich an einen Therapeuten, der mir sagte, daß ich unter ›Angstanfällen‹ litt. Da ich unfähig war, meine heftigen Gefühle sprachlich zu äußern, drückte mein Körper sie an meiner Stelle durch furchterregende Symptome aus. Als ich lernte, meine Gefühle zu erkennen, sie zu akzeptieren und angemessen auszudrücken, verschwanden die Körpersymptome.«

Viele Menschen unterschätzen die Bedeutung von Angst und ihre Auswirkungen. Sie nehmen an, wenn sie ihren alltäglichen Beschäftigungen nachgingen und sich nicht um die Ursache ihrer Angst kümmerten, würden diese Gefühle schließlich schon verschwinden, und sie selbst würden zu ihrem normalen Leben zurückkehren können, als hätte es diese Gefühle nie gegeben. Wenn das möglich wäre, wäre es nicht *so* wichtig, sich mit der Angst auseinanderzusetzen und sich ihr direkt zu stellen. Solche Gefühle legen sich nämlich nicht automatisch. Wenn wir die angstauslösenden Probleme nicht lösen, können die Folgen sehr schwerwiegend sein, wie das vorstehende Beispiel beweist. Wenn Sie das Warnsignal der Angst fortgesetzt mißachten, werden Sie immer häufiger auf uneigentliche Weise reagieren – nicht Sie selbst sein. Schließlich verlieren Sie allmählich den Kontakt mit sich selbst und der übrigen Welt.

Positive Einstellung zur Angst

Statt daß Sie sich von der Angst zur Handlungsunfähigkeit verurteilen lassen, können Sie aus ihr eine Gelegenheit zu persönlicher Entfaltung machen. Es ist sogar möglich, das Gefühl von Angst mit freudiger Erregung zu begrüßen, weil es ein Signal ist, das Sie herausfordert, eine neue Entwicklungsstufe zu erklimmen.

In seinem Buch »Der Begriff der Angst« meint Kierkegaard, »immer ist Angst so zu verstehen, daß sie auf Freiheit gerichtet ist«. Freiheit ist das Ziel persönlicher Entwicklung, und Kierkegaard definiert Freiheit als Möglichkeit, doch immer wenn Sie sich Mögliches vor Augen führen, ist Angst ein Teil dieser Erfahrung. Je größer die Möglichkeit, desto größer die potentielle Angst. Individualität hängt von der Fähigkeit ab, sich der Angst zu stellen und sie entschlossen durchzustehen. Wer das Vorhandensein von Angst als Gelegenheit zu persönlicher Entfaltung versteht, wird eher in der Lage sein, sich mit der Angst auf neue und effektivere Weise zu beschäftigen. Dabei können die folgenden drei Schritte helfen:

1. Erkennen und akzeptieren Sie die Angst

Denken Sie daran, daß Ihnen Angst eine Möglichkeit persönlicher Entfaltung signalisiert – eine Gelegenheit für Sie, sich weiterzuentwickeln. Empfinden Sie ihr Vorhandensein als erregend und motivierend. Sie können sich ihr konstruktiv stellen.

2. Entschließen Sie sich, das angstauslösende Problem aktiv zu lösen

Denken Sie an die konstruktiven Möglichkeiten, sich der Angst zu stellen. Sie können nur gewinnen, weil auf lange Sicht die Gefahr oft weit größer ist, wenn Sie es versäumen, wirksam und verantwortlich zu handeln. Selbst wenn Sie dabei das Risiko eines Mißerfolges oder der Mißbilligung durch andere eingehen, würden Sie für die Entscheidung, nicht zu handeln, mit der Einbuße an Ihrem Selbstgefühl einen viel höheren Preis bezahlen.

3. Handeln Sie, um das Problem zu lösen

Es genügt nicht, wenn Sie sich vorstellen, sich ausmalen, wie gut es Ihnen tun würde, etwas Bestimmtes zu tun – Sie müssen handeln. Noch einmal sei es gesagt, Kraft und Mut stellen sich ein, wenn Sie handeln. Daraus erwächst Ihnen die Motivation, sich durch andere Situationen hindurchzuarbeiten. Für Ihre Beziehung zu anderen besitzt Ihre Entschlossenheit, angsterregende Situationen durchzustehen, noch eine weitere Dimension. Viele Frauen empfinden heute Angst, weil sich ihr Selbstbild von der Auffassung entfernt, die andere von ihnen haben. Dieses Bild entspricht nicht mehr den Erwartungen, die sich in den anderen herausgebildet haben. Viel Angst schafft der Konflikt zwischen dem Verhalten, das wir gerne zeigen möchten, und demjenigen, das – wie sie meinen – von uns erwartet wird. Wir denken, wir würden die Billigung anderer Menschen finden, wenn wir ihren Erwartungen entsprechen, und würden ihr Mißfallen erregen, wenn es nicht der Fall ist. Hören wir, was Frauen zu berichten wissen:

- »Ich habe mich verändert, doch viele Menschen kennen mich so, wie ich früher war. Deshalb verspüre ich, wenn sie da sind, immer noch das Bedürfnis, wie einst zu handeln.«
- »Mir fällt es bei Menschen, die ich *neu* kennengelernt habe, viel leichter, zu handeln, wie ich möchte.«
- »Es ist so schwer, mich zu ändern; vor allem, wenn es niemand zu wünschen scheint – mit Ausnahme von mir.«

Viele Frauen stellen fest, daß ihre Furcht vor der Mißbilligung anderer häufig weitgehend unbegründet ist. Sie stellen fest, daß nicht wenige Menschen ihnen mehr Bewunderung und Achtung entgegenbringen, engere Beziehungen zu ihnen unterhalten, sie sogar lieber mögen, wenn sie den Mut zu ehrlicher Selbstdarstellung und eigenständigem Handeln aufbringen. Der Mut dieser Frauen, Risiken einzugehen und sich neuen Erfahrungen auszusetzen, wird von anderen bewundert; man nimmt sie sogar als Vorbild für das eigene Verhalten. Ein Beispiel stammt von einer Kurs-Teilnehmerin, die mitteilt, was ihr eine Freundin kürzlich geschrieben hat:

»Am Freitag habe ich meinen College-Abschluß bestanden. Ist das riesig! Du wirst es vielleicht nicht wissen, aber Deine Hartnäckigkeit, Dein Abschluß waren es, die mich die vielen Tiefpunkte haben überwinden lassen. Es schien so rasch zu gehen, und Du warst so schnell damit durch, daß ich wußte, ich würde es auch können.«

Was noch wichtiger ist: Wenn Sie den Mut finden, immer schwierigere Situationen durchzustehen, werden Sie feststellen, daß Sie von der Billigung anderer viel unabhängiger werden. Sie fangen an, Ihren eigenen Wahrnehmungen, Urteilen und Gefühlen größeres Vertrauen zu schenken, wenn Ihre Fähigkeit wächst, strapaziösen Situationen standzuhalten.

Sie können entscheiden, wie Sie mit der Angst fertig werden

Jedesmal wenn Sie Angst empfinden, entscheiden Sie, wie Sie mit ihr fertig werden wollen. Entweder leugnen Sie, daß Sie Angst haben, versuchen Sie, sie nicht zur Kenntnis zu nehmen, sie zu vermeiden, ihr aus dem Wege zugehen, und hoffen, sie werde sich schon legen – oder Sie erkennen ihr Vorhandensein an und unternehmen aktive Anstrengungen, das Problem zu lösen, das die Angst hervorruft.

Auf Seite 253 f. folgen einige der unterschiedlichen Konsequenzen.

Ihre Angsthierarchie

Wenn Sie sich Ihrer Angst stellen wollen, ist der erste Schritt, daß Sie eine Hierarchie – eine Prioritätsliste – jener Situationen entwerfen, die Angst in Ihnen hervorrufen. Stellen Sie einen Katalog der zehn Situationen in Ihrem Leben auf, auf die Sie untätig reagieren, weil sie zuviel Angst in Ihnen auslösen. Beginnen Sie damit, daß Sie die Situationen einfach notieren. Ordnen Sie sie dann so ein, daß an erster Stelle die Situation steht, die Ihnen am wenigsten Angst macht (eine Situation, bei der Sie sich ziemlich sicher sind, daß Sie sie bereits jetzt meistern können); an zweiter Stelle folgt die Situation, die Ihnen mehr Angst macht als die erste, aber weniger als die dritte und so fort; Situation 10 ruft die heftigste Angst in Ihnen hervor. Alle Arten von Situationen können aufgeführt werden – private, berufliche, soziale usw.

Wenn Sie auf eine angsterregende Situation passiv reagieren	*Wenn Sie auf eine angsterregende Situation aktiv reagieren*
Die Entscheidung, Angst nicht durchzustehen, heißt, daß Sie für die Befriedigung Ihrer Bedürfnisse keine Verantwortung übernehmen.	Wenn Sie die Angst durchstehen, vollbringen Sie damit eine assertive, verantwortliche und Ihnen nützliche Tat.
Das Problem wird nicht gelöst; oft wird Ihre Angst heftiger und tiefer.	Sie sind ehrlich, die Angst verschwindet; der innere Aufruhr legt sich; die Probleme werden gelöst.
Ihre Selbstachtung schwindet; Sie sind von sich selbst enttäuscht; Sie werden böse auf sich selbst.	Ihre Selbstachtung und Ihr Selbstvertrauen steigen; Sie sind mit sich selbst im reinen.

Wenn Sie auf eine angst-erregende Situation passiv reagieren	Wenn Sie auf eine angst-erregende Situation aktiv reagieren
Der innere Konflikt bleibt bestehen; ein weiterer Miß-erfolg kommt hinzu und ver stärkt alte Verhaltensmuster.	Sie sind motiviert, andere und schwierigere Situatio-nen zu meistern.
Ihre Selbsterkenntnis macht keine Fortschritte	Sie lernen sich besser kennen.
Sie entfalten sich nicht; Sie schränken Ihre Entwicklung ein; Sie nehmen sich jede Möglichkeit, neue Erfahrun-gen zu machen.	Sie entfalten sich, weiten Ihre Möglichkeiten, das Maß Ihrer Selbstbe-stimmung aus.
Sie versäumen Gelegen-heiten zur Selbstverwirk-lichung.	Sie erleben sich selbst als kreativ; neue Seiten Ihrer Persönlichkeit rücken in den Blick.
Sie gehen Konflikten nicht nur aus dem Wege, sondern schaffen unter Umständen neue Konflikte.	Sie lösen Ihre inneren Kon-flikte und sind fähig, Fort-schritte zu machen.
Im Laufe der Zeit ziehen Sie sich zurück; Ihre Kommuni-kationsbereitschaft läßt nach.	Im Laufe der Zeit geben Sie Ihre Zurückhaltung auf; Ihre Kommunikationsbe-reitschaft nimmt zu.

Es folgt ein Beispiel für eine Angsthierarchie:

1. Meiner Freundin sagen, daß ich sie schätze.
2. Meiner Familie unmißverständlich klarmachen, daß sie sich an der Hausarbeit beteiligen soll.
3. Leute zum Abendessen einladen, die ich gerne kennenlernen möchte.
4. Nachbarn mitteilen, daß ich nicht zu ihrer Party gehen möchte.
5. Anfangen, einen Konflikt mit meinem Mann zu klären.
6. Ein Gespräch mit jemandem beginnen, den ich nicht kenne.
7. Mit meinen Eltern über unsere Beziehung sprechen.
8. Jemandem mitteilen, daß mich verletzt hat, was er gesagt hat.
9. Bei einer wichtigen Versammlung das Wort ergreifen, auch wenn ich glaube, daß meine Meinung unpopulär ist.
10. Eine Rede vor einer großen Gruppe halten.

Ihre eigene Hierarchie wird Ihnen ermöglichen, mit einer Situation anzufangen, die für Sie keine große Gefahr bedeutet. Nachdem Sie die erste Situation erfolgreich gemeistert haben, können Sie zu risikoreicheren Ebenen aufsteigen. Die Situationen auf Ihrer Liste werden Ihnen reichlich Gelegenheit geben, ehrliche Selbstdarstellung zu praktizieren. Denken Sie daran, daß es wichtig ist, klare, ehrliche, vorwurfsfreie Ich-Botschaften zu senden und – wenn erforderlich – auf aktives Zuhören umzuschalten.

Angst verringern

Manchmal werden Sie feststellen, daß Ihre Angst Sie handlungsunfähig macht. Trotzdem läßt sich die Angst auf ein Maß verringern, das uns die ehrliche Selbstdarstellung und die Befriedigung unserer wichtigen Bedürfnisse erlaubt. Es ist nicht Ihr Ziel, die Angst ganz loszuwerden. Das ist unmöglich. Es ist noch nicht einmal wünschenswert. Ein gewisses Maß an Angst motiviert uns, zu lernen, zu planen und Leistungen von uns zu verlangen.

Kontrollieren müssen wir nur die schädliche Angst, so daß wir mit unseren inneren Konflikten fertig werden können und fähig sind, zu planen, was für uns nützlich und wichtig ist, ohne daß wir durch überflüssige Besorgnis und Anspannung gehandikapt sind. Erfolgreich Angst verringern beruht auf drei Schritten: Bereitschaft, Übung und Entspannung.

Bereitschaft

Wenn Sie Ihre eigene Hierarchie entworfen haben, werden Sie wahrscheinlich feststellen, daß etliche angstauslösende Situationen auf Ihrer Liste durch mangelnde Vorbereitung noch bedrohlicher werden. Die meisten von uns können die Panik nachempfinden, die sich einstellt, wenn man sich in neuen Situationen befindet oder in der Gesellschaft von Menschen, denen man zum ersten Mal begegnet. Bei vielen Menschen sind Situationen wie »Konversation machen« oder »Beisammensein mit Menschen, die älter oder erfahrener sind als ich« die größten Angsterzeuger.

Solchen Situationen kann ihr bedrohlicher Charakter erheblich dadurch genommen werden, daß Sie sich vorbereiten auf das, was vor Ihnen liegt. Legen Sie fest, was Sie sagen oder tun wollen, wann und wo Sie handeln werden. Nehmen Sie sich die Zeit, die Reaktionen des anderen zu antizipieren.

Nehmen wir an, Sie hätten sich entschlossen, Ihren Arbeitgeber um eine Gehaltserhöhung zu bitten. Bei dem Gedanken daran straffen sich Ihre Bauchmuskeln. Ihre Handflächen werden feucht. In einem solchen Fall tun Sie gut daran, die folgenden Fragen mit sich durchzudiskutieren: »Was kann im schlimmsten Fall passieren? Warum macht mich die Sache so nervös? Liegt es daran, daß ich mir nicht sicher bin, wirklich eine Gehaltserhöhung zu verdienen? Ja, daran liegt es wahrscheinlich. Doch warum glaube ich das? Vielleicht weil ich keinen Collegeabschluß habe wie die anderen. Aber solch ein Abschluß ist für meine Arbeit nicht erforderlich. Immerhin habe ich zwei wichtige Verträge hereingeholt... und man hat mir mehrfach versichert, daß man mit meiner Arbeit mehr als zufrieden ist. Ich glaube schon, daß ich eine Gehaltserhöhung verdiene, und sie ist schon lange überfällig.«

Ihr nächster Schritt könnte sein, daß Sie den günstigsten Zeitpunkt und Ort bestimmen. Sie wissen, wenn Sie sich für das Büro während der normalen Arbeitszeit entscheiden, werden Sie mit häufigen Unterbrechungen durch das Telefon rechnen müssen. So schlagen Sie ein Treffen beim Frühstück oder beim Mittagessen vor. Ganz grob legen Sie sich die Punkte zurecht, durch die Sie Ihrer Bitte Nachdruck verleihen wollen. Sie sammeln Informationen, die Ihre Auffassung unterstreichen, und formulieren Ich-Botschaften. Eine selbstbewußte Botschaft wie »Ich glaube, ich leiste gute Arbeit und möchte eine Gehaltserhöhung haben« ist weit wirksamer als eine defensive Äußerung wie: »Sie haben versprochen, mein Gehalt nach sechs Monaten zu erhöhen, wenn Sie mit meiner Arbeit zufrieden sind, und jetzt ist schon fast ein Jahr um und ...«

Denken Sie auch an die möglichen Konsequenzen Ihres Handelns. Überlegen Sie, was Ihr Chef antworten könnte. Was sagen Sie darauf? Stellen Sie sich darauf ein, nötigenfalls aktiv zuzuhören, Zusatzinformationen zu liefern und Fragen zu beantworten. Spielen Sie die Situation im Geiste so oft durch, bis sie Ihnen nichts mehr ausmacht.

Der Bericht einer Kurs-Teilnehmerin zeigt, wie wichtig es ist, sich in Gedanken auf die bevorstehende Situation vorzubereiten:

»Bei der Kommunikation zwischen meinem Vater und mir hatte sich ein bestimmtes Muster herausgebildet. Immer wenn ich ihm meine Meinung sagte, geschah es in Form einer sarkastischen Bemerkung, die ihn verletzen sollte. Wenn er etwas Kritisches sagte – eine Bemerkung zum Verhalten meiner Kinder oder zur ›törichten Art‹, wie Bob und ich unser Geld ausgeben, oder zu den Büchern, die ich lese –, ging ich hoch und fuhr auf ihn los, ohne darüber nachzudenken, was ich sagte oder warum ich es sagte. Das Ergebnis war immer das gleiche: Wir hatten eine Riesenauseinandersetzung, er ging hinaus, ich blieb zurück und fühlte mich schuldig und elend. Jetzt halte ich mich zurück und überlege, was ich tatsächlich empfinde und warum das so ist. Dadurch habe ich einige der Gründe entdeckt, die dafür verantwortlich sind, daß die Beziehung zwischen Vater und mir immer so ausgesehen hat. Jetzt höre ich ihm aktiv zu und sende aufrichtige Botschaften; ich glaube, wir kommen allmählich an den Punkt, wo wir den Konflikt austragen und die Beziehung auf eine neue Grundlage stellen können.«

Bereitschaft verlangt auch, daß Sie sich Ihre Zeit gut einteilen können. Wenn Sie keine Aufgabe oder ein Projekt übernehmen, müssen Sie einen realistischen Zeitplan aufstellen. Wenn Sie in einem Monat eine große Abendgesellschaft geben möchten, empfiehlt es sich vielleicht, von diesem Datum aus rückwärts zu planen. Entwerfen Sie ein einfaches Flußdiagramm von Prioritäten, so daß Sie in überschaubaren Schritten fertig werden können. Sorgen Sie dabei dafür, daß sich Planung und Vorbereitung der Party bequem in Ihren normalen Zeitplan einfügen.

Wenn Sie sich vor ein weitreichendes, kompliziertes Problem gestellt sehen, tun Sie gut daran, es in kleine, überschaubare Teilprobleme zu zerlegen. Auf diese Weise geben Sie nicht schon auf, bevor Sie überhaupt angefangen haben. Eine ETW-Teilnehmerin hat uns berichtet:

»Bei der Überwindung der Hindernisse, die sich vor mir auftürmen, hat mir ganz konkret geholfen, daß ich sie jetzt in kleinere Teile zerlege und sie mir erst einmal ruhig und zuversichtlich ansehe.«

Natürlich kann man nicht immer vorausplanen. Viele unserer wertvollsten Erlebnisse und Interaktionen mit anderen sind ungeplant und spontan. Aber selbst wenn Vorausplanung weder möglich noch wünschenswert ist, können Sie Ihre Angst mildern, indem Sie sich zu Ihrer Vorbereitung einige Augenblicke Zeit nehmen, so daß das, was Sie sagen, auf dem beruht, was Sie brauchen. Wenn Sie sich auf das vorbereiten, was vor Ihnen liegt, können Sie das kontrollieren, was Ihnen wichtig ist, statt daß Sie Ihr Leben von anderen kontrollieren lassen.

Übung

Das ganze Leben lang erwerben wir ständig neue Fähigkeiten – Autofahren, Tennisspielen, eine neue Sprache lernen – und nehmen hin, daß zur Beherrschung dieser Fertigkeiten ein gewisses Maß an Übung erforderlich ist. Den gleichen Grundsatz können wir auf das Erlernen zwischenmenschlicher Fertigkeiten anwenden. Ziemlich häufig kann man die Auffassung hören, daß sich die zwischenmenschlichen Fertigkeiten ganz natürlich entwickelten: wenn es in unseren Beziehungen zu anderen Menschen nicht klappe, müsse etwas mit uns nicht stimmen. So ist das nicht. Kommunikation ist ein komplexes Phänomen. Sie verlangt Geschicklichkeit und Koordination, und dazu ist Übung erforderlich.

Durch das Training ergänzt dieser Schritt den Versuch, die Bereitschaft zu schaffen. Übung bietet Gelegenheit, eine geplante Vorgehensweise vorher zu überprüfen – statt hinterher (wenn sich vielleicht schon unerwünschte Ergebnisse eingestellt haben).

Das Einüben Ihres Kommunikationsaktes kann verschiedene Formen annehmen – von einem nur wenige Augenblicke dauernden Versuch vor dem Spiel bis hin zum Rollenspiel mit einer oder mehreren Personen.

Für Situationen wie Einstellungsgespräch oder Bitte um Gehaltserhöhung wäre beträchtliche Übung erforderlich. Sie könnten eine Freundin bitten, die Rolle des jeweiligen Kommunikationspartners zu übernehmen. Eine andere Freundin könnte das Spiel beurteilen. Wenn Sie die Akte, die Sie für die Kommunikation mit anderen geplant haben, erproben, haben Sie Gelegenheit, über Rückmeldung die Gefühle und Reaktionen des anderen Akteurs im Rollenspiel kennenzulernen. Entsprechend können Sie Ihren Plan verändern. Manche Menschen nehmen ihre vorgesehenen Botschaften auf Band auf und analysieren sie beim Abspielen. Welche Technik Sie auch immer verwenden – die Kombination von Training und Bewertung kann Ihre Angst erheblich vermindern, weil sie

- Ihnen Gelegenheit gibt, vor dem Ernstfall aufgestaute Spannungen abzubauen;
- Ihnen dank einer Rückmeldung von außen einen besseren Handlungsplan liefert;
- Ihnen ein Erfolgserlebnis vermittelt, das Sie unbeschwerter machen und Ihr Selbstvertrauen fördern kann;

Übungen in Form des Rollenspiels können Ihnen in vielen Situationen helfen, die Angst in Ihnen auslösen – wenn Sie etwa

- einen Verwandten um ein Darlehen bitten;
- in einem Warenhaus persönlich über einen mangelhaften Artikel Beschwerde führen;
- einem Einstellungsgespräch unterzogen werden;
- die nichtakzeptierbare Bitte einer Freundin ablehnen;
- Ihren männlichen Kollegen gegenüber fest auftreten;

- um Geldmittel für eine Wohltätigkeitsorganisation bitten;
- Ihrem Chef einen Bericht vorlegen;
- Ihrem Mann entgegentreten, dessen Verhalten Sie beeinträchtigt;
- eine wichtige Rede halten.

Betrachten sie Ihre eigene Angsthierarchie, und entscheiden Sie, welche Situation Sie vorher einüben möchten.

Entspannung

Da Angst eine physiologische Verfassung ist, kann man sie auch direkt angehen, indem man sich auf die Körpersymptome konzentriert, die gewöhnlich mit Besorgnis und Anspannung einhergehen. Die physischen Symptome der Angst lassen sich weitgehend durch Muskelentspannung abbauen. Das Verständnis der physischen Grundlage von Angst kann zu ihrer Kontrolle beitragen. Es wird Sie beruhigen, festzustellen, daß Sie mehr Kontrolle über Ihren Körper besitzen, als Sie vielleicht gedacht haben, daß Sie – wie der Körper Sie kontrolliert, indem er sich anspannt – den Körper kontrollieren können, indem Sie lernen, ihn zu entspannen. Wenn Sie gelernt haben, tiefe Entspannung herbeizuführen, werden Sie die Körperempfindung von Angst aufheben. Obwohl Ihnen das, was vor Ihnen liegt, vielleicht nach wie vor Unbehagen einflößt, werden Sie die zitternden Hände, den flatternden Magen und die unsichere Stimme so weit unter Kontrolle haben, daß Sie sich mit einigem Selbstvertrauen an die Ausführung Ihrer Pläne machen können.

Bei der Muskelentspannung müssen Sie Ihre Muskeln abwechselnd an- und entspannen. Das Erlernen tiefen Atmens ist eine andere hilfreiche Methode. Vermutlich haben Sie bemerkt, daß Ihre Atemzüge hastig und flach werden, wenn Sie nervös sind. Schon bald keuchen Sie, woran die Muskelspannung schuld ist. Da flaches Atmen Ihre Muskeln in Spannung hält, ist Atemtraining für die Angstreduktion notwendig.

Wenn wir uns bemühen, unsere Angst zu überwinden, sollten wir niemals aus dem Blick verlieren, daß dieser Zustand gewöhnlich durch einen inneren Konflikt verursacht wird. Wenn wir den Konflikt erkennen, uns die Angst eingestehen und beschließen, uns ihr offen zu stellen, können wir einer Lösung näherkommen.

Die politische Philosophie
des Gordon-Modells

IX. Demokratische Beziehungen fördern Gesundheit und Wohlbefinden

Diese Untersuchung über das Wesen der Disziplin und ihre praktische Anwendung hat mir ein besseres Verständnis ihrer wahren Natur vermittelt, dazu unzählige Fakten, wie unwirksam sie ist, und überraschend viele Nachweise, wie sie Kindern und Jugendlichen schadet. Meine Untersuchung hat mich auch zur Entdeckung mehrerer wirksamer, neuer Alternativen zur Disziplinierung mittels Macht und Strafe geführt, besonders zu neuen Verfahren, die man in Schulen anwenden kann. Sie hat zugleich meine Überzeugung darüber bestätigt und verstärkt, wie wertvoll die Fähigkeiten sind, die wir in aller Welt in unseren Eltern- und Lehrerkursen gelehrt haben – die Methoden der präzisen wechselseitigen Kommunikation, der Problemlösung, der Konfliktbeilegung, der Beratung und der Hilfe.

Doch noch erfreulicher für mich ist, daß diese Aufgabe mir bei der Klärung einer Idee half, über die ich schon seit mehreren Jahren nachdenke und die ich im Kollegenkreis diskutiere. Kern dieser Überlegung ist, daß demokratische Beziehungen und Gruppen den Menschen »gesund« machen, während nicht-demokratische Beziehungen und Gruppen Menschen »krank« machen. Das eine produziert »Wohlbefinden«, das andere »Krankheit«.

Es wird immer offenkundiger, daß Organisationen, deren Leiter einen teilnehmenden Führungsstil anwenden – mit Gruppenentscheidungen, hoher Mitarbeiterbeteiligung, gegenseitiger Kommunikation –, eine höhere Produktivität aufweisen, geringere Fluktuation in der Belegschaft, weniger Beschwerden, weniger Krankheitstage und bessere körperliche Gesundheit. Die Mitarbeiter fühlen sich zudem an ihrem Arbeitsplatz wohler, besitzen mehr Selbstachtung und Selbstbewußtsein und fühlen sich weniger machtlos.

Wenn Schulen partizipativ und demokratisch geleitet werden, verbessern sich die Arbeitsgewohnheiten und schulischen Leistungen der Schüler signifikant; auch ihre sozialen Fähigkeiten bessern sich, und es entstehen engere Beziehungen zu Schülern anderer Hautfarbe und sozialer Herkunft; es ist weniger störendes Verhalten zu beobachten. Das waren die Ergebnisse einer Untersuchung.

Fördern nun auch Eltern, die lernen, wie man eine demokratische Familienatmosphäre schafft, die Gesundheit und das Wohlbefinden ihrer Kinder? Meine Antwort auf diese Frage lautet ja, und eine ganze Reihe von wissenschaftlichen Untersuchungen belegt dies.

Die Auswirkungen der Elternkurse wurden in einer Reihe von Studien untersucht, und zwar von Wissenschaftlern, die nicht zur P.E.T.-Organisation gehörten. 1983 veröffentliche der Bostoner Psychologe Ronald Levant eine Übersicht über 23 solcher Studien. Er stellte zwar fest, daß viele davon schwere methodologische Mängel aufwiesen, doch drei genügten seinen Maßstäben.

Jede Studie verglich P.E.T.-Eltern mit einer nicht in dieser Technik ausgebildeten Kontrollgruppe und nahm Vorher-Nacher-Untersuchungen vor. Bei 35 Vergleichen (69 Prozent) schnitten die P.E.T.-Eltern gegenüber der Kontrollgruppe besser ab, bei keinem war die Kontrollgruppe besser, und bei 11 Vergleichen (31 Prozent) zeigte sich kein Unterschied.

Insbesondere konnte Levant belegen, daß die Elternkurse sowohl bei elterlichen Einstellungen als auch in deren Verhalten

Verbesserungen erzielten. Die Eltern wurden akzeptierender, selbstbewußter und verständnisvoller. Die Kinder dieser Eltern wiesen stärkere Selbstachtung auf und wurden von ihren Lehrern wegen ihres Verhaltens positiver eingeschätzt.

Ein Schüler von Levant, Bruce Cedar, benutzte später eine neue statistische Technik, um die Ergebnisse von 26 verschiedenen Untersuchungen miteinander zu kombinieren und neu zu analysieren (1985). Diese neue Technik, eine sogenannte Meta-Analyse, hatte folgende Ergebnisse:

- Elternkurse hatten eine positive Wirkung sowohl auf die elterlichen Einstellungen als auch auf deren Verhalten. Und diese Wirkungen hielten bis zu 26 Wochen nach Absolvierung des Kurses an.
- Je besser und wissenschaftlicher die Untersuchungen angelegt waren, um so stärkere Verbesserungen ergaben sich bei Eltern und Kindern, verglichen mit schmaler angelegten Studien.
- Eltern zeigten Verbesserungen bei der Überprüfung ihrer »demokratischen Ideale«, Akzeptanz ihrer Kinder und Verständnis für diese.
- Die beste Wirkung der Elternkurse war die Zunahme an Selbstachtung bei den Kindern. (Cedar, 1985)

Levant, der die Arbeit Cedars unterstützte, bemerkte zu diesen Ergebnissen: »Elternkurse schneiden eindeutig besser ab, aber wir brauchen noch mehr elaborierte Forschungen.«

Die Auswirkungen der Kurse auf Lehrer wurden in acht Untersuchungen aufgezeigt, die von Edmund Emmer und Amy Aussiker von der University of Texas zusammengestellt und verglichen wurden. Deren Ergebnisse lauten:

In Untersuchungen, die Lehrerverhalten nach den Kursen einschätzen, fand man allgemein heraus, daß die Lehrer ihre

Fähigkeiten verbesserten, die empfohlenen T.E.T.-Methoden anzuwenden. Die Wirkungen reichten von gering bis stark, und deutliche Auswirkungen waren eher die Regel ... Die Ergebnisse stützen den Schluß, daß Lehrerkurse Einstellungen und Verhalten von Lehrern in eine Richtung ändern können, die mehr mit den Annahmen des T.E.T.-Modells zusammenpassen: zu einer eher demokratischen Auffassung bei der Anwendung von Autorität, mehr Sorge um die Wahrnehmungen und Gefühle des Schülers und auf ein Verhalten hin, das den Schülern Akzeptanz signalisiert. (Emmer/Aussiker, 1987)

Mehrere andere Forschungsstudien zeigten die positiven Auswirkungen eines allgemein demokratischen Elternstils auf die Selbstachtung ihrer Kinder:

- Stanley Coopersmiths Untersuchung (1967) von Kindern der fünften und sechsten Klasse ergab, daß Eltern von Kindern mit hoher Selbstachtung (im Gegensatz zu den Eltern von Kindern mit niedriger Selbstachtung) Diskussionen den Vorzug vor disziplinierenden Zwangsmaßnahmen gaben und einen demokratischen Stil bei Familienentscheidungen förderten; die Kinder wurden an diesen beteiligt, und man erlaubte ihnen, den elterlichen Standpunkt zu hinterfragen.

- Nach Untersuchung einer Reihe von Studien über die familiären Hintergründe bei Kindern mit hoher Selbstachtung faßten Eleanor Maccoby und John Martin (1983) ihre Ergebnisse folgendermaßen zusammen: »Es ist ganz offenbar so, daß weder autoritäre Kontrolle noch uneingeschränkte Freiheit und Toleranz der Schlüssel für die Entwicklung hoher Selbstachtung bei Kindern ist. Es geht wohl eher um ein Interaktionsmuster, bei dem Eltern vernünftige, feste Ansprüche stellen, die von den Kindern als legitim akzeptiert werden, bei denen die *Eltern aber keine Einschränkungen auferlegen*, sondern Forderungen stellen und Anweisungen geben, die den *Kindern ein gewisses Maß an Auswahl und Kontrolle belassen*. Dieses Kontrollmuster fördert am wahrscheinlichsten hohe Selbstachtung (kursiv v. Verf.).

Ich fand zwei Untersuchungen, die den Elternstil mit der körperlichen Gesundheit der Kinder in Beziehung setzten:

- Bei der ersten wurde das Verhalten von Müttern, deren Kinder Störungen aufwiesen, die psychosomatischen Ursprungs sein konnten (Bronchialasthma, Arthritis, Kolitis, Magengeschwüre und Hautekzeme), mit dem einer Kontrollgruppe von Müttern verglichen, deren Kinder eine nicht psychosomatische Krankheit hatten (Kinderlähmung, angeborene Herzfehler, Nierenleiden, Bluterkrankheit). Ergebnis: Die Mütter von Kindern aus der Gruppe mit psychosomatischen Störungen waren dominanter und vergleichsweise kritischer gegenüber ihren Kindern als die Mütter aus der Kindergruppe mit rein physischen Störungen. (Garner/Wenar, 1959)
- Eine zweite Untersuchung berichtete von ähnlichen Charakteristika bei Müttern asthmatischer Kinder, die eine niedrige allergische Prädisposition zu dieser Krankheit hatten, im Vergleich zu einer Kontrollgruppe von Müttern, deren Kinder eine hohe allergische Prädisposition für Asthma aufweisen (hoher somatischer Kausalfaktor). Mütterliche Kritik und Ablehnung war bei den Familien stärker, in denen die Kinder trotz niedriger allergischer Dispositionen Asthma entwickelten. (Block u. a., 1964)

Eine klassische Untersuchung, die einige Jahrzehnte zurückliegt, liefert uns die stärksten und überzeugendsten Beweise für das gesundheitsfördernde Potential einer demokratischen Familienumgebung. Es handelte sich um eine Untersuchung durch das Fels-Institut in Ohio. Darin wurden drei Typen von

Familien identifiziert: autokratische, permissive und demokratische. Man machte mit den Kindern dieser Familien umfangreiche Tests und »prüfte« sie in bestimmten Abständen immer wieder, bis sie erwachsen waren. Das überraschendste Ergebnis betraf die Veränderung des IQ bei diesen Kindern. Im Laufe der Jahre sank der IQ der Kinder von autokratischen Eltern geringfügig, während er bei den Kindern von permissiven Eltern gleichblieb. Der IQ der Kinder aus demokratischen Familien stieg jedoch im Laufe der Jahre signifikant an. Die mittlere Zunahme lag bei über acht Punkten. Die Wissenschaftler schlossen daraus: »Es scheint, daß die demokratische Umgebung für geistige Entwicklung am förderlichsten ist.« Die demokratischen Eltern schufen für ihre Kinder eine Atmosphäre der Freiheit, der emotionalen Rückmeldung und intellektuellen Anregung. Kinder aus solchen Familien bekamen in der Schule auch bessere Noten wegen Originalität, Planungsfähigkeit, Geduld, Neugier und Phantasie. Sie nahmen in der Schule mehr führende Positionen ein und schnitten bei Tests für emotionale Anpassung und Reife besser ab. Mit den Worten der Forscher:

> Wenn das Kind aus der demokratischen Familie ins Schulalter kommt, ist seine soziale Entwicklung bemerkenswert fortgeschritten, es ist beliebt und ein Anführer, es ist freundlich und gutmütig, es scheint emotional sicher, gelassen, wenig erregbar. Es hat eine enge Bindung an die Eltern und kann sich gut an die Lehrer anpassen. (Baldwin/Kalhorn/Breese, 1945)

Ich habe in den vorangehenden Kapiteln andere überzeugende Forschungsergebnisse zitiert, nach denen nicht-autoritäre, nicht-strafende Familien gesündere, leistungsfähigere Kinder produzieren. Solche Kinder bezeichnete man in verschiedener Hinsicht als »gesünder«. Sie zeigen:

- weniger aggressives Verhalten;
- weniger Vandalismus;
- weniger Gewalt unter Kindern;
- höhere Selbstachtung;
- weniger Selbstmordneigung;
- bessere Beziehungen zu Klassenkameraden/Altersgenossen;
- mehr soziale Initiative;
- stärkere innengeleitete Kontrolle;
- weniger Depressionen, weniger Weinen;
- befriedigendere Liebesbeziehungen;
- weniger Sorgen und Unsicherheit;
- weniger Schuldgefühle;
- weniger Streitbereitschaft;
- weniger Schüchternheit.

Weitere Unterstützung für meine Überzeugung, daß Beziehungen, in denen ein Mensch Macht auf andere ausübt, Krankheiten produzieren, stammt aus einer Pionieruntersuchung über die Wurzeln von seelischen und emotionalen Problemen in unserer Gesellschaft. In dem ersten umfassenden Buch über die primäre Verhütung von Psychopathologien geben die Psychologen Marc Kessler und George Albee eine ausführliche Übersicht über die bestehende Literatur (381 Artikel und Bücher) zum Thema »Ursachen und Vorbeugung für geistige und emotionale Störungen«. Am Ende dieser Übersicht ziehen sie die Schlußfolgerung:

> Es liegt nahe, den Satz Lord Actons auf das menschliche Umfeld auszuweiten: »Macht neigt dazu, zu korrumpieren, und absolute Macht korrumpiert absolut.« Wo immer wir auch hinblickten, bei allen sozialwissenschaftlichen Studien, die wir untersuchten, lag der Schluß nahe, daß die Hauptquellen für menschlichen Streß und Störungen allgemein mit der Erfahrung einer Form exzessiver Macht zusammenhän-

gen: die Umweltverschmutzung durch die energieverschlin-
gende Industriegesellschaft; die Ausbeutung des Schwachen
durch den Starken; die vollständige Abhängigkeit der moto-
risierten Kultur von mächtigen Maschinen (energieverzeh-
rende Symbole der Potenz); die Erniedrigung der Umwelt
durch den Müll einer auf Bequemlichkeit ausgerichteten, ge-
dankenlos lebenden Gesellschaft; der Machtkampf zwischen
den reichen Konsumnationen und der ausgebeuteten Dritten
Welt; die wütende Rache der Verarmten und der Ausgebeuteten; auf persönlicherer Ebene die Ausbeutung von Frauen
durch Männer, von Kindern durch Erwachsene, von Älteren
durch eine die Jugend vergötternde Gesellschaft – es reicht
für die Hypothese, daß eine dramatische Reduzierung und
Kontrolle von Macht die seelische Gesundheit der Menschen verbessern würde. (Kessler/Albee, 1977)

Forschungsstudien belegen eindeutig, daß demokratische Familien ein zwischenmenschliches Klima herstellen, das gesunde,
kreative und lebenstüchtige Kinder fördert. Doch wie geschieht
das? Was unterscheidet diese Familien von anderen? Die Untersuchungen geben uns einige Anhaltspunkte dafür, aber wir haben viel mehr von den Eltern erfahren, die an unseren Kursen
teilnahmen.

Weniger Entbehrung und Demütigung

Das vermutlich verbreitetste Merkmal jener Familien, die ich
als demokratisch bezeichnet habe, ist das Fehlen von Strafen, ob
körperlich oder nicht, als eine Methode, um mit inakzeptablem
Verhalten umzugehen. In der traditionellen Familie ist – wie beschrieben – Bestandteil der auf Macht beruhenden, autokratischen Kontrolle der häufige Einsatz von Strafen, um Gehorsam

und Fügsamkeit zu erzielen. Und da Strafen per definitionem oft auf Demütigung und Bedürfnisverweigerung der Kinder abzielen, muß die so entstehende Frustration für deren seelische und/oder körperliche Gesundheit schädlich sein. Abraham Maslow, einer der Gründer der internationalen »Association of Humanistic Psychologists«, betonte dieses Prinzip klar und deutlich:

> Man sollte sich deutlich bewußt sein, daß jedesmal, wenn man einen anderen Menschen unnötig bedroht, demütigt, verletzt, beherrscht oder abweist, dies zu einem Faktor bei der Entstehung von Psychopathologie wird, auch wenn dieser Faktor nur gering ist. Man sollte erkennen, daß jeder Mensch, der freundlich, hilfsbereit, anständig, psychologisch demokratisch, liebevoll und warmherzig ist, eine therapeutische Kraft darstellt, wenn auch nur eine kleine. (Maslow, 1981)

Eltern, die ihre Kinder so behandeln, wie Maslow es beschreibt, die gewohnheitsmäßig die nicht-machtbezogenen Methoden benutzen, die ich in allen Einzelheiten in den Kapiteln Zwei und Drei beschrieben habe, die das gleiche Recht aller Familienangehörigen respektieren, ihre Bedürfnisse erfüllt zu bekommen, werden Kinder haben, die nicht zu selbstschädigenden Bewältigungsmechanismen greifen müssen, die sich nicht extremer, reaktiver Verhaltensweisen bedienen müssen – wie wütende Rebellion, Gesetzesbruch, exzessives Trinken, Rückzug mittels Drogen, Eßstörungen, Aggression, Schüchternheit –, und das aus dem einfachen Grund, weil es in ihren Familien nichts gibt, gegen das sie ankämpfen, vor dem sie fliehen oder dem sie sich unterwerfen müssen. Sie werden kaum jemals das Ausmaß an Bedürfnisverweigerung, niedriger Selbstachtung und Hoffnungslosigkeit erfahren, das Kinder zu solchen Bewältigungsmechanismen treibt. Ich will damit nicht sagen, daß ihr Leben ein Paradies sein wird und daß sie keine Probleme haben oder niemals Enttäuschungen erleben, aber wenn ich all meine Berufsjahre mit Familien in Therapie oder bei Elternkursen zusammenfasse und die wachsende Zahl von Forschungsstudien lese, was Kinder gesund oder ungesund macht, leistungsfähig oder -unfähig, zum Sieger oder Verlierer, bin ich überzeugt, daß Kinder, die unter herzlicher, akzeptierender, nichtstrafender elterlicher Leitung heranwachsen, genügend Mittel haben (ihre eigenen plus die Unterstützung der Eltern), um konstruktiv mit den üblichen Problemen ihrer Alltagswelt, Konflikten und Enttäuschungen umzugehen, denen sie begegnen mögen.

Weniger Streß, weniger Krankheit

Man findet positive Wirkungen auch in Familien, in denen die Eltern erfolgreich andere P.E.T.-Typen demokratischer Leitung benutzt haben. Aus einer vieldiskutierten wissenschaftlichen Untersuchung über Streß des Physiologen Hans Selye wissen wir, daß Krankheit häufig auf starken Streß folgt, Streß aufgrund von Trauer, unerwiderter Liebe, Depression, finanzieller Verluste, Demütigung, emotionaler Deprivation und anderen schmerzlichen Ereignissen. Und jeder, dessen Mutter oder Vater streng und autokratisch waren, weiß, daß das Leben in einer solchen Familie immer stark streßbeladen ist. Die Belastung entstammt gewöhnlich den Schmerzen und der Demütigung durch körperliche Strafen, der Angst und Unsicherheit, daß man vielleicht bestraft werden könnte, der Spannung, weil man häufig versucht, sich der Strafe zu entziehen, der Wut und dem Groll, die einem jemand, der Macht über einen hat, einflößt, der Gefühlsmischung aus Haß und Liebe zu den Eltern.

Im Gegensatz zu solchen streßerzeugenden, autokratischen Familien genießen diejenigen Familien, in denen die Eltern gelernt haben, demokratisch zu handeln, ein Klima, das Kooperation, Arbeitsteilung, gleichrangige Konfliktbereinigung, gegenseitige Bedürfnisbefriedigung und Rücksicht auf andere fördert – ohne elterlichen Zwang, ohne Strafen, ohne Angst. Daraus folgt, daß die Kinder von Eltern, die die Methoden der Elternkurse anwenden, weniger Streß erleben und daher seltener krank sind. Es überrascht nicht, wenn einige Elternkursabsolventen berichten, daß ihre Kinder seltener Erkältungen, Magenverstimmungen und Allergien haben. Ich zitiere dazu in meinem Buch *Familienkonferenz* die Geschichte eines asthmatischen Kindes, das nach einer intensiven Sitzung aktiven Zuhörens mit seiner Mutter nie wieder einen Anfall bekam, weil dabei schließlich herauskam, daß es Angst hatte, im Schlaf zu sterben, wenn es den Mund schloß und seine Nase verstopft war. (Gordon, 1972)

Die Vorstellung, daß Eltern und Lehrer ihre Kinder tatsächlich krankmachen können, überrascht daher angesichts der komplexen Beziehungen zwischen emotionalem Streß und Krankheit nicht, die die Forschung hinreichend bewiesen hat. Beherrscht-Werden, Strafen, Kritik, Einschränkungen und Ablehnung rufen bei Kindern gewöhnlich Angst, Wut, Apathie und Frustration hervor – allgemein Verhaltenssymptome von physiologischem Streß. Gewiß ist es logisch, anzunehmen, daß Kinder, die von Erwachsenen weniger beherrschend, strafend und einschränkend behandelt werden, eine größere Chance haben, ohne Streß aufzuwachsen und so gesünder und gegen körperliche Krankheiten widerstandsfähiger sind.

Größere Problemlösungskompetenz

Das Leben ist oft hart und kompliziert, und alle Kinder stoßen irgendwann im Leben einmal auf Schwierigkeiten, wenn sie ein Grundbedürfnis nicht befriedigt bekommen. Um diese Schwierigkeiten zu überwinden, braucht man wirksame Problemlösungsfähigkeiten. Das Modell für Eltern und Lehrer, das ich hier beschrieben habe, führt dazu, daß Kinder sich aktiv an Problemlösungsprozessen beteiligen, statt von Erwachsenen eine Lösung vorgesetzt zu bekommen. In einem demokratischen Umfeld erfahren Kinder aus erster Hand, wie man Probleme löst, wie man zu Hause und in der Schule Regeln aufstellt, Projekte plant und alle möglichen Konflikte beilegt. Wenn Eltern und Lehrer damit aufhören, Lösungen anzubieten, Entscheidungen zu treffen und Regeln festzulegen, beziehen sie die Kinder aktiv in diese Prozesse ein und ermöglichen ihnen eine Erfahrung, bei der sie diese Problemlösungskompetenz erwerben können, die sie ihr Leben lang in allen Lebensbereichen gebrauchen können. Das stärkt zwangsläufig ihr Selbstvertrauen, ihre Selbstachtung, ihre Unabhängigkeit und das Gefühl, Kontrolle über das eigene Leben zu haben.

Weniger Wut und Feindseligkeit

Wenn Kinder (und auch Erwachsene) sich vernachlässigt, frustriert oder geschlagen fühlen, werden sie oft wütend, wenden ihre Wut nach innen und hassen sich selbst, oder sie kehren sie nach außen und hassen andere. Solche Wut und Feindseligkeit sind unter jenen weitverbreitet, die sich als ständige Versager und Verlierer fühlen. Die Methoden, die wir in diesem Buch beschrieben haben, verringern die Wahrscheinlichkeit deutlich, daß ein Kind bei einem Konflikt mit Eltern oder Lehrern verliert oder sich wie ein Mensch zweiter Klasse fühlt. Zufriedene, erfüllte Kinder verwandeln sich kaum in feindselige, rachsüchtige Mitglieder der Gesellschaft.

Keine Angst mehr

Machtbezogene, strafende Disziplin hingegen baut darauf auf, Kinder in einem Zustand der Angst vor den Eltern oder Lehrern zu halten. Bestrafte Hunde werden geduckt, nervös, wachsam – und Kinder in einer autoritären Umgebung ebenfalls. Wenn man in einem Klima ständiger potentieller Gefahr lebt, schadet das der seelischen Gesundheit, wie wir aus den Untersuchungen von Vietnam-Veteranen wissen – zugegeben, ein extremes Beispiel. Aber Kinder in demokratischen Familien und Schulen haben nichts zu befürchten: Sie sind frei von der Angst vor Strafen, vor Nachteilen, vor Versagen und Scheitern.

Mehr Verantwortung, mehr Kontrolle über das eigene Geschick

Auch klinisch wurde nachgewiesen, daß das Gefühl, für sein Leben und sein Schicksal nicht verantwortlich zu sein, der Grund für eine labile seelische Verfassung sein kann – besonders bei Depression, Unsicherheit und Streß. Der Kern von Eltern- wie Lehrerkursen besteht im Prinzip, die Selbstkontrolle der Kinder gegenüber Erwachsenenkontrolle zu fördern, die innere Kontrolle auf Kosten der äußeren. Psychologen interessieren sich in letzter Zeit verstärkt für dieses Thema und benutzen den Begriff »Kontrolle über das eigene Geschick«. Autokratische Lehrer und Eltern stützen sich stark auf die äußere Kontrolle von Kindern, fördern Gefühle von Abhängigkeit und den Mangel an »Schicksalskontrolle«. Demokratische Lehrer und Eltern, die Kindern eine Menge Freiheit und Verantwortung zubilligen, verleihen diesen das Gefühl, man könne ihnen vertrauen, für ihr eigenes Schicksal verantwortlich zu sein. In meiner Beschreibung von Milgrams Experimenten hinsichtlich des Gehorsams gegenüber Autoritäten steht folgende Schlußfolgerung: »Das Verschwinden eines Verantwortungsgefühls ist die weitreichendste Konsequenz von Unterwerfung unter eine Autorität.«

Weniger selbstschädigendes Verhalten

Selbstzerstörisches, risikofreudiges Verhalten von jungen Menschen tritt gewöhnlich sehr ausgeprägt auf. Kinder, die sich vernachlässigt fühlen oder die starkes Leid und Ungerechtigkeit im Leben erfahren, reagieren vielleicht mit einer Reihe von gesundheitsschädigenden Verhaltensformen – wie Rauchen, Drogenkonsum, riskantes Autofahren, Autofahren unter dem Einfluß von Drogen und Alkohol, frühe sexuelle Aktivität. In Familien oder Schulen, in denen die Grundbedürfnisse der Kinder respektiert werden, wo Konflikte ohne Niederlage beigelegt werden, wo Fairness geschätzt und Ungerechtigkeit vermieden wird, haben die Kinder viel weniger Grund zu solchen reaktiven, gesundheitsschädigenden Verhaltensformen.

Bessere soziale Fähigkeiten

Viele Eltern, die gelernt haben, die P.E.T.-Methoden in ihrer Familie umzusetzen, berichten, daß ihre Kinder in diesen Fähigkeiten ebenfalls mehr Kompetenz erwerben, zweifelsohne aufgrund einer Ausrichtung am elterlichen Verhalten. Wenn sie erleben, wie die Eltern ihnen zuhören, lernen sie ebenfalls, emphatisch zuzuhören. Durch die Erfahrung der elterlichen Ich-Botschaften ist ihre Kommunikation offen, ehrlich und vorwurfsfrei: Und weil sie an vielen Sitzungen mit den Eltern teilgenommen haben, lernen sie, Probleme und Konflikte mit anderen so zu lösen, daß niemand verliert.

Wir haben von den Kurseltern erfahren und aus erster Hand

erlebt, daß die Kinder viele enge, herzliche Freundschaften entwickeln, daß die Freunde mit ihren Problemen zu ihnen kommen, daß sie Konflikte untereinander auf freundschaftliche Weise beilegen, daß jüngere Kinder sie lieben, zu ihnen aufblicken und sie nachahmen, daß Erwachsene von ihrer Freundlichkeit und Gesellligkeit angezogen werden, daß sie andere nicht ausbeuten und sie sich stets einsetzen und ihren Anteil an Pflichten erledigen, und, wie die Fels-Studie belegte, daß diese Kinder häufig in Führungspositionen in Schulen und kirchlichen Organisationen gelangen.

Aufgrund dieser positiven Erfahrungen schließen Kinder aus demokratischen Familien oft Freundschaften, die Bestand haben, erleben nur selten Einsamkeit und Ablehnung, entwickeln Selbstvertrauen und hohe Selbstachtung, und viele fühlen sich von anderen geliebt und oft bewundert. Kurz, gesundheitsfördernde Familien haben ihnen die zwischenmenschlichen Fähigkeiten mitgegeben, die ihnen weitere gesundheitsfördernde Beziehungen sowie im Leben außerhalb der Familie gesundheitsfördernde Erfolgserlebnisse bescheren.

Durch diese Forschungsergebnisse und aus Fallgeschichten von Familien, die gelernt haben, wie man demokratischer handelt, beginnen wir die genauen Prozesse zu begreifen, aufgrund derer Kinder in demokratischen Familien Selbstvertrauen entwickeln, lernen, sich zu disziplinieren und enge Freundschaften entwickeln, das heißt, wie sie seelisch, körperlich und gesellschaftlich zu gesünderen Menschen werden.

Eine solche Ursache-Wirkung-Beziehung überrascht nicht, wenn man in Betracht zieht, daß sich Bürger demokratisch regierter Länder allgemein zufriedener, erfüllter, glücklicher, ungezwungener und selbstgeleiteter fühlen als diejenigen, die von autoritären Regierungen beherrscht werden.

Das gleiche gilt am Arbeitsplatz. Da nur wenige Menschen wahrhaft demokratisch handelnde Manager erlebt haben, kennt wohl jeder die Frustration, die Spannung, die Angst, Unsicherheit und die Entbehrungen, die man mit einem autoritären Chef erlebt. Glücklicherweise hat man in einer solchen Situation fast immer die Möglichkeit zu entkommen, indem man sich eine andere Stelle sucht.

Das gilt aber nicht für Kinder. Bis zur Erwachsenenreife sind sie an ihre Eltern und Lehrer gekettet. Daher scheint es um so wichtiger, unsere Bemühungen zu verstärken, Familien und Schulen zu demokratisieren, die Ursachen für Psychopathologie bei den Kindern zu entfernen, ehe sie sich verwurzeln, anstatt Jugendliche zu *behandeln,* die bereits seelischen Schaden genommen haben.

Nehmen wir zum Beispiel Alkohol- und Drogenmißbrauch. Ich bin überzeugt, daß die Methode, Familien und Schulen zu demokratisieren, eine weitaus erfolgversprechendere Strategie wäre, die Häufigkeit dieser selbstzerstörerischen Verhaltensweisen bei jungen Menschen zu verringern, als die Strategien, die das Kind ändern wollen – mit »Sag-nein!«-Kampagnen, Kursen für Kinder, in denen ihnen die körperlichen Gefahren von Drogen- und Alkoholmißbrauch vor Augen geführt werden, Psychotherapie oder anderen Behandlungsformen, Kampagnen, in denen man Eltern und Lehrer über die Merkmale aufklärt, die ihre Kinder bei Drogenkonsum oder Alkoholismus zeigen, usw. Marc Kessler und George Albee betonen in ihrer Pionierarbeit *Primary Prevention of Psychopathology* (Grundsätzliche Verhütung von Psychopathologie):

Es ist ein Dogma des öffentlichen Gesundheitswesens, daß keine weitverbreitete menschliche Krankheit jemals durch die Behandlung des Individuums unter Kontrolle gebracht werden kann. Die Pocken wurden nicht besiegt, indem man Pockenkranke behandelte, noch war die Behandlung des Individuums die Antwort auf Typhus, Polio oder Masern. Jede Krankheit der Menschheit wurde besiegt, wenn die Entdeckung der Ursache dazu führte, wirksame Schritte zu ergreifen, sie zu beseitigen. Der Prozeß besteht in einer grundsätzlichen Verhütung. (Kessler/Albee, 1977)

Ich bin fest davon überzeugt, daß wir mindestens einen Hauptgrund für Psychopathologie und antisoziales Verhalten bei jungen Menschen entdeckt haben: unser starker Einsatz von machtbezogener, strafender Disziplin zum Zweck, das Leben der Kinder zu Hause und in der Schule zu kontrollieren. Die Entdeckung an sich ermutigt schon, aber wir können noch mehr Hoffnung aus der Tatsache ziehen, daß wir bereits wirksame Alternativen zur Disziplin besitzen, die zur Verfügung stehen, besser funktionieren und nachgewiesen bessere Ergebnisse erzielen. Sie bringen die Art von Nachwuchs hervor, die wir uns wünschen und unsere Gesellschaft braucht.

Wie wir Kinder behandeln, ist viel wichtiger für unsere Gesellschaft, als die meisten Menschen glauben. Der Astronom Carl Sagan beschreibt in seinem Buch *Cosmos* (1980) eine interkulturelle Analyse des Neuropsychologen James Prescott von 400 vorindustriellen Gesellschaften. Prescott stellte fest, daß Kulturen, in denen Kinder körperlich bestraft werden und in denen ihnen offene Zuwendung verweigert wird, von Dingen geprägt sind wie Sklaverei, einer hohen Mordrate, Folterung und Verstümmelung von Feinden, der starken Überzeugung von der Unterlegenheit der Frau und der ausgeprägten Verehrung einer oder mehrerer übernatürlicher Wesen, die das Alltagsleben regeln. Prescott schließt, daß solche Kulturen aus Individuen bestehen, denen man die Erfüllung körperlicher Bedürfnisse in mindestens einem kritischen Lebensstadium verweigerte – in der frühen Kindheit und Adoleszenz. Im Gegensatz dazu neigen Kulturen, bei denen die körperliche Zuwendung an Kinder gefördert und voreheliches Sexualverhalten geduldet wird, zu wenig Gewalt und Diebstahl, kaum organisierter Religion und seltener individueller Zurschaustellung von Reichtum.

Man ist versucht, diese Analyse von Disziplin und ihren Alternativen abzuschließen, indem man darüber spekuliert, wie die langfristigen Folgen in unserer Gesellschaft aussähen, wenn wir die meisten Familien und Schulen demokratisieren könnten – wenn wir tatsächlich die Kinder von der Kontrolle durch machtbezogene Disziplin befreiten. Aufgrund der Ergebnisse der Untersuchungen, die ich in den vorangegangenen Kapiteln zitierte, werden sich mit relativer Sicherheit einige der folgenden Konsequenzen ergeben. Andere beruhen mehr oder minder auf Vermutungen. Jeder der Punkte besitzt jedoch eine Tatsache oder Erfahrung als Grundlage. Und viele der Konsequenzen, die ich vorhersehe, sind grundsätzlicher Natur und würden in der Gesamtgesellschaft deutlich wahrgenommen:

1. Die Kinder wären gesünder, sowohl körperlich wie auch seelisch.

2. Wir sähen eine deutliche Abnahme an selbstschädigenden, risikofreudigen Verhaltensformen bei Jugendlichen, die unserer Gesellschaft so viel Schaden zufügen: Jugendkriminalität, Alkoholismus, Drogenmißbrauch, riskantes Fahren, Vandalismus, Schule schwänzen, Selbstmord, Vergewaltigung, Gruppengewalt, voreheliche Schwangerschaften, Mord.

3. Weniger junge Menschen würden von den Eltern aus dem Haus geworfen oder das Zuhause verlassen, um auf der Straße zu landen.

4. Allen Schülern würde ungeachtet ihrer angeborenen intellektuellen Leistungsfähigkeit die Gelegenheit gegeben, ihr Lerntempo selbst zu bestimmen, und sie würden von der beschämenden, belastenden Erfahrung befreit, in einem Fach zu scheitern, die Schule abzubrechen oder ungebildet zu bleiben.

5. Die fast weltweit auf Konfrontation angelegte Natur der Lehrer-Kind-Beziehung würde zu einer freundschaftlichen

oder kollegialen. Kinder würden ihre Lehrer mögen und gern zur Schule gehen.

6. Wir würden viel weniger Gewalt in Familien erleben, ob zwischen Eltern und Kind, unter Kindern, den Ehepartnern oder vom Kind zum Erwachsenen.

7. Die meisten Kinder wären lernbereit, würden ein Gefühl für Leistung und Vervollkommnung entwickeln und Selbstachtung ausbilden.

8. Die Adoleszenz wäre keine Phase von ausschließlich Sturm und Drang, weder für die Eltern noch für die Teenager selbst.

9. Wir würden das Verschwinden des Notensystems erleben, das für die Selbstachtung vieler Schüler so destruktiv ist. Statt dessen würden die Schüler nach ihrem individuellen Fortschritt gemessen, nach ihrer Beherrschung von Fähigkeiten und Stoff. Es gäbe daher Schulen ohne scheiternde Schüler, und jeder Schüler könnte seinen Fähigkeiten entsprechend lernen.

10. Junge Menschen würden die Bedürfnisse und Rechte anderer respektieren, weil die Erwachsenen auch ihre Bedürfnisse und Rechte respektieren.

11. Die Absolventen der Grund- und Realschulen, der Gymnasien und berufsbildenden Schulen hätten die notwendigen Methoden gelernt, wie man mit anderen kooperiert, zu Teilnahme gewährenden Leitern wird, Konflikte freundschaftlich beilegt und in demokratischen und machtfreien Beziehungen wirksam funktioniert.

12. Wir würden weniger Akte der Ungerechtigkeit erleben, weniger sinnlose und unbegreifliche Morde, weniger Kriege.

13. Wir erlebten weniger hilf- und hoffnungslose Menschen, die ihre ungünstige Lage Faktoren zuschreiben, die außerhalb ihrer Kontrolle liegen.

14. Es gäbe weniger Gehorsam und Unterwürfigkeit gegenüber willkürlicher Autorität.

15. Mehr Jugendliche würden zu Erwachsenen mit hohen moralischen und ethischen Maßstäben heranwachsen.

Ich bin überzeugt, daß wir in den kommenden Generationen allmählich eine neue Art junger Menschen sehen würden, die sich deutlich von den typischen Jugendlichen heute unterscheiden – Jugendliche, die gesünder, glücklicher, spontaner, selbstbewußter, selbstgenügsamer, rücksichtsvoller gegenüber den Bedürfnissen anderer und fähig sind, sich selbst zu disziplinieren.

Ich kenne bereits eine ganze Reihe dieser neuen jungen Menschen – die Söhne und Töchter von Eltern, die unsere Elternkurse besuchten, und die Schüler von Lehrern, die in unseren Lehrerkursen lernten, wie man eine Klasse demokratisch leitet und Schüler mit Respekt behandelt. Glauben Sie mir, diese jungen Menschen sind sehr beeindruckend.

Anhang

Anmerkungen

Kapitel I

1 Carl Rogers (1902–1987), amerikanischer Psychologe, Begründer klientenzentrierter Beratung und Psychotherapie sowie des personenzentrierten Ansatzes der patientenorientierten Therapie. (A. d. Ü.)

2 Rogers, Carl R.: *Die klientenzentriere Gesprächstherapie*. Frankfurt: S. Fischer Verlag 1978.

3 The Effect of Psychotherapy upon Certain Attitudes Towards Others (11. Kapitel) und Developing a Programm of Research in Psychotherapy (2. Kapitel)), in: C. R. Rogers and R. F. Dymond, Psychotherapy and Personality Change. Chicago, 1954.

4 dt. Familienkonferenz. Vgl. Gordon, Thomas: *Familienkonferenz. Die Lösung von Konflikten zwischen Eltern und Kind,* München 1996.

5 Rogers, Carl R.: *Personenzentriertes Lehren und Lernen.* Frankfurt: S. Fischer Verlag 1989.

6 1776 gegründete amerikanische Gesellschaft mit lebenslanger Mitgliedschaft, in die die besten College-Studenten aufgenommen werden. (A. d. Ü.)

7 »A Psychological Study of Creative Writing«. Ohio State University (unveröffentlichte Master's Thesis), 1940.

8 Gordon, Thomas: *Group-Centered Leadership: A Way of Releasing the Creative Potentials of Groups.* Boston 1955.

9 dt. Familienkonferenz. Vgl. Gordon, Thomas: *Managerkonferenz. Effektives Führungstraining.* München: Wilhelm Heyne Verlag 1996.

10 Ders.: *Lehrer-Schüler-Konferenz.* München: Wilhelm Heyne Verlag 1989.

11 Ders.: *Familienkonferenz in der Praxis*, München: Wilhelm Heyne Verlag 1976.

12 Adams, Linda: *Frauenkonferenz*. München: Wilhelm Heyne Verlag 1989.

13 Gordon, Thomas: *Managerkonferenz. Effektives Führungstraining*. München: Wilhelm Heyne Verlag 1989.

14 Ders.: *Die neue Familienkonferenz. Kinder erziehen ohne zu strafen*. München: Wilhelm Heyne Verlag 1994.

15 Gordon, Thomas und Edwards, Sterling: *Patientenkonferenz. Ärzte und Kranke als Partner*. Hamburg: Hoffmann und Campe 1997.

16 Zaiss, Carl D./Gordon, Thomas: *Das Verkäuferseminar. Psychologie des effektiven Verkaufens*. Frankfurt: Campus Verlag 1995.

17 Carl Rogers verwendete in seiner Terminologie stets den Ausdruck »Klient« statt »Patient«, um den medizinischen Aspekt der psychotherapeutischen Behandlung nicht zu stark hervortreten zu lassen. (A. d. Ü.)

Kapitel III

1 Benjamin Spock, nordamerikanischer Arzt und Pädagoge. (A. d. Ü.)

2 In Deutschland auch bekannt unter: Gordon-Familientraining.

3 Rogers, Carl R.: *A tentative theory of interpersonal relationships* (unveröffentlichtes Manuskript.).

4 Hoffman, Martin L. und Hoffman, L. W.: *Review of Child Development Research*. New York 1964.

Kapitel IV

1 Gustave Le Bon (1841–1931), französischer Autor, der hauptsächlich durch seine sozialpsychologische Studie *Psychologie der Massen* (1895) Aufsehen erregte. (A. d.

Ü.)

2 William Graham Sumner (1840–1910), amerikanischer Soziologe und Ökonom. (A. d. Ü.)

3 Rogers, C.R./Roethlisberger, F.J.: *Barriers and Gateways
   to Communication.* Harvard Business Review 1952, 30,
   46–52.

4 Karen Horney (1885–1952), deutsche Psychiaterin, die
   von 1920–1932 am Institut für Psychoanalyse in Berlin
   lehrte und 1932 in die Vereinigten Staaten emigrierte, wo
   ihre durch Freud inspirierte Theorie großen Einfluß hatte.
   (A. d. Ü.)

5 Die folgenden Anmerkungen beziehen sich auf die jeweiligen Gesprächsbeiträge. Der Autor hat dieses Beispiel bereits
   in einer früheren Publikation angeführt.

6 (8) Der Gruppenführer bemüht sich hier, die Bedeutung
   und die Intention zu verstehen, die Bills drei letzten Äußerungen zugrundeliegen. Das ist an dieser Stelle besonders
   wichtig, weil Don in Äußerung (2) den Redenden unterbro-
   chen hat, um sich selbst zu verteidigen, und Frank im Auße-
   rung (8) eine humorvolle Bemerkung macht. Die Gruppe
   reagiert darauf mit Lachen und wendet sich damit in gewisser Weise gegen Bill. Die Verbindung zwischen Bills Äußerungen und der vorherigen Diskussion bleibt dem Führer
   unklar.

7 (10) Hier verbindet der Diskussionsleiter Bills Beispiel mit
   einem früheren Einwand, allerdings versuchsweise in der
   Form einer Frage.

8 (16) Der Gruppenführer bemüht sich erneut, Cathy zu verstehen und die Bedeutung ihres Beispiels mit den vorhergehenden Äußerungen zu verknüpfen. Andererseits versucht
   Stu in den Gesprächsbeiträgen (13) und (15) offensichtlich,
   Cathy zu einer Verallgemeinerung ihrer Ansichten zu bewegen, was diese in Äußerung (14) ablehnt.

9 (18) Der Gruppenführer stellt hier eine Verbindung zu dem

Unterschied her, den Cathy zwischen den Interessen der Geschlechter und der Rolle des Gruppenführers sieht. Dieses Thema wurde vor dem hier abgedruckten Auszug diskutiert.

10 (23) Obwohl Sam seine Gefühle eigentlich nicht artikuliert hat, gibt der Führer versuchsweise die Bedeutung seiner Äußerungen wieder und verknüpft Sams Kommentare mit dem vorhergehenden Thema individuelle Bedürfnisse.

11 (25) Stu übernimmt die Verbindungsfunktion und versucht mit Erfolg, die Vorstellungen hinsichtlich der Interessen mit dem vorhergehenden Thema Führungsrolle zu verknüpfen.

12 (26) Sams Kommentar berücksichtigt nicht die Diskussion der Gruppe über die Diagnose individueller Bedürfnisse. Stus Verknüpfung in Äußerung (25) war viel hilfreicher.

13 (27) Der Gruppenführer versucht, die Bedeutung von Stus Äußerung zu verstehen, aber es entgeht ihm eine Kleinigkeit. Er hätte besser geantwortet: »Sie sehen das Problem der Diagnose in Verbindung zu einer Art der Führungsrolle, aber nicht notwendigerweise im Zusammenhang mit einer anderen.«

14 Lippitt, R./White, R.K.: An Experimental Study of Leadership and Group Life. In: Newcomb, T.M./Hartley, E.L. (Hg.): *Readings in Social Psychology*. New York 1947.

Kommentierte Auswahlbibliographie

Adams, L.: *Be your best*. New York: Perigee Books, The Putnam Publishing Group 1989
Das Buch stellt die persönlichen Grundlagen für effektives Führungsverhalten dar und beschreibt, wie Sie sich zunächst einmal selbst führen lernen, bevor Sie andere Menschen führen. Es werden Richtlinien genannt, wie Sie als Person in verantwortlichen Positionen in der Gesellschaft Ihre Ziele verwirklichen und Ihre Beziehungen zu den von Ihnen abhängigen Mitmenschen konstruktiv gestalten können.

Covey, S.: *Die sieben Wege zur Effektivität – Ein Konzept zur Meisterung Ihres beruflichen und privaten Lebens*. München: Wilhelm Heyne Verlag 1996

Covey, S.: *Prinzipienzentrierte Führung*. Hamburg: Campus Verlag 1997
Beide Bücher beschreiben die Prinzipien des personenzentrierten Ansatzes, zeigen viele Parallelen zum Gordon-Modell auf und versuchen, die Bedeutsamkeit von humanistischen Werten für Effektivität in Privat- und Arbeitsleben aufzuzeigen.

Gordon, T./Sterling Edwards, W.: *Patientenkonferenz – Ärzte und Kranke als Partner*. Hamburg: Hoffmann und Campe Verlag 1997
Das Buch wendet sich an alle im Gesundheitswesen Tätigen und beschäftigt sich mit der Frage, wie die Kommunikation zwischen Patienten und Ärzten bzw. Pflegepersonal verbessert werden kann. Es beschreibt die Fertigkeiten des Gordon-Modells in der Anwendung auf den Gesundheitsbereich

und gibt auch Hilfestellungen für den Umgang mit Patienten mit ungünstiger Diagnose und mit Menschen, die sich im Endstadium ihres Lebens befinden.

Gordon, T.: *Familienkonferenz – Die Lösung von Konflikten zwischen Eltern und Kind.* München: Wilhelm Heyne Verlag 1989

Das klassische Buch, mit dem das Gordon-Modell weltweit bekannt geworden ist. Es stellt die besonderen Verfahren dar, mit denen es möglich wird, verantwortungsvolle Kinder zu erziehen und ein glückliches Familienleben zu haben: Aktives Zuhören, Ich-Botschaften, die »niederlagenlose« Konfliktlösungsmethode und das Konzept des Problembesitzes. Es wendet sich an Eltern von Kindern aller Altersstufen.

Gordon, T.: *Familienkonferenz in der Praxis – Wie Konflikte mit Kindern gelöst werden.* München: Wilhelm Heyne Verlag 1989

Dr. Gordon und seine Tochter Judy geben dem Leser einen tiefen Einblick in Hunderte von Familien, die die Familienkonferenz erfolgreich anwenden. Das Buch basiert auf intensiven Interviews mit Eltern, die einen Kurs im Familientraining absolviert haben. Leser, die den Klassiker »Familienkonferenz« kennen, werden in diesem Folgebuch anhand der praktischen Beispiele viele Anregungen für die Anwendung der Familienkonferenz-Methoden in ihrer eigenen Familie finden.

Gordon, T.: *Die Neue Familienkonferenz – Kinder erziehen ohne zu strafen.* München: Wilhelm Heyne Verlag 1994

Das Buch wendet sich an Eltern und Lehrer und beschreibt, warum Bestrafung und Disziplin nicht zu selbstverantwortlichen Kindern führt. Weiterhin zeigt das Buch, wie man junge Menschen behandeln muß, damit sie eigenverantwortlich werden und die Bedürfnisse anderer respektieren. Es stellt dar, warum die traditionelle Erziehung – d. h. die von Erwachsenen auferlegte Disziplin in Form von Beloh-

nung und Bestrafung – genau diejenigen Verhaltensweisen zur Folge hat, denen Erwachsene vorbeugen wollen: nämlich Aggressivität, Gewalt, Drogenkonsum, Alkoholmißbrauch, Straffälligkeit, Mißerfolg in Schulen, Suizid und verantwortungslose sexuelle Aktivitäten.

Gordon, T.: *Lehrer-Schüler-Konferenz – Wie man Konflikte in der Schule löst.* München: Wilhelm Heyne Verlag 1992

In diesem Buch zeigt Dr. Gordon, wie Sie eine Atmosphäre im Klassenzimmer schaffen können, die die Schüler aktiver am Lernprozeß teilnehmen und kooperativer werden läßt. Das Buch beschreibt Methoden, wie Schüler zu eigenverantwortlichem Lernen und zu einem realistischen Selbstwertgefühl geleitet werden können.

Gordon, T.: *Managerkonferenz – Effektives Führungstraining.* München: Wilhelm Heyne Verlag 1995

Dr. Gordon erläutert in diesem Buch, wie sich die Techniken aktives Zuhören, Ich-Botschaften und die »niederlagelose Konfliktlösungsmethode einsetzen lassen, um eine Führungsposition kompetent, menschlich und verantwortungsbewußt auszufüllen. Wenn Sie z. B. als Manager die Kreativität, die Zufriedenheit im Job und die Moral Ihrer Mitarbeiter steigern, ein produktives Team bilden sowie ihren eigenen Job leichter und streßfreier machen wollen, gibt Ihnen dieses Buch wirksame Methoden an die Hand.

Gordon, T./Adams, L./Lenz, E.: *Frauenkonferenz – Wege zur weiblichen Selbstverwirklichung.* München: Wilhelm Heyne Verlag 1989

Mit den erfolgreichen Methoden des Aktiven Zuhörens, konfrontierender Ich-Botschaften und der ehrlichen Selbstdarstellung werden bislang zurückhaltende Frauen befähigt, sich auf fremdes Terrain zu wagen, nämlich ein selbstbestimmtes Leben zu fordern. Ein Trainingsprogramm, das weibliche Selbstbestimmung abseits aller modischen Feminismus-Phrasen möglich macht!

Rogers, Carl R.: *Der neue Mensch*. Stuttgart: Klett-Cotta Verlag 5. Auflage 1993

Rogers, Carl R./Rosenberg, Rachel L.: *Die Person als Mittelpunkt der Wirklichkeit*. Stuttgart: Klett-Cotta Verlag 1980
Beide Bücher beschreiben die Entwicklung des personenzentrierten Ansatzes in den 80er Jahren und seine Anwendung auf Erziehung, Wirtschaft und Politik. Die hinter dem Gordon-Modell stehenden Einstellungen und Werte werden in lebensnaher Form dargestellt.

Rogers, Carl R.: *Entwicklung der Persönlichkeit*. Stuttgart: Klett-Cotta Verlag 1. Auflage 1992
Eines der bekanntesten Bücher von Carl Rogers, welches den personenzentrierten Ansatz und seine Anwendung auf viele Lebensbereiche beschreibt.

Tausch R./Tausch, A.-M.: *Erziehungspsychologie – Begegnung von Person zu Person*. Göttingen: Hogefe-Verlag für Psychologie, 11. korrigierte Auflage 1998
Ein Standardwerk, das die empirischen wissenschaftlichen Untersuchungen zum personenzentrierten Ansatz von Carl Rogers und damit auch zum Gordon-Modell auf breiter internationaler Basis darstellt. Das Buch zeigt, wie die Fertigkeiten des Gordon-Modells wissenschaftlichen Kontrollen standhalten und damit auch in der akademischen Welt Anerkennung gefunden haben.

Zaiss, Carl/Gordon, Dr. T.: *Das Verkäuferseminar – Psychologie des effektiven Verkaufens*. Frankfurt: Campus Verlag 1995
Das Buch beschreibt die Anwendung des Gordon-Modells auf den Verkaufsprozeß. Die Beziehung Verkäufer/Kunde wird neu definiert. Es werden praktische Fertigkeiten angeboten, die darauf hinauslaufen, die Verkäufer/Kunden-Beziehung kooperativ und nach dem Prinzip »Beide gewinnen« zu gestalten.

Zusätzliche Quellen von Thomas Gordon

Baldwin, A., Kalhorn, J. und Breese, F.: Patterns of Parent Behavior. *Psychological Monograph,* 1971, 4

Bergman, DV.: Conseling Method and Client Response. *Journal of Consulting Psychology,* 1951, 15 216–224

Garner, A. und Wenar, C.: *The Mother-Child Interaction in Psychosomatic Disorder.* Urbana: University of Illinois Press 1959

Gordon, T.: Group-centred Leadership and Administration. In Rogers, Carl: *Die klientenzentrierte Gesprächspsychotherapie.* Frankfurt 1978

Humphry, Derek: *Final Exit: The Practicalities of Self-Deliverance & Assisted Suicide for the Dying.* Hemlock Soc. 1991

Kessler, M. und Albee, G.: An Overview of the Literature of Primary Prevention. In: G. Albee und J. Joffe (Hg.): *Primary prevention of Psychopathology,* Bd. I, University Press of New England, 1977

Maslow, A.: *Motivation und Persönlichkeit.* Reinbek: Rowohlt 1981

Porter, E. H., Jr.: On the Nature of Psychotherapeutic Interpretation. *Journal of Consulting Psychology,* 1952, 16, 343–364

Quellenverzeichnis

Thomas Gordon: *Wie man Menschen lehrt, eine heilsame Atmosphäre zu schaffen* (Original: Teaching people to create therapeutic environment). Copyright © by Thomas Gordon. Alle Rechte an der deutschen Übersetzung von Bernhard Liesen: Wilhelm Heyne Verlag GmbH & Co. KG, München.

Thomas Gordon: *Was alle Eltern wissen sollten* (Original: What every parent should know). Copyright © by Thomas Gordon. Alle Rechte an der deutschen Übersetzung von Bernhard Liesen: Wilhelm Heyne Verlag GmbH & Co. KG, München.

Thomas Gordon: *Eine Theorie gesunder zwischenmenschlicher Beziehungen und ein Programm für Effektives Elterntraining* (Original: A theory of healthy relationship and a program of parent effectiveness). Copyright © by Thomas Gordon. Alle Rechte an der deutschen Übersetzung von Bernhard Liesen: Wilhelm Heyne Verlag GmbH & Co. KG, München.

Thomas Gordon: *Porträt des gruppenzentriert denkenden Führers* (Original: A description of group-centered leader). Copyright © by Thomas Gordon. Alle Rechte an der deutschen Übersetzung von Bernhard Liesen: Wilhelm Heyne Verlag GmbH & Co. KG, München.

Carl D. Zaiss/Thomas Gordon: *Bestimmen Sie Ihre eigene Zukunft oder Sie werden von ihr bestimmt.* Aus: *Das Verkäuferseminar*. Frankfurt/Main 1995. Deutsche Übersetzung: Helga Vogelmann. Mit freundlicher Genehmigung des Campus Verlags, Frankfurt/Main.

Thomas Gordon/W. Sterling Edwards: *So helfen sie Patienten im Endstadium.* Aus: *Patientenkonferenz*. Hamburg 1997. Deutsche Übersetzung: Almuth Dittmar-Kolb. Mit freundlicher Genehmigung des Hoffmann und Campe Verlags, Hamburg.

Linda Adams/Elinor Lenz: *Planung persönlicher Effektivität.* Aus: *Frauenkonferenz.* Deutsche Übersetzung: Hainer Kober. München 1989. Copyright © by Effectiveness Training, Inc.

Linda Adams/Elinor Lenz: *Mit Angst umgehen.* Aus: *Frauenkonferenz.* Deutsche Übersetzung: Hainer Kober. München 1989. Copyright © by Effectiveness Training, Inc.

Thomas Gordon: *Demokratische Beziehungen fördern Gesundheit und Wohlbefinden.* Aus: *Die neue Familienkonferenz.* Hamburg 1993. Deutsche Übersetzung: Annette Charpentier. Mit freundlicher Genehmigung des Hoffmann und Campe Verlags, Hamburg.

Register

AKADEMIE für personenzentrierte Psychologie GmbH

Dr. Karlpeter Breuer

........führt im Gordon-Modell durch

- Seminare zur Förderung kooperativer Beziehungen in Familie, Schule und am Arbeitsplatz

- Weiterbildungen zur Kursleitung mit Autorisierung durch Gordon-Deutschland als Vertretung von Gordon Training Int. Inc. (Gründer: Thomas Gordon).

Anfragen an:
Bundesgeschäftsstelle der Akademie
Bonner Talweg 149
53129 Bonn
Tel.: 0228/225867
Fax: 0228/220204